〈推薦〉

柯永河（台灣大學心理系教授）

一九九一年農曆過年前幾天，來自美國西海岸的C小姐，又依她數年來的習慣，順道過來看我，詳談她一向不平靜的內心生活。這一次，她卻異於過去，將離去時以很正經的表情說，這是最後一次和我晤談；一面謝我一向給她支持，另一面拿出一本袖珍型英文書；她說，想不出適當的方式表達對我多年來給她的幫助的謝意，最後決定送我一本當時在美國的暢銷書。她附帶地說，根據該書，她更了解自己多年來的內在生活癥結，一向不平靜的內心也得以平穩下來，整個人也踏實多了，該書確實是本好書，她如是說。她送的那本書，書名是*The Hero Within.*（即是本書《內在英雄》）。

過去，許多的心理學家各自依據其理論習慣性地把人分為幾個類型。至於人可以分成幾個類型，迄今仍眾說紛紜；此書僅介紹了榮格理論中的六種原型。理論上，原型的總數其實比這更多。原型是榮格心理學理論中的基本概念，是屬於集體性潛意識組織內的核心概念，是共同於全人類的，不是個人經由學習得來的，而是經由人類

祖先一代一代傳遞下來的；在集體潛意識中，這些原型並沒有清晰、一定的形狀，但會透過個人潛意識中的情結，逐一具體地展現出來。原型在人格中扮演極為重要的角色，不但藏有龐大豐富的心理能量，也具有發揮、使用，以及設立生活最終目標的引導功能。此書著者說，原型本來無好壞之分，它們的好與不好乃端視個人使用個別原型次數之多寡，以及能使用的原型種類的多少而定。

如果個人能把原型使用得當，可以助自己把外在重要生活問題處理得恰到好處，同時也會助自己本身更了解內在生活的種種，也能重組內心生活，使它變得更深、更廣、更和諧。

本書《內在英雄》的內涵和一般心理學書的內容很不相同；它**可以幫助讀者增加生活的深度，也可以幫助讀者發現到自己與他人、與過去人類都是緊緊相連在一起的**，所以在茫茫世界中自己根本不孤獨；若根據本書所提供的要領，能了解到你習慣性地扮演六個角色中的那一個，你就有機會問自己要不要繼續扮演該角色，也有機會問自己是否也應該學習扮演其他角色，好讓自己活得更成熟、更自由、更自在。

誠如本推薦文第一段所述，**本書是一本暢銷書，不僅聞名於美國境內，曾經也轟動了美國境外其他國家的出版界**，之所以如此暢銷轟動是一點也不難理解的，因為書中所討論的六個原型是共同於古今中外全人類每一個人，而且又是與每一個人的心理健康息息相關的問題。身為從事於心理學、心理衛生，以及心理治療等研究工作者的我，認為本書兼有極高的理論與應用的雙重價值，非常值得推薦。

黃光國（台灣大學心理系教授）

本書以後榮格理論的原型（archetype）概念作為基礎，詳盡地描述了六種生命的原型，以及個人在探索每個原型時所遭遇到的覺知階段。每一個人都可以作為自己生命的內在英雄。**內在英雄的任務不是移山倒海，而只是去了解山與海**。本書的目的就是要幫助讀者以不否認的態度關照實存，完完全全地作自己的內在英雄。

余德慧（東華大學族群關係與文化研究所教授）

現代的性格心理學如果捨棄榮格的原型理論，就會變得膚淺可笑，可是原型心理學一向又艱澀難懂，尤其是榮格的一貫作法：你必須從潛意識的夢象徵去尋求自己的原型。從榮格的觀點來說，我們的心理原型都很隱密地隱藏在潛意識裡頭，很難被我們察覺。難道說，除了從夢裡獲得領悟之外，我們難道無緣認識這人格最核心的部分？

有一個可能：如果心理原型用神話與象徵的母題故事來揭露，雖然不見得能夠像榮格的分析那麼深入，也可以對一般經常出現的原型母題有所理解，讓我們有機會接近心理學的氛圍。

這正是本書的作法。作者是榮格學派的心理學家，她服膺榮格的基本觀點：**「完成一個人的命運就是人生最大成就」，因此一個人必須透過自身基因與環境的特性，在這一生完成個體化的工作**。個體化的核心就是我們的原型，我們總是在個體原型的驅使之下，去感覺自己到底往那兒走，這個內在冥冥的力量非常強大，往往讓我們難以抵擋，作者稱之為：「內心的英雄」。作者將之列舉出相互關聯的六型，從完全信任世界的天真無邪的原型，到最具圓融的魔法師原型，我們好像走著六角陣圖，一圈一圈的爬著，最後終於整全自己的一生。

原型心理學的整全與一般所謂「自我實現」有不同的意涵，它不會只是強調個人的強點，而是更重視個人的弱點，而把弱點當作人格整全的一部分，不是將之驅逐，而是加以包容，成為自己珍貴的一部分（陰影），甚至我們最後的整全要靠我們的弱點來完成。這正是原型心理學最富有辯證性的趣味所在。

新世紀叢書
當代重要思潮．人文心靈．宗教．社會文化關懷

內在英雄

卡蘿·皮爾森——著
徐慎恕、朱侃如、龔卓軍——譯
蔡昌雄——導讀、校訂

亞馬遜網路書店五顆星評鑑★★★★★

Carol S. Pearson

THE HERO WITHIN

喚醒個人內在沉睡的英雄

英雄主義不再被定義為移山倒海，
而只是去了解山和海：
完完全全地做自己，以不否任的態度觀照實存，
並對生命提供我們的功課，敞開心胸來學習。

謹以摯愛與感激

將本書獻給我的父親

約翰・皮爾森

以誌念他虔誠的信仰

及人格典範的力量

心理學就是回家

此處我們提出心理學是多種宗教經驗的觀點，以此開展進入「心理學的宗教」。

把心理學看成宗教意味著，把所有心理事件看做是眾神在靈魂中的效應，而與靈魂有關的所有活動，例如治療，也都是與眾神有關的儀式運作。這並非將宗教轉變成心理學……不，心理學就是回家。

——希爾曼 (James Hillman)，《修正心理學》(*Re-Visioning Psychology*)

〈導讀〉

現代人的內在探索之道

南華大學宗教學研究所助理教授

卡蘿・皮爾森（Carol S. Pearson）博士所撰寫的《內在英雄》（*The Hero Within*）一書，意圖在具有「反英雄」（antihero）特質的現代社會中，為大眾鋪陳出一條喚醒個人內在沉睡英雄的心靈探索之道。

就全書論述主旨背後的學理淵源而言，雖大體不脫榮格心理學的「個體化過程」（individuation process）及「原型」（archetype）概念，但皮爾森博士個人在這兩方面應用解釋的創見才是本書的特色。首先，她能夠汲取後榮格心理學家（post-Jungian psychologists）如希爾曼（James Hillman）的《修正心理學》（*Re-Visioning Psychology*）和坎伯（Joseph Campbell）神話學的若干洞見，使得吾人對心理原型的理解，從純然的無意識或潛意識（unconscious）呈現，轉變成為個人在意識生活層面所認定的角色扮演；於是，英雄歷險的原型過程得以從古典的陳跡故事，一躍成為生活中人人正在開展書寫的當代傳奇。在此一應用的基礎上，她更進一步將內在英雄的歷程，與女性主義、生活輔導、行為矯治、新時代運動，以及社會文化反省等課題，巧妙地連結起來，並具體地以類似自學手冊的編寫方式，協助讀者開發內在的心理潛能。這些貼近當代人心需求的內容及其平易近人的寫作特質，或許皆是當本書在八〇年代中期在美國出版伊始，便廣受一般讀者歡迎的主要因素。

在《內在英雄》一書出版之前，作者原已針對女性英雄的歷險主題做過研究，並有專書出版。一夕成名之後，針對原型概念在生命成長與生活應用方面的姐妹作品，更是不斷在既有的基礎上系列地推陳出新。例如，有關本書提到六種吾人在生活中自我認定的原型，在前後期增修的版本中便稍有出入，像是本書的「殉道者」（Martyr）原型，在另一版本中便被「利他者」（Altruist）的原型所取代，不過所指意涵大同小異。又如，在九二年出版的《喚醒內在英雄》（*Awakening the Heroes Within*）一書（國內已有中譯出版，譯名為《影響你生命的十二種原型》）中，作者更將此六種原型（天真者、孤兒、流浪者、鬥士、殉道者、魔法師）一舉發展成為互動關係更為繁複的十二種原型（天真者、孤兒、鬥士、照顧者、追尋者、愛人者、破壞者、創造者、統治者、魔法師、智者、愚者），但基本意旨仍然一脈相承。如今《內在英雄》一書的中譯出版，或許可以讓舊雨新知的讀者有機會一窺皮爾森博士原始構想的風貌。

本書針對原理應用而設計的閱讀手冊（第八章）及附錄表格的實用性，確實是本書最受歡迎的特色所在。不過，讀者在將這些心理原型對應到個人生活上檢驗，以求「知其然」之餘，若能更深入地對這些原型互動有助人格發展的原理，有「知其所以然」的理解，相信在行解相長之下，當可獲致更大的效應。在閱讀本書第一章到第七章的現代英雄的內在歷險體驗之路的過程中，讀者或許會好奇作者為何要以原型角色的方式，來引領讀者體證生命發展中各類型的生活經驗，以及角色原型在心理體驗的實證運用方面為何有效的學理基礎。事實上，認為生命在其複雜多變的表象之下，具有某種普遍形式的原型概念古來即有。榮格在深層心理學中意指心靈或行為所具之普遍表達形式的原型概念，可上溯至柏拉圖所謂世界實相的觀念「理型」（eidos），以及中世紀聖奧古斯汀具神學意涵的原型說。大哲學家康德描繪理性的知識「範疇」（categories），亦與榮格的心靈原型概念相通；所不同的是，榮格的原型所處理的乃是「想像」（imagination）而非知識的範疇。

但是要了解知識與想像範疇二者間的差異與互動關係，則必須對吾人整全生命構造中的二重結構有所認識才行。我在此借用日本當代哲學學者市川弘（Ichikawa Hiroshi）所稱「意向性結構」（intentional structure）與「趨向性結構」（orientational structure）的概念，並予以擴充解釋，用來說明這個理解心靈原型的關鍵要點。簡言之，這對應知識範疇的意向性結構約略與吾人的意識、心智、思維等理性結構相當，是以自我做為認識中心、主客二元對立相對清晰的結構，而與想像範疇對應的趨向性結構則大概與潛意識、身體、本能、情感等非理性結構等同，往往不受意識自我所主導，另有其複雜、神祕而自主的核心及運作法則規範。但是就兩者的互動關係而言，雖然具有密切而有機的相關性，但亦事實存在著難於跨越整合的鴻溝。

就吾人日常的存有狀態而言，理解這兩重結構的認識基點，似乎大多是放在意向性的結構上，但這也立即造成主體對趨向性結構把握的偏差。例如，在一般所謂「緣盡情未了」的實存景況，我們便可以看出由多種勢力激盪匯聚而成的「緣」（趨向性結構），是怎樣難於被以固定傾向了解事物的「情」（意向性結構）所接受。但是，由於趨向性結構的存有論優位性（ontological priority）使然，處於意向性結構中的主體儘管如何不情願，還是得勉強順應趨向性結構拋出的課題，這或許是世人常有「人在江湖，身不由己」感嘆的另一種解讀。不過江湖（趨向性結構）儘管險惡多變、複雜難測，但是在江湖風波中畢竟還是有其規矩（原型），供己身（意向性結構的主體）揣摩遵循。

從以上概念及比喻的說明中，我們可以推論說，皮爾森博士的六種（或十二種）**我們認定並據以生活的角色原型，正是尋求整合意向性與趨向性這兩重結構的有力心靈媒介。**不同於榮格心靈原型主要來自於集體無意識（collective unconscious）的夢境意象，**本書的這些原型除了具有心靈無意識的基礎之外，同時亦兼具自我意識在角色認定方面的心理傾向。**因此，皮爾森博士的原型遂具有溝通意識與無意識兩大領域，以及貫穿意向性與趨向性兩大結構的功能。換言之，當我們認定某種生活角色的原型時，我們同時也正立足於無意識或趨向性結構中，某種心靈普遍表達的形式之中，而通過無意識或趨向性原型的潛移默化之效，亦將使得意識或意向性的結構得到驅動方向的彈性調節，整體的生命於是更加靈動活潑而生機無窮。這也就是一般讀者在應用皮氏生活原型解讀或調整自身時，身心所以能夠感應獲益的根本原因。

在理解生活中角色原型如何深刻影響個人心理與人格的發展時，另有一個重要的概念需要釐清，那就是它辯證（dialectical）或迴旋（spiral）發展的軌跡。顯而易見的是，**由於生命整體在前述趨向性結構中，表現出來的多元、有機與複雜特質，因此任何把此一生命歷程描繪成線性發展的圖象，都只是意向性結構一廂情願式的偏狹曲解。**它的發展軌跡所以辯證，乃是突顯人生在種種二元對立的衝突情境中，可藉由不斷的對話而深化或豐富其內涵，而它的迴旋性則指出了此一生命發展在層次或場域上的無盡攀升。此一辯證概念可說是本書原型互動關係的基本法則。例如，沒有任何原型是絕對的，即使是被視為發展最高階段的魔法師亦然，因為對任何原型的僵固認定，都會帶來生命發展的凝滯不前；此外，天生的性格、人生的階段及性別角色的差異，也都是原型角色認定取捨的考量面向。

引導不同原型間的靈活轉換與互動，需要藝術家的天才智慧才行，不過我們毋需氣餒，因為在內在英雄歷險的「想像場域」中，成敗是非不是最重要的衡量指標，能否以縱情遊戲的心情遨遊人間才是要緊的課題。當我們在觀賞《星際大戰》、《鐵達尼號》或《神鬼戰士》等英雄原型角色與主題如此突出的電影時，過程中因角色代入所引發的情緒起伏高潮，正鮮活地說明了我們當下便活在心靈原型世界的真實。我們有理由相信，當我們自己在生活中活出內在的英雄時，會是更感人壯闊的景象。

〈譯序〉

走一趟自我療傷的英雄之旅，與神和好重回伊甸園

大多數的人不相信自己受傷，更不相信最大的傷害來自生身的父母，當然更無法接受偉大又受苦受難的母親竟是最原始的加害者。而更多的人願意相信因著自己的努力和聰明智慧，不但已明瞭、克服，並且原諒一切的傷痛和傷害他的人，他們不但相信自己已經與天地和好，而且願意憑藉哲學、神學，或宗教的思想、律法及儀軌，去教導並帶領仍在苦難中的眾生離苦得樂、求得平安。同時有更多一心向善的人不辭辛勞尋訪良師，貢獻心血、時間和金錢，或研讀、或膜拜、或請示、或修定，以哲學思想、各種經典、上師為標竿，努力向上，勤奮修行。但是，我很少看到典藉、經書或老師們告訴他的學生或門徒要正視，並且正式療養來自父母的傷害，為贏回自性的聖杯，肯定與神和

好的存在意義，走一趟向內探索、自我療傷的英雄之旅。

我很幸運生在民智大開的寶瓶時代，毋須依從哲學思想和宗教的訓誡、儀式乃至潔身苦行的道路，去尋求外在的神明或看不見的大能作為慰藉與救贖的力量，反而從比較淺顯的心理輔導學入門。原本只想撫平生活中不如意的人、事關係。哪知現代的心理學竟是數千年來人類智慧結晶的總集合體，它帶領我規規矩矩地從人格的發展，個性的形成，夫妻關係對子女的影響，兒童及青少年的內心世界，情緒與感覺的認識與處理，溝通分析，乃至精神疾病的認識與預防等等入門。從弗洛依德的精神分析，榮格的原型心理學，到更現代的理情治療，完形治療，家族治療等等體驗式的學習中向內探索。

探察生命成長的來龍去脈，前因後果。其間，聽講、閱讀和討論是在靜心，冥想、催眠、肢體開發等舊智慧新介紹的實際操練，之後與演講者、作者及同修間的交流與分享。我們都很勇敢地去碰觸被意識遺忘或意識不到的陰影，讓累積壓抑太久的情緒大量宣洩，止不住許多的眼淚、吼叫、哀嚎、嘔吐乃至淤青或流血等等不足為外人了解的舉動。漸漸感覺淤塞、骯髒、臭氣沖天的陰溝終於開始疏通，好像蒙塵的明鏡或聖杯重見光亮。也領受到神愛的溫柔，慈悲地包容、撫慰、疼惜陰影中的舊創及包圍在傷口四周的哀怨、憤怒、防衛、攻擊等感覺。覺察到傷口逐漸癒合，大幅改變生活的形式，嚴格區分需要與欲望的分際，專注內心的活動，放鬆在神的懷中，一切外在事物由祂掌管，很奇怪，很奧妙，「同時性」……心想事成，有時想都不必想就發生了。而挫敗產生時，也覺察著減少掉入舊傷害中做出強迫性的立即反應。一種了然於心的舒適猶如上了天堂。

其實，這十幾年來我和同修們走的正是《內在英雄》這本書介紹的內在英雄之旅，才明白我梟勇好戰的男人婆面具下，隱藏了多麼卑微、充滿害怕、沒有安全感的孤兒心態。而我生存的價值則建立在犧牲自我利益，以取悅、討好、委曲求全交換肯定的殉道者原型，多半的時候，畏縮在自己的怨恨裡，生存的態度卻又建基在霸道獨裁任性胡為的鬥士原型上。兩者同時並存，翻臉如翻書，自己跟自己分裂，也跟別人分裂。苦喔！如此原始未經琢磨，稜角尖銳的「本性」，嚇著別人，更嚇壞自己。外在人、事、物間的關係很難得到平衡。也會傷心、憤怒地自暴自棄，卻又踩到流浪者原型這顆地雷。如此反反覆覆，終於接受專業的心理輔導，用第三者的眼光重新檢視成長的軌跡，領受各原型正向的能量，走一趟與神和好的英雄之旅。不再迷失塵世間，誤將父母當作神，以滿足他們的需要和欲望，作為交換存活和生命價值的保證。認同了他們的價值觀，視古今內外的高成就者為偶像，忘記自己原本具足圓滿的「存在」（Being）的價值，卻不斷追求「擁有」（to have）和「成就」(to do)，而走上和父母他們一樣充滿了貪、嗔、癡、慢、疑等的坎坷道路。

內在英雄是相對於追求擁有和成就而獲勝、而敗落、而犬儒的外在英雄才出現的。

外在英雄戴著人格面具活在二元對立，你死我活，你輸我贏，你下我上的戰場中。屠龍的目的是要殺死（克服或否定）內在的恐懼、憤怒、貪心、嫉妒、自卑、憂傷、罪惡感等等陰影中的儲存物，向世界證明自己是已擺平內心軟弱，並已贏得或超越世間價值，得到掌聲，成為人間的英雄、偶像或導師的成就者。但是矛盾的是，愈否定陰影的存在，愈鮮亮地實踐自我理想的英雄，愈是可見的工作狂，身不由己的公眾人物，或疾病纏身的仁者和製造爭端的智者，除了他自己和近距離的生活者以外，外人無從窺知其自殘與他殘的真面目，其內在的空虛，可能連他自己都意識不到。而英雄主義下的失敗者和嘲諷者只是成功者一體的兩面，龜兔賽跑的參與者而已。

來吧！寶瓶時代的幸運者，許多在我們之前走過自我療傷的英雄，打破數千年來教外別傳，不立文字的禁忌，慷慨地分享他們體驗的神秘經驗。他們說毋須外求，也不必盲從名師，**靜下來，進到陰影中去認識你自己那受傷的的天真者，害怕的孤兒，沒有自我的殉道者，張牙舞爪的鬥士，茫然漂泊的流浪者和自以為是的冒牌魔法師**，你將會看到外面世界有太多的他們。外在和別人的學識修養，功名利祿，可能都只是鬥爭的手段和成果，它們是會騙人的，不要上當也不要騙人，**回來作自己的主人，進到裡面與自己和好**，原諒無知的父母（他們也是受害者），也原諒自己，臣服在光照的神愛中，什事也不必做，唯有禱告，神會聽見，會答應我們。

〈感謝〉

所謂「真理」

我寫作本書所依循的「真理」標準，不能以外在的尺度，而要以我實際的知識來衡量。我所說的一切，都曾對我的生活產生助益。我把從閱讀、觀察、研究，聆聽朋友、同事和學生談話，以及與他人互動中發現的道理，在生活中加以應用和測試。我在本書中與大家分享的，乃是經過考驗的真理。

——卡蘿・皮爾森

〈原著再版序〉

找尋自己的內在英雄

我撰寫《內在英雄》的最初靈感，乃是出於一份關切；我認為，如果許多人持續把英雄視為存在於超越我們自己的「外面那兒」或「上面那兒」的話，那麼我們將無法解決這個時代中重大的政治、社會和哲學問題。本書的目的在召喚讀者迎向這個探索，促使讀者宣示自己的英雄主義，並航向自己的生命旅程。這個召喚不是要我們變得比別人更巨大、更美好或更重要。**所有人都重要。我們每個人都可以做出重要的貢獻，但只有冒險特立獨行，才有可能成功。**

在今日瘋狂地沉溺於金錢、地位、權力、享樂、上癮及著魔的行為追逐之下，乃是人心的空虛，以及人類普遍渴求深入生命的饑渴，這一點我們都明白。在撰寫《內在英雄》的時候，我隱約感到**我們每個人即使不是在找尋「生命的意義」，也是在尋找自己**

個人生活的意義，以便找出使自己活得富足、有力而真實的方式。

雖然我對這點頗有了解，但是莫比爾（Bill Moyers）在公視節目「神話的力量」（The Power of Myth，之後集結成書，由台灣立緒公司翻譯出版）與坎伯的系列訪談，獲得廣大的文化回響，以及讀者對本書的熱烈反應，卻令我驚喜萬分。比我想像中還多的人似乎已準備好，甚至渴望對這個英雄之旅的召喚，報以熱情的「肯定」回應。

《內在英雄》初版的銷售幾乎全靠口碑。我很高興的知道，許多讀者一買數本，分送朋友和同事，以此召喚志同道合的夥伴，並創造出支持他們這趟旅程的團體意識。也有許多讀者抱怨說，他們辦公室及起居間的《內在英雄》常常不翼而飛，被朋友、愛人、親戚、客戶或同仁順手拿去。

許多讀者來信或打電話告訴我，《內在英雄》如何道出了他們的經驗，或以其他方式使他們獲得力量。一位從澳洲伯斯（Perth）打長途電話三次給我的讀者，特別令我感動，他總是被答錄機打回票卻毫不氣餒。但最令我動容的，是許多讀者心靈轉化的故事。有位住在太平洋岸西北部的年輕人告訴我，他曾經吸毒並失去一切。當一位朋友送他《內在英雄》時，他正獨居在森林中。他說他讀了它，相信它，並因此改變了他的生活。當他拿著那本幾乎被翻爛的《內在英雄》到演講會場請我簽名時，他已經在一個小公司做到主管，一切都很順利。這就是神話的力量。

當然，我不敢說每個《內在英雄》的讀者都會得到力量，或都喜歡這本書。比如說，有位婦女就寫信嘲罵〈魔法師〉這一章，她對其餘部分都寫得很有用的作者，怎麼寫了這篇垃圾感到不解。另一位婦女在解釋她為何無法接受這本書時告訴我，「我知道你要的是精神的深度。可是我卻只要停止痛苦。」這個反應來自深沉的失落感與無力感，無論我對從痛苦中找尋意義，從而得到喜悅的看法如何堅持，我無法不對她的觀點深表同情。

新增訂版的《內在英雄》係受到讀者以下這個常問問題的敦促而成書：「以某種行為增進個人生命中某種原型的發展是有可能的嗎？」答案是肯定的，增訂版中附加的練習便是為此而設計的。你可以選擇只做自己特別想發展的某個原型練習，也可以全部都做以發展出整全的人格。你可以獨自做這些練習，但如果方便的話，和其他人一起做則是建立友誼，以及在彼此英雄旅程上提供支持之團體的好方法。

第二個常被問到的問題是「你自己從撰寫《內在英雄》這本書學到了什麼？」比較周延的回答得等到我目前正在進行的兩本書完成後才行。但是簡單的說，我現在比剛開始寫此書時，更強調英雄旅程的循環本質，以及各原型間的根本平等。如果我現在重寫《內在英雄》，我將會擴大討論「天真者」原型的正面貢獻，多談一些魔法師的負面部分，特別是半調子的魔法師會提高浩劫的危險，如果我們承擔超過自己所能處理的範圍，便會造成這種後果；或者如果我們運用魔法師的力量去發展以自我為中心和非人性化的目標，便會如邪惡的「巫師」那樣造成傷害。

最後讀者們也問我，這本書的出版對我個人的生活產生何種影響。它對我外在生活的影響極大，使我安然走出大學的教學和行政工作，擔任某教育暨諮商機構的負責人。在這個新角色上，我可以在個人與集體旅程的道路上，全職的從事與傾聽內在英雄的方式有關的工作，或寫作，或演講，或主導工作坊及訓練課程，或與相關諮商組織合作。我自己內在生命的改變也同樣巨大；知道有如此眾多的讀者對以神話觀點看待他們生命的方式產生共鳴，使我工作得更有勁，也增進了我對我們社會未來的樂觀態度。對於這點，以及其他許多、更多的事，我深懷感激。

女性英雄的旅程

〈原著初版序〉

寫這本書的部分原因是，為了要向曾經幫助我成人及成為學者的原型致意。它同時也是一種綜合的演練，除了影響我工作與生命的原型心理學（archetypal psychology）之外，我也運用了其他許多傳統的洞見；其中有女性主義理論（包括女性體系的形構）、過程治療（process therapy）、發展心理學（developmental psychology）和新時代運動的洞見。本書是我研究英雄旅程模式的第四本著作，因此它是先前研究的衍生產物。

我的論文重點放在當代小說中的英雄與愚者身上。在此研究中我界定了一個文化典範的轉移，也就是從英雄意識轉變為反英雄意識，再變為愚者或小丑意識的演進，後者甚至在現代世界中，也對人生圓滿的可能性，提供了另類、逗趣和樂觀的遠景。後來受到婦女運動的影響，我開始對文學中的女性形象產生興趣。我特別探討的是，稱女人為處女、妓女、妻子和母親的文化故事彼此間的互動，以及女性身分形塑的課題。身為女人，我們如何知道自己是誰？現有的故事帶給我們的影響是否健康？這個研究的結果便成為和凱莎琳．波普（Katherine Pope）合編的論文集，名為《此刻我是誰？英美文學中的婦女群像》（*Who Am I This Time? Female Portraits in American and British Literature*）。在探索這些婦女群像的過程中，凱莎琳．波普和我認辨識出三種婦女的英雄形象：哲人、藝術家和鬥士。

撰寫本書不僅使我了解到，我們許多社會化的模式都是建立在局限的刻板印象上，也使我了解到，不可能只因為認定它們對我們不好，就加以忽視。「刻板印象」是「原型」經過洗滌馴服過的版本，它們的力量是從原型汲取的。這些膚淺的刻板印象，看似安全也易於掌握，不過卻令生命萎縮，而非帶來生命。在它背後的原型則充滿了力量和生命。

當凱莎琳．波普和我穿過局限的刻板印象到達它們背後的原型時，我們發現了內容豐富而且迄今尚未探索過的女性英雄主義傳統。在撰寫論文的時候，我從不懷疑如果今日的英雄是女性，是否與被我們認定的當代人類英雄模式會有所不同。凱莎琳和我決定探究女性主角的故事，並描繪出女性英雄行徑的模式。我們發現，雖然在原型層面上，男女英雄行徑的模式十分相似，但是女性英雄故事與類似的男性故事，在細節、基調與意義上，卻有很大的不同。此外，女性英雄的旅程比男性英雄的旅程更樂觀、民主而平等。

上面的研究寫成了《英美文學中的女性英雄》（*The Female Hero in American and British Literature*）。幾年來，讀者對這本書的回應，使我確信弄清楚駕御我們生命的神話是頗具力量的。不認識它們，我們便只能任其宰制，亦步亦趨的遵循它們的計劃而行，至死方休。認識它們，我們便可以選擇反應的方法。我們可以將自己從不被需要的迷思（例如灰姑娘的神話，近來則被認定為製造灰姑娘情結（Cinderella Complex）的原因）中解救出來，也才能正視影響我們生命的原型模式，並從中汲取教訓。

當我開始做婦女旅程的研究時，並未有太多的研究成果，至少把女性主義觀點列入的研究不多。例如坎伯那本論英雄的偉大著作《千面英雄》（*The Hero With a Thousand Faces*），若非假定英雄是男性，便是把英雄和英雌混為一談。現在，由於女性研究的發展以及女性學的廣泛興趣，許多理論家開始研究女性旅程的模式，及其與男性不同之處。不過這類研究多數過份強調兩性旅程的相異之處。

現在是到了需要同時進行男女兩性旅程模式研究的時候了，對於我們相同和相異的方式都應予以正視。雖然我們仍然是同一物種的成員，但是在生物與制約層次上卻男女有別，例如社會賦予兩者的機會便不同。因此，我們旅程的路線與基調便不相同，而我們演出的情節也有差異。

有關性別差異觀念的突破，我特別感謝以下人物的理論研究成果：吉琳根（Carol Gilligan）所寫的《不同的聲音：心理學理論與女性發展》（*In a Different Voice: Psychological Theory and Women's Development*），伯納德（Jessie Bernard）的《女性世界》（*The Female World*），雪佛（Anne Wilson Schaef）的《婦女的現實：白種男性社會中浮現的女性系統》（*Women's Reality: An Emerging Female System in the White Male Society*）。我也很感激和我共事多年的雪佛，她讓我了解過程治療背後的原理，更重要的是，她使我確信我們可以信任自己的歷程。路絲門（Shirley Gehrke Luthman）的出版品〔（特別是《文集》（*Collections*）與《能量與個人力量》（*Energy and Personal Power*）〕，它們對我精緻化本書第六章魔法師中有關鏡射觀念的了解很重要。史塔豪克（Starhawk）對女性主義靈性的研究〔《迴旋之舞與暗夜之夢》（*The Spiral Dance and Dreaming the Dark*）〕對我也有很深的影響。

我的作品與許多性別差異理論家不同的地方在於，我既強調男女兩性間的差異，也強調兩者間基本的相似性。我希望藉由指出兩性間的差異與相似，不但能使男人和女人的旅程比較輕鬆和少點痛苦，也可以增進彼此間的溝通。

路絲門，以及其他像占波司基（Gerald G. Jampolsky）〔著有《無懼的愛》（*Love is Letting Go of Fear*）〕與喬伊（W. Brugh Joy）〔著有《快樂之路》（*Joy's Way*）〕等新時代運

動的思想家，使我了解我們在許多方面選擇了自己此生的世界。在寫作本書的過程中，我了解到每個原型各自有它自己看待世界的方式。外在的世界傾向以增強我們信念的方式來脅迫我們。比如說，將自己看成受害者的人往往成了受害者。更進一步說，即使外在世界並非我們內在的反映，我們所看見的世界也只是那些符合我們當前藍圖的面向，除非我們已做好邁向下一步發展的準備。

但是我對新時代的某些想法有所保留，比如理查・巴哈（Richard Bach）在其著作《幻覺》（*Illusion*）中的看法便是。外在世界確實存在，而且不是某個人所能完全掌握的。相信我們應為自己的生命負全責，並在精神層次作主是一回事，但是將所有外在的事物看成幻影是另一件事。**要發展成一個負責任的人，見到他人的存在是很關鍵的一點，同樣也要見到貧窮、疾病與苦難的存在。**此外，我也擔心某些新時代的思想，會使人們以為可以略過某些歷程，不必完成關鍵的成長功課就能回到伊甸園去。

沒有後榮格理論家希爾曼（James Hillman）和坎伯兩位的真知灼見，本書是不可能完成的。除了這些原型心理學家之外，我也受惠於研究認知與道德發展心理學的學者們，如培利（William Perry）〔著有《大學生理性與倫理的發展形式：一個計劃》（*Forms of Intellectual and Ethical Development in the College Years: A Scheme*）〕，柯伯格（Lawrence Kohlberg）〔著有《道德發展的哲學》（*The Philosophy of Moral Development*）〕，吉琳根，以及我在馬利蘭大學的同事們，特別是蓋伯尼克（Faith Gabelnick）和卡伯（Lee Knefel Kamp）兩人。

本書根據的基本發展心理學觀念，相信所有人都經歷不同的發展時期和階段，雖然男女的經驗在次序和主題上有所不同，但都必須先充分完成一個階段，才可能進入下一階段的成長。每一階段中都含藏著發展的功課。因此，一旦你學會了這個功課，就永遠不會忘記它。因此，每個階段是附加上去的，而非嚴格的線性發展。伴隨著成長與改變，你會隨時加入新的主題，使得生命更加豐富。這個理論和其他許多階段理論不同的是，它的階段與時間序列無關，不強調學習功課的先後次序，而重視文化的相對性，至少在這篇序言中我認為是如此。它並未宣稱這是普遍的真理。

雖然本書是我多年研究文學、神話及仔細觀察週遭眾人生活的成果，但也是我個人主觀的野人獻曝。有一位朋友建議我用「四十歲的卡蘿．皮爾森」（Carol Pearson at Forty）做為書名，因為本書的寫作也是宣告我一段生命的完成；我寫這本書時，正當自己停止教職之際，便把它當成是我最想和學生分享的過去生涯摘要。

我很清楚本身在學識及經驗上的局限。我所能了解和指認出來的原型模式，難免受到個人經驗偏見的影響，我是白種人，具有基督教背景的中產階級女性，以及女性主義者，身為人妻與人母，學院派的訓練就更不用提了。**我相信與我有極端不同生活經驗，並因此對我在本書中分享的真理持不同觀點的人，可以利用此書做為對話的參**

考，**也可利用它來仔細思考賦予我們生命的眾神**。我自己一定會持之以恆的做下去。但是，如果幾年後你們見到我，請不要叫我為此書的觀點辯護。我很可能已經懂得更多，而不再同意本書的說法。告訴我你的想法，如果你想要問我問題的話，就問我從撰寫此書得到了什麼吧！

〈導論〉活化生命意義的故事書

這是一本幫助我們活化生命意義的故事書。坦白說，人類的經驗乃是由我們對生命的假設來界定的。我們從世界造出許多故事，而且多半依照故事的情節生活。我們的生命在相當大的程度上，仰賴於我們有意或更可能是無意所採行的藍圖。

任何個人或文化的英雄神話都在闡述真、善、美的真諦，並依此教導我們寶貴的文化啟示。這類故事有許多是原型式的。按照榮格的假設，原型是人類心靈中深刻固著的模式，力量強大而永恆存在。它們存在於榮格所謂的「集體無意識」或「客觀的心靈」中，或甚至被譯碼進入人類大腦的構造中。我們可以在深刻、感動、普遍或恐懼的夢境、藝術、文學及神話中，清楚的看到這些原型。我們也可以在自己和週遭的朋友身上認出它們。觀察我們自己的言行，以及我們對這些言行的詮釋方式，就可以

看出形成我們生命的各種原型。有些時候我們還可以從別人的肢體語言辨識出掌控他生命的原型。當某人傴僂著身軀，彷彿步履艱難時，你可以知道他（她）正被「殉道者」的原型所掌控，而另一位被「鬥士」原型掌控生活的人，則是昂首闊步，下巴外突，身體前傾，一副全力以赴的模樣。

原型有很多，為什麼我只寫其中的六種呢？因為原型情節儘管很多，但是這六種原型更深刻地影響我們的成長。**對我們生命有重大影響的原型，必定要有模式的外在複製與強化，也就是啟動原型模式的生命事件，或文化中傳誦的故事。因此，在個人的歷史與文化的影響中，都可見到原型的主控**。雖然榮格辯稱原型是超越時間和文化限制的，但是本書所撰寫的對象卻是相當文化取向的，因為我在此描寫的原型模式或故事，都是主導西方文化中個人發展的重點。如果我寫的是非洲或日本文化的英雄故事，那麼本書將會有完全不同的風貌（雖然，由於西方文化對這些社會已產生相當程度的影響，許多原型的觀念也有相通之處）。

此外，本書討論的原型是「英雄」之旅的重要原型，而英雄之旅便是個體化的旅程。這些原型表現在日常生活中，幫助我們界定堅強的自我（ego），然後擴延自我的界限，以便使完滿的本我（self）顯現，並朝向與他人、自然和精神世界合一的經驗發展。

我這裡用的是榮格的術語，根據他的說法，自我是人類心靈中經驗到分離的部分。小孩最先幾乎或完全感覺不到與環境的分離，特別是與母親的分離。但是唯有當成人完成堅強自我的發展任務時，他或她的心靈界限才得以延展，並為本我鋪路。這不僅包括（我們每個人內在）完全清醒的自己，還包括個人無意識，以及個人跟從集體無意識中浮現出來的原型意象接觸的通路。這不僅使我們對驚奇感及天人合一有了一番全新的體驗，同時也重現和重新定義了神奇的思想。

本書描繪的旅程不是線性的，而是循環或迴旋式的推進。它由「天真者」的全然信任開始，慢慢步入「孤兒」對安全感的渴求，「殉道者」的自我犧牲，「流浪者」的探索，「鬥士」的競爭與勝利，最後是「魔法師」的本真和整全合一。用非常簡化的圖表來說明，原型在生命中的行進大致如下：

	天真者	孤兒	殉道者	流浪者	鬥士	魔法師
目標	無	安全	善良	自主	力量	整全合一
功課	墮落	希望	放下	認同	勇氣	喜悅信念
恐懼	失去天堂	遺棄	自私	順從	軟弱	膚淺

這裡指出的原型，並非榮格學派認為在個人發展過程中具關鍵作用的典型原型。大多數榮格心理學的著作，是利用夢和異國風情的神話文獻來獲致無意識的心理規則。但本書的目的是要探究活躍在我們「意識」生活中的原型。大多數榮格心理學家把焦點放在夢上，因為我們的文化和社會化模式把許多原型質素界定為邪惡或錯誤的。事實上，太常潛入無意識深處也不被鼓勵，因為根據文化的神話地圖，此乃進入冥府或惡魔的居所。所以我們會壓抑或過濾掉那裡面進行的事，將它與意識的心靈分開。

本書所以能比較專注的探討有意識的原型顯現，部分是因為本書所訴求的觀點與我們目前在文化演進過程中所持的觀點吻合，也因為我們今日生活的文化比較不是那麼壓抑。探索無意識不僅已被文化所接受，甚至是可欲的。不同的時代各有不同的適當途徑。榮格寫作的時代有巨大的心理壓抑傾向。多數人對他們的內在動機所知不多，或根本不了解。而我們的時代卻受到心理學的強大影響，對心理運作具備知識的人比例極高。因此，也就不必總是要從夢，或其他未經過濾的表達形式，去發現真實的自己。比起榮格的病人，我們現在確實有更多的管道可以通達無意識的內容，有更多的技巧處理這些內容，而且社會對個人體驗不同感覺、存在方式和行為也更為寬容。我們的心靈不需要像從前那樣躲藏起來，原型也無需看起來那樣陌生和恐怖。事實上，這也就是為什麼我採用一般人耳熟能詳的文字，而不用外來的古神名或心理學術語如阿尼瑪（Anima）以及阿尼姆斯（Animus）等，來描繪書中原型的緣故，這些專門術語對某些人而言似乎是很可怕的。

重要的是我們可以安全自在地和自己的心靈相處，而不需花費好多年光陰研究心理學，才能與自己對話。**我們懂得原型的語言，因為它們就在我們內心。**古人也了解這種語言。對他們來說，原型就是與他們生活中最普通到最精微事物息息相關的男神和女神。**就某種意義而言，原型心理學所重現的是古代多神教神學的洞見，教導我們認識人類心靈中美妙的多元本質。**當這些神祇或原型被否定時，它們並未因此而消失。相反地，它們掌控著我們，我們所經驗到的乃是囚牢，而非它們最終指向的解脫。所以別詛咒眾神，因為諷刺的是，導致它們破壞性現身的，正是我們否定壓抑眾神的舉措。

原型基本上是友善的。**它們幫助我們進化，不論是在集體的或個人的層次皆然。唯有尊敬它們人們才能成長。**

內在英雄

六種生活的原型

【目錄】全書總頁數共352頁

英雄勇於冒險，與恐龍敵對，並尋得真實自我這顆珍寶。雖然探尋的旅程總是孤寂的，但到達目的地時，則會得到與自己、有情眾生以及地球合而為一的回饋。每次在生命中面對死亡的時刻，就是與恐龍敵對，而每次我們選擇走出絕境，並朝向深處探問「我是誰？」的時刻，我們便擊潰了恐龍。我們為自己和文化再造更新的生命。我們改變了世界。經歷旅程是人類與生俱來的渴求，如果我們不冒險走這趟旅程，而只是遵循規範的社會角色，則必然會變得麻木不仁，並經驗到疏離、虛無和內心空寂的感覺。沒有勇氣屠龍的人會內化這股驅力，轉而宰殺自己。他們會對自己的身材不滿意，因而向肥胖、自私或其他他們不喜歡的事物宣戰。有的人因而生病，必須掙扎著使身體復原。膽怯迴避挑戰的人們，生活了然無趣，因此在文化中也比較沒有生機。

現代文學的基本主題就是這種疏離和絕望的經驗。反英雄取代英雄成為文學中要角的原因，是因為代表文化中生命旅程觀點的英雄神話，已不見容於我們這個時代。我們想到的英雄形象，只是英雄原型之一的鬥士而已。典型的鬥士會經歷一段漫長孤寂的旅程，以斬殺恐龍或其他方式打敗敵人，解救受困的少女。

性別與英雄氣概的重新定義

在我們的文化中，鬥士的英雄形象一直都只保留給男人——而且通常是白種男人。女人在這場戲中的角色是等待救援的受困少女，或被處火刑的女巫，不然就是那個擁有半壁江山的公主，做為獎賞送給英雄。少數族群的男人，都只是典型的忠誠僕人角色，至少在美國文學中是如此。

坎伯在《千面英雄》中寫到：英雄是「世界之主」。是這些世界之主——國王、王子及他們的御用詩人——在為「理想中的英雄」以及「誰的理想英雄」下定義。當然，他們是根據自身的形像為英雄下定義，而且能成為英雄者只是特定的少數。隨著民主的興起，以及公平社會理想的發展，首先是藍領階級的白種男人，接著是女人及少數族群的男人，也開始要求擁有屬於自己的英雄原型。

諷刺的是，當女人、藍領階級的白種男性以及少數族群的男人正擁抱鬥士原型的時候，許多中、上階級的白種男人卻對此原型極端疏離；我想部分的原因是，雖然此原型主要呈現的是果決與權威等正面能力，但在它的一般形式中，卻也顯示出它是建立在疏離上的，也就是將自己與世界及他人分離。許多男人已經發現，不論短期間有多滿足，但內心那股求好、支配與控制的驅力，只能帶來空虛和絕望。

鬥士原型也是一種菁英神話，基本上它所落實的觀念是，英雄之旅是少數人的事，其他人只是服務者和犧牲者。但**我們每個人實際上是一體的；只要還有人沒踏上探索之旅，發現自己的心聲與才能，並對世界做出獨特的貢獻，我們便會開始感到生命在枯萎——就連最有權勢的人也不例外。沒有人可以長久從別人的犧牲中真正獲益。**

當我最初開始檢驗這個神話時，我確信所有現代社會的抑鬱皆乃鬥士原型的普遍化所致。以「屠龍」的典範來解決問題，是不可能帶來世界和平，也無法消除饑荒的。後來我了解鬥士原型本身不是問題，因為它對人類意識的演進具有關鍵作用。當然，它對女人及少數族群男性的重要性，與白種男人是一樣的，當每個人——而非特權的少數——都投入其中時，原型的定義多少都會被修正。問題在於，「只」專注在這個英雄原型上面，會窄化每個人的選項。例如，許多白種男人會有倦怠感，因為他們需要超越鬥士的模式，他們發現自己在鬥士原型中動彈不得，因為它不僅被認定是英雄的理想範型，同時也與男性雄風劃上等號。不論在意識或潛意識中男人都相信，放棄自己對他人——特別是女人——的優越感，便是放棄自己的身分認同。

當我在研究《此刻我是誰?》（*Who Am I This Time?*）以及稍後的《英美文學中的女性英雄》（*The Female Hero in American and British Literature*）的時候，我發現認為現代文學

中沒有真正英雄的看法，是完全不正確的。例如，凱莎琳・波普和我所寫的《英美文學中的女性英雄》一書中就提出證據說明，女人也常常被描繪成具有英雄氣慨的。受到女性主義的鼓舞，許多女性便扮演起鬥士原型的角色。不過這不是全部的真相。她們也在探索某些在我看來似乎專屬於女性的英雄模式。與男性不同的是，此一模式是建立在正直品格而非屠龍行徑的基礎上。女英雄甚至還常常將恐龍放掉哩！當溫斯特（Owen Wister）的小說《維吉尼亞人》（*The Virginian*）中的男英雄，會為了事關名譽的決鬥，而在婚禮當天拋下新娘時，女人則傾向認為逃離危險絕對是明智之舉。再者，婦女不認為屠龍是務實的，因為困住她們的人——丈夫、母親、父親、孩子和朋友們——堅持好女人應該放棄自己的旅程去服侍他人。這也就是為什麼在女性英雄故事中，沒有真正惡棍的原因，或者至少不會出現英雄屠龍的場面。

我非常高興的發現，婦女能發展出一套有別於從英雄、殺戮、惡棍、解救到受害者的情節模式，她們拓展的生命之旅中，沒有真正的惡棍或受害者，只有英雄。看來這種英雄主義的模式，不但為我們帶來新生命的希望，同時也以平等的方式在進行。但是如果只有某個性別了解這種英雄主義的模式，那麼我相信它是永遠無法開花結果的。當我注意到週遭的婦女已樂觀地在扮演英雄／英雄／英雄的腳本時，大多數我所認識的男人，則仍在演出英雄／惡棍／受害者的模式。無法在舊定義中成為英雄的男人，便只能扮演受害者或凡夫俗子的角色。但我也注意到現代文學作品中，可以找到已經發現英雄／英雄／英雄情節的某些男性角色，他們並且能夠充分的扮演這個角色，既歡愉又有英雄氣。

我也開始明白，雖然男人與女人有時在宣告英雄主義時，會有形式上或順序上的不同，但卻都會經歷相同的成長階段。對於兩者而言，**英雄主義最終涉及的是人格完整的問題，是在每個發展階段中，與真實的自己更加貼近的旅程。弔詭的是，我們每個人在過程中都受到原型模式的規範，才能發現我們的獨特性，因此我們在發展的階段中，既是非常獨特的，也和別人非常相似。**事實上，雖然我們的文化鼓勵男人和女人以不同的方式認同原型，但是人類的發展分別受到天真者（Innocent）、孤兒（Orphan）、流浪者（Wanderer）、鬥士（Warrior）、殉道者（Martyr）和魔法師（Magician）等原型的影響，在相當程度上是可以被預期的。

原型與人類發展

天真者和孤兒為發展揭開序幕：天真者生活在亞當與夏娃墮落前的恩寵狀態中，孤兒則要面對墮落的事實。接下來的幾個階段是在墮落的世界中設法存活的手段和策略：

流浪者開始尋找和他人有別的自己；鬥士學習用自己的想像來保衛自己並且改變世界；殉道者學習施與、承諾並為別人犧牲自己；整個進步的過程是從痛苦、經歷自我肯定、掙扎到愛。

我明白流浪者的英雄主義不是用抗爭來界定的。流浪者的英雄行為是脫離壓迫的情境，並獨自去面對未知的世界。

不過起先我忽略了殉道者的英雄主義，因為愈來愈多的現代文學皆替女性從傳統的犧牲角色解放出來而喝采。文學中有關女性反殉道的情感特別濃烈，因為女性社會化與文化的規範，已把女性殉道與犧牲的角色強化帶入二十世紀。婦女被局限在殉道者的角色，比起白種男人困在鬥士角色中更加嚴重。等到再一次審視殉道者的原型，我開始尊敬它的力量，並且看到為什麼以耶穌上十字架殉道形像為中心的基督宗教，能如此吸引女人和弱勢族群的認同，也明白為什麼苦難與殉道對猶太教如此重要，在反閃族主義盛行的許多時代與地區尤其如此。

我又發現直到目前為止，有一個既重要又古老的原型，在過去比鬥士原型被更少數的人壟斷，而今日卻重新被界定為適合每一個人的英雄模式。在此模式中，英雄是魔法師或巫師。魔法師在學會了用堅毅的紀律、意志力和奮鬥力改造自己的環境之後，他們又學習和宇宙能量一起行動，並且還學會吸引同步法則的能力，自在地好像變魔術一般與宇宙互動著。學會信任自性我，魔法師走一圈探索之旅，回到天真者的心態，發現信任是安全的。

每一個原型都向外面世界投射它自己的學習功課。被某一原型主宰的人，會視其目標為無可取代的貴重，而此原型最深的恐懼會成為世界問題的根源。他們會抱怨其他人的殘忍、沒有原則、軟弱、自私或膚淺，許多誤解由此展開。對殉道者來講，流浪者的特立獨行看起來像是一個可憎的自私行為。鬥士們的果決態度，對孤兒們來說，則是一種殘忍的酷刑。而當魔法師宣稱只要這個回應是來自內心的真誠，則無論你怎麼做，包括早先你害怕和拒絕做的所有事情，如自私、懶惰等等都無不可的時候，對大多數人來講，魔法師的行徑簡直是一張最壞的通行證。

到了魔法師這個層次，二元對立的世界觀開始崩解。孤兒太執著於安全感的追求，又假設生命應該只有歡樂和輕鬆，以至於無可避免地會害怕痛苦和災難的發生，魔法師則相信雖然我們會經驗到痛苦和災難，但我們仍然是安全的，痛苦和災難只是生命的一部分，最後我們都在上帝的手中。同時，魔法師也明白只給不取也是失衡的，其結果仍然是自私的表現。我們的功課在於照顧別人的同時也不要忘了照顧自己，自己和鄰人一樣需要我們的愛和關心。

魔法師超越個人主義與從眾思想的對立，認為我們每個人都是獨特的，卻也是一體的。他們超越強弱的對立，了解堅定與容受乃是陰與陽之別，是生命的韻律，而非二元對立。最後，他們明白要不真切都是不可能的，因為我們只能做我們自己。我們無可避免的會站在我們在宇宙中應有的位置。

每個原型推動我們通過二元對立，而進入弔詭之中。在每個原型中所排列的乃是基本能量從原初到精緻之複雜表現的連續體。本書接下來的各章就是描述所有原型，以及英雄們在探索每個原型時所遭遇的覺知階段。然而，此處描述的模式乃是體系式的，所以讀者在閱讀時必須牢記，人們並非一成不變的通過這些階段。每個人可以各自畫出自己在通過這些「階段」時的路線圖，而且人們在面對它們時的方式差異，也是可以預見的。這點可適用於許多文化團體——不同的人種和族群，來自不同地區與國家的人民——但是在本書中，由於個人的背景和經驗，我將專注在男人和女人的差異上。

比如說，男性與女性的英雄主義似乎就有差別，因為男人在某些階段停留較長，而女人則在別的階段駐足久些。因為女人被教化去扮演輔育與服侍的角色，也可能因為婦女有生育的能力，所以在她們有機會探索流浪者與鬥士所蘊含的可能性之前，生命就完全被殉道者的原型所掌控了。男人則在了解自己是誰以前，就以一個鬥士的模式被強迫去控制自己的生命和征服別人，他們很快地就成了鬥士，但也卡在那個階段中，還常常停留在最原始的層次裡。他們通常很少得到或根本得不到鼓勵。而且幾乎沒有可讓他們發展體貼、關愛和信守承諾能力的男性楷模。

婦女通常都不喜歡鬥士這個階段，因此要不是拒絕這趟鬥士之旅，就是飛快地通過它成為魔法師。我想這也是為什麼我在吉琳根（Carol Gilligan）那本具有拓荒意味的書《不同的聲音：心理學理論與女性發展》（*In a Different Voice: Psychological Theory and Women's Development*）中，把流浪者與鬥士階段的改變，描繪成只是個「過渡」階段的原因；它介於關懷他人的道德（犧牲）和自我已被濾回進入圖像（即共依存，intendependence）的較高層級之間。

婦女似乎留戀在強調合作關係的殉道者和魔法師的階段中，而男人則停留在強調分離和對立的階段，如流浪者和鬥士。誠如吉琳根所言，女人比較會把世界看成像是聯絡的網狀物或組織；男人則將它看成一個梯狀物或階級組織，為了權力而在其中爭鬥。當我們沒有通盤考量發展的形態，只粗略觀看多數男人和女人的表現時，男女兩性的成長方式似是分殊不同的。但是如果只注意方式，而不管時間上的差異和每個原型的功能強度，則男人和女人的發展是相同的。不過上面的兩種說法都不正確。

正確的說法是，男人和女人的發展是相同的，但男人和女人是相異的。

我們的文化中，最典型的男性發展是由孤兒階段直接到達鬥士階段，並且停留在那裡，唯有到了中年危機，被迫面臨整合問題時，才可能產生改變。結果通常是被迫去面對親密、關懷和信守承諾等過去他不熟悉的課題。男人典型的進程看起來像是：

孤兒、鬥士、流浪者、殉道者、魔法師。

傳統的婦女則由孤兒直接踏入殉道者的階段，而且常常一待就是一輩子，除非有某種特殊的事件推動她成長；有時是孩子長大離家、丈夫出軌、她的自尊被踐踏、或接觸到自由的思想等這些自我認同的危機，才會迫使她面對並開始探尋自己。經過一番磨練，她學會了果決主張。她的模式是：

孤兒、殉道者、流浪者、鬥士、魔法師。

一個早些在生命中努力尋求獨立的職業婦女，一方面必然是因為在辦公室中學會了鬥爭，一方面在家裡又必須全盤付出，所以她可能同時要處理鬥士和殉道者兩個階段。很多男人也走上相同的路徑。不論男女，這個模式可簡化如下：

在這種情況下，自我認同的課題在互不相容的兩個價值衝突中被激發出來，直到鬥士和殉道者發現它們可以合而為一為止，此時分裂的自我才有歸一的感覺。

重要的是，我們必須了解男人和女人不會永遠或必然以不同的順序經歷這些階段，個別的差異是很大的。尤有甚者，有許多不同學派的性格型態理論也不可忽略；在榮格的理論中，有些人被他們的分析性格和思考性格掌控，其他的人則具有同理心與感覺的模式。感覺型的人和殉道者原型很密切，思考型人格與鬥士模式有關。我們通常發展自己喜歡的模式，等待時機，稍後再發展比較不喜歡和較不熟悉的部分。因此，偏好思考的女性和偏好感覺的男人，可能會同時處理殉道者和鬥士的模式，因為我們的驅力會被性別角色的制約所強化，也會被他們的性格類型所左右。

但是某些對性別的概化觀感還是很堅實的存在。在今日這個非常時代，大多數的男性仍然被鬥士倫理所界定。而當代婦女的途徑卻分裂了，多數婦女不是殉道者，就是快速通過流浪者及鬥士階段，然後開始體驗並成為一個魔法師。這種區別要根據你所關注的是那個婦女群而定。你可以辯稱殉道者的原型絕對是女性的原型，它和絕對的男性鬥士原型互相抗衡。或者你也可以認為魔法師模式是一個新出現的女性系統，它有別於舊時代父權結構下的鬥士倫理。前面的看法已被保守派人士接受，而女性主義者則歡迎後面這個想法。兩者都沒錯，不過也都沒有指出故事的全貌。

在文化意識中，女性主義者和好戰的鬥士被劃上等號。但是真正自由的婦女似乎有著魔法師一樣靈巧的掌理手法，帶領自己走在人類意識轉化的道路上，去探索早先潛居在內心深處的那些原型。這個轉化和男性探索者以積極的行動和果斷的態度為工具，去改造世界一樣地重要。發現魔法師的魔棒和道具，是改造今日世界的合適工具；它令男人和女人重新懷抱希望，它使兩性間產生和平與愛的能量得以復原，同時也是人類和大地和平關係的開始。

新的英雄典範

鬥士的生活因為一直集中在征服別人和世界這件事上，因此他是寂寞而極具悲劇性的。我們也許可以用最後成為國王或皇后做為獎賞來結束他們的旅程，但我們也知道故事還會繼續下去。我們知道有一天將會失去權力，被新的英雄取代並死去。我們在地球上的最後時刻，很明顯的連自己身體的活動都不能控制（也許出生例外），更遑論要繼續宰制別人和未來。傳統上決定故事情節是喜劇或悲劇的，就是故事結尾的時刻。難怪現代文學和哲學是如此地絕望！

但何妨稍微改變一下我們的期望？**如果生命的目標不在追求勝利而只是學習，又會如何？**我相信故事的結局一定很不一樣；而且生死之間發生的事也會大不相同。**英雄主義不再被定義為移山倒海，而只是去了解山與海；完完全全地做自己，以不否認的態度觀照實存，並對生命提供我們的功課，敞開心胸來學習。**

「箱型車」伯莎（Box-Car Berthas）在她的自傳《路上的姊妹》（*Sister of the Road*）中，回顧了她自己的一生：包括小時候被母親遺棄，從事非人待遇的妓女工作（並感染梅毒），以及目睹一個愛人被吊死及眼見另一個愛人被火車輾斃的無助經驗等。她宣稱：「我艱苦學習的每一件事都熬過來了……我已完成我的志業——每一件生命中我計劃要做的事情都完成了。我曾想要了解做浪人、妓女、小偷、急進份子、改革者、社會工作者和革命家是什麼滋味。現在我明白了。我也經歷過了。是的，對我來說所有一切都這麼有價值。在我的生命中沒有悲劇。是的，我的禱告應驗了。」伯莎既不將自己看做受苦的殉道者也不是一個鬥士，而是得到她所有要求事物的魔術師。她同時為自己的選擇負責，也感謝生命給她的禮物。

同樣的，迪拉德（Annie Dillard）在《頂克溪的朝聖者》（*Pilgrim at Tinker Creek*）中也臆測說，生命「往往是殘酷的，但總是美麗的……，我們最多只能試圖和它在一起」，完全的擁抱生命。她想像，「臨終禱告不是『請』，而是像客人離去時在門邊向主人說的『謝謝』……，」她解釋說：「宇宙不是玩笑之作，而是莊嚴、不可思議的熱情的產物。它是由一股深不可測、奧秘、神聖而無常的力量所創造的。我們對它毫無辦法，不是忽略它，就是正視它。」

魔法師視生命為一份贈禮。此生的任務就是付出自己的贈禮，並充分參與生命及他人的命運，允許接受某些禮物，但他要負責地拒絕另外一些贈禮。從這個觀點看，悲劇是喪失了自知之明，結果是你不能依據此生目的有所貢獻。

例如，在阿諾（Harriette Arnow）的小說《做娃娃的人》（*The Dollmaker*）中，女主角歌蒂是一個身高六呎的鄉下姑娘，非常聰明，卻習慣性地自貶。因此她幾乎失去所有她愛的人事物；服從母親的教導，認為女人的責任是和丈夫在一起，於是她拋棄想要購買的迪普頓農莊到底特律去投靠丈夫；又聽信了鄰居的勸告不讓女兒卡西兒和幻想中的玩伴在一起，卡西兒只好偷偷溜出家門去找它，不幸卻被火車輾斃；歌蒂不曾嚴肅地將雕塑當作職業，反而當做雕蟲小技地嘲弄。她最嚴重的一次自傷行為，是將正在雕刻的上等櫻桃木雕像「微笑的基督」砍成碎段，並將它們刻成許多便宜的小人物，以及耶穌受難的雕像出售。「微笑的基督」是她肯定自我生命的視覺象徵，用來對抗母親教導的教條式清教徒思想。將整塊木頭砍碎相當於殺死自己或使自己碎裂。此外，小說開始不久，卡西兒叮嚀她要完成「微笑的基督」並說：「讓她出來。」她，當然是指歌蒂。

砍斷櫻桃木的那一刻是歌蒂真正的悲劇，此舉正好否定她自己和自己的憧憬。但即便如此，希望還是存在的。我們每個人都有軟弱的時候，那時我們會否定自己的智慧、完整性和精神力量。雖然小說在此結束，但是我們發現歌蒂的自我毀滅行為仍然迫使她進入另一層次的自我了解。她以找不到適合的基督臉孔為由，將木頭砍碎以便做成小雕像賣錢養家。小說結尾時，她說：「世界上有千百萬個可以雕刻的（好）臉……住在巷尾的鄰居們——他們也都會做啊！」

從殉道者的正面觀點看來，歌蒂也許是值得讚許的，她除了為丈夫及孩子犧牲並且取悅她母親以外，幾乎什麼事也不做。但是，是什麼原因使得這本小說有別於傳統婦女犧牲題材的小說呢？一方面作者很忠實地點出，歌蒂的犧牲是非必要且具毀滅性的。另一方面作者筆下的歌蒂，雖然沒有用自己的智慧和力量改變生命，但卻也不讓她成為反英雄的凡夫俗子。歌蒂仍然是英雄。在小說中，雖然許多內外力量使她沒有能力信任自己，但是她也不曾被描繪成一個無助的受害者，反而是一個為自己做選擇且負責的人。因為不能全然展露自己的英雄行徑，因此她的生命是一個悲劇，當然這和莎士比亞筆下的李爾王和哈姆雷特是一樣的。不過有一點極大的不同，那就是歌蒂並未如李爾王或哈姆雷特在結束時死去，因此我們可以感受到生命是一個延續的過程。

從鬥士的角度來看，歌蒂的角色是一個悲劇。但從魔法師的角度來看呢？路絲門（Shirley Lutlman）在《能量與個人力量》（*Energy and Personal Power*）一書中說：「此生我們只被需要的東西吸引，而且除了為生命成長和發展努力之外，別無緊要之事。」如果我們假設這句話是對的，那麼我們肯定歌蒂所發生的悲劇，正是她使自己學習信任自己的契機。要達到此一目的，她首先必須學習承擔一切不如此做時會發生的事，以及所有伴隨而來的痛苦。

她的生命重點不在於像戰士般地證明自己的英雄氣概，而是要貨真價實的成為英雄。想要證明自己的英雄氣概，乃是受制於英雄稀有或是少數特權階級專屬的觀念。**當我們了解人活在世界上真正的功課並不是努力證明你是誰，而是讓自己做那個本然的自己時，情況將會大大不同。**從頭到尾歌蒂都在學習做「正確」的事，許多時候她根本只在學習何謂正確之事罷了。故事結尾的時候她終於明白，只要單純地做她自己，誠實地面對自己的需要，美夢就可以成真。她終將擁有迪普頓農莊，從事雕刻創作，同時丈夫兒女環繞身邊。回溯過往，她了解其實有很多力量支持她留在農莊，只是她不敢信任自己，任由外人的聲音將自己切成碎片。她的丈夫曾解釋，如果歌蒂對自己有足夠的信心，願意坦白向他表達自己的需要，他是會支持她留在農莊的。

在最初的階段，殉道者以為受苦只是一件單純的事，其實不然，殉道行為中一定有某個人在忍受，這是一種交換行為。殉道者用痛苦換取別人或將來的快樂。鬥士則發現，只要肯努力和有勇氣，人便可以佔有一席之地，為他們自己及別人改變環境。魔法師卻發現，受苦和奮鬥都不是生命的根本，歡樂也是人與生俱來的權利，人可以輕鬆地得到歡樂，就如同遭受苦難和爭鬥一般容易。人無需犧牲自己或與外界競爭，才能為自己和愛人帶來豐裕的生活。

具體表現在魔法師旅程中的新模式，也就是當代文化的切入點。促使我寫這本書的原動力，也是來自我對魔法師原型是適合現代人日常生活的有效模式的體認。我的另一個寫作目的，是要向殉道者、流浪者和鬥士表達敬意。我們可從每個原型模式學習到關鍵性的課題，那些都是我們永遠學習不完的功課。

朝向整全邁進的迴旋式成長

雖然這些英雄模式是發展的，但是它們卻非線性的和逐級攀升的階梯經驗。我將典型的英雄發展描繪成一個圓椎體，或三度空間的螺旋體，這種形式的成長在向前推進之餘，卻也常常繞回原處。每個階段都有它要教導我們的功課，我們則一再與這些階段相遇，一次又一次地回到前面的階段。這使我們得以在新的層次上複習認知和情緒的複雜性及精緻性。舉例來說，當我們第一次探索鬥士模式的時候，我們可能像個莽漢，後來我們會學習如何適當而溫和地把握自己的願望，並且在不衝突的情況下將自己的需要與別人協商。當我們對生命有比較寬泛的反應，並從生命中獲取更多時，並不是迴旋式的成長將我們帶到了更高處，而是它開闊了我們的視野，使我們吸收更多，就有比較多的選擇。

在第二十一頁上的圖表，將每個原型階段摘要的標明出來。大多數人要在內圈這一輪繞兩次，直到他們純熟練習第二圈和第三圈的教導後，才能破繭而出。這種系統的設計只是幫助我們觀念上的了解而已，人類的發展不可能如此井然有序和按部就班。重點是，所有的原型都是互相作用的，除非打通其他關節，不然只有一個原型不可能解決深藏在個人心理或認知上的窘境。鬥士和殉道者正好各自佔據生命二元對立的兩側，它們都相信生命非給即取，兩者互相排斥，沒有中間地帶。但是現在我們明白，除非兩者並進，付出的同時也接受贈與，不然兩者都不自由。我們隨著每個原型進出生命學校多次，直到得獲取自由為止。我們必須了解，生命的不同事件會影響我們學習的順序和強度，任何重大改變或危機都要求我們在認同（identity）這個題目上多加注意。任何新的承諾都會促發犧牲的問題。每次我們遇見相同的原型模式，便有機會對此原型做更深入的了解。

英雄在每個模式中學到的德性永不復失，也永不嫌多。它們只會變得更精緻。做為天真者，英雄學會信任；做為孤兒，則學會哀傷；做為一個流浪者，英雄學習找出並定義真實的自己；而鬥士則要肯定真實，並以此影響改變世界；殉道者去愛和承諾，並放下執著。

所有這些德性都涉及某種程度的痛苦和掙扎。魔法師在這些價值之外所附加的是體認到宇宙豐盈存在的事實，並予以接受的能力。隨著圓圈的擴大，魔法師會實現孤兒想要重回伊甸園的渴望，首先是在微觀宇宙與個人的層次上，後來則是在最大的宇宙層次上達成；這一次不再是一個天真的兒童以依賴的身分去經驗豐美的花園，魔法師學會與他人、大自然和上帝互相依恃著一起進入樂園。英雄所學的最後一門功課就是快樂——重回伊甸園。

我們每個人都會帶著每個階段的功課，進入下一個階段，當我們如是貫徹之後，它的意義便為之轉化，不過功課本身並未消失或增加。舉例而言，在第一層次的殉道者，利用犧牲來取悅眾神或某些權威人士。後來到了其他層次，他們的犧牲只是純粹為了助人。轉化成為一個鬥士，英雄化犧牲為紀律：犧牲某些事物以成就其他的目標。到了魔

英雄之輪的三重迴旋

信任—孤兒
尋求、接受支助
並接納互依的現實
承認、感知痛苦
並為此哀憐
以耽溺遮掩失望
和憤世嫉俗的情勢
明晰—流浪者
發現自我
擁有愛和社群
選擇探索之旅
逃避囚牢
找到自我的寶藏
有孤寂和疏離感
力量—鬥士
視堅定為人生韻律
的一部分
而且敬重對手
學習為真正的信仰與價值
以及自我和他人而戰
把「他人」異己化
不惜一切代價
求取勝利
摯愛—犧牲者
從小我奉獻給大我
的過程中找到自己
以犧牲或傷害自己
的方式幫助別人
以施與慰藉和取悅他人
成就良善與美德
快樂—魔術師
覺察到同步現象的神奇
尊崇自己、享受世界
成全自己與世界
為個人的生命負責
面對陰影

法師的位階，英雄們了解根本無所謂「失落」這回事：犧牲變成一個成長的契機，他們學會溫柔地放下舊模式，讓新的方法、新的生命進來。

在適當時機進入適當階段的人，神話會帶給他們生命。在生命發展初期，便揠苗助長地跳入某個角色的人，會把同樣的原型帶入死胡同，因為這不是他們真正成長所需要的。以準備跳脫鬥士階段的男人和女人為例，要擺脫鬥士的習慣很不容易，因為除了鬥士之外，他們對其他的行為方式所知無幾。他們會感到消沉、窒息和困頓，就像陷在殉道者角色的婦女無法自拔一樣，因為她們長久以來都被告知，流浪者和鬥士的原型只保留給男人。許多讀過《英美文學中的女性英雄》的婦女很興奮地告訴我們，這本書使英雄主義復甦——特別是是流浪者及鬥士之旅——適切地鼓舞她們勇往直前。我希望殉道者價值的重現，以及對魔法師原型的描述，能使男女在英雄旅程上走得輕鬆，少一點痛苦和挫敗。

我也相信我們隨時都具備進入每個原型的能力。我們身處某個「階段」與我們「逗留」在那裡最久——也就是我們花費最多時間之處——有關。最受壓抑的受害者超越的機會也愈大。沒有一個人可以毫無感覺地向前進，我們偶爾總會像失怙的孩子一般無助。事實上，**生命的每個階段都有為我們準備的贈禮——某些教導我們做人的重要功課**。

給讀者的建議

雖然我曾指出人們面對成長性的課題時，會依循某個可預見的順序進行，但我必須再次強調，**人們將不會線性的棄置某個模式，再繼續追求另一個模式。與各原型有關的了解與行為表現，其深刻的層次亦有賴我們對他人有更深的投入。**因為這趟旅程涉及高層次的技巧發展問題，我們必須持續在每個範疇中琢磨技巧。最終，我們會得到許多對生命的可能回應，而我們對如何在生命既定的情況中做出回應，也會有更多的選擇。

其實，處理這些原型有點兒像重新裝潢房子。剛遷居時，我們會逐步將原有的家庭文化、信念、習慣和態度拿來裝點新居，有些人永遠無法將這個家變成自己的，所以也發展不出屬於自己特有的風格。但那些踏上旅程，並持續相信神話隱喻的人，會用不同的步伐和不同的順序佈置他們的房子。

有些人一次裝修一個房間，完成之後再修另一間。有的人可能全屋一起動工，每個房間都做一點兒，將房子全部上漆，然後拿塊大布將它蓋起來……等等。有些人匆匆忙忙將它完成，有的人慢慢享受修繕之樂。當然，這種心理房屋和一般的房子不一樣，如果不將隔壁的房間也裝修一下，你可能無法全面完成它。當人們用不同的順序探索發展的功課時，所有的原型都有關聯，而且互相依賴。基本上，跟修整房屋類似，我們不可能只完成其中一項，必須到全部完成為止。當你以為裝璜的工作已全部完成，卻又注意到早先買來的沙發破損和壁紙剝落時，你不得不重新來過！

大多數人一輩子都在努力學習所有的功課。但是跟裝修房子一樣，假設我們正在裝修殉道者這個房間，我們必須早些將一些相關的材料放在房子裡，如此工作起來才容易些，也比較能隨心所欲做出自己要的樣式。一開始你會全心全意投注在這個房間上，所以，當你學習原型的教訓時，你會非常細心地去「做」它。不論你正在處理殉道者、流浪者或鬥士等的功課都一樣。由於你的用心，你對發生的各種狀況將會溫和而適當的反應。如果你已學會自由地做選擇，你所選擇的反應將會恰如其份的符合當時的自己。此刻你有命中紅心的感覺，因為你感到即清明又統合。如果你感到不愉快，並且還偏離了核心，這時比較適當的作法是花些時間注意觀察哪個反應比較接近真實，或者必須更全面地再次檢驗你自己以及他人的真正需要。

或許你會發現，本書的理論可以幫助你從被困的地方跳脫出來。比如說當你覺得無力或像個孤兒時，它會提醒你該是求援的時候了。當你感到和外界隔絕或疏離的時候，你可能正在處理流浪者原型的主題，與其擔心如何與自己或別人更親密，還不如進入真正的問題內去探索它。能夠知道問題所在，才有可能更完整地面對真實，那時良好的關係會自然產生。同理，如果你覺得自己是個殉道者，並且「看」到自己想以不斷付出的方式，使結果變「對」，那麼就「放下」自己認定是「對」的想法，而把焦點放在旅程上吧！

如果你強迫想要改造世界或要別人贊同你，則課題總是和恐懼有關；你擔心如果環境不變，你將不能成為你要的樣子，或得到你要的事物。雖然你感到生存飽受威脅，但重點不在改變他人，而是你自己要有勇氣做改變。此刻你正應該發揮信仰的力量，誠摯的在「當下」貢獻出自己認為對的想法，而不必堅持別人要贊同你。當你如此做時，幾乎都會有轉機出現（雖然你不能掌握轉變的結果）。

信任自己以及自己的過程，意謂你相信這個功課全然是屬於你自己的，如此也才能得到你靈魂成長中最需要的事物。如果你發現自己非常執著於某個特別的結果，並嘗試用自己的方法強迫它發生，那麼萬一不能如願，反而會更加受苦。此時你要做的事就是培養魔法師的信念，對宇宙、神秘以及未知領域能提供你所需的能力深具信心。我們必須明白自己所「需」和所「要」常常是不同的。對神、宇宙或你內在高層真我的信任，以及放下執著是十分合理的事情。

要運用這些理論，我們必須了解人是多次元的生物。多數人在生命不同的舞台時會面對不同的原型。舉例來說，有些人意識到自己受到魔法師原型的強烈影響，一直在追求精神層次的成長，但卻忽略了身體的健康。在不同的生命領域中探索不同原型的可能性，或許是擴充技能的一個方式，但也可能毫無意義。你可能會發現自己深陷在情境定義的角色中無法自拔，你對生命的回應不能或不再是你真實情感的反映。

也許你會擔心當你在家中磨練鬥士的技巧，或在職場磨練殉道者的技巧時，會因為技術不成熟而得罪他人，甚或失去他們。你也可能會害怕喪失原有的權力，因為你笨拙地把已高度開發、運用自如的舊技巧拋在一旁，卻嘗試用新開發的方法去處理事務。不過，你也可能會因為用新模式嘗試去處理舊的情境，而覺得刺激、有趣和具挑戰性。例如，私生活中的果決態度，無論在風格或實質上都與公共領域中的表現截然不同。你要根據自己所處的現狀來學習每種原型的新面向。

同時也請注意，任何一個階段的原始形貌都會令人害怕，因為它們直接而不夠精緻。記住，當這些途徑變得愈發成熟細緻，多數人在面對它們時便不會覺得困難。如果確有困難，也許只是被某種轉變分心罷了。或者當你改變和成長時，雖然有些人會離你而去，但是你將逐漸吸引到比你更圓熟的人作伴以為補償，同時你們彼此也會更加欣賞對方，並有更多的互動。

下面這張圖表精簡地記錄每一個原型進入生命時的典型步驟。在某個月或某星期中，你可能會歷經這張圖表上列舉的所有反應。熟悉各種原型可使我們了解，這些原型早就在我們的性格中生根。當我覺得自己像個孤兒的時候，我真希望世界被放在一個銀盤上奉獻給我，得不到它真叫我氣惱。當我感覺像個流浪者的時候，我實在不信任任何人際關係，需要自己獨處。

讀完本書後，請利用這個圖表和附錄中的測驗重新打開記憶之門。你會看見自己最常以那個方式生活，並且明白自己前面一個功課是在那個原型上。清楚地知道自己目前所在的位置能幫助你做改變，如果你願意這麼做的話。例如，如果你覺得正在踐履某種生活方式，試著移到其他層面嘗試些新的反應，看有什麼新的感覺。多留意本圖表中比較典型的各種原型本質，對那些最先進階段的形貌則少費心。最後，所有各原型的最高層次會全部匯聚合一，為我們描繪出一幅美好健康的心靈圖像。

因為我們一向慣常以線性的方式思考（本圖表也是如此的線性！），所以我必須提醒讀者，魔法師不必然好過孤兒，魔法師和鬥士都必須為他們的驕傲付出代價。當他們在能力和自信心上有長進的時候，卻忘記人必得依賴他人和土地才能存活。不久前，身為一個鬥士，我為自己的能力和成就感到無比的驕傲；但有一天早晨醒來，我卻捫心自問：「為什麼是我？」接著一連串的打擊、挑戰和災難一起襲來，我經歷到典型的孤兒反應——受害者心態、自責、希望被拯救、還急著要責怪別人。不過，最終這還是一個禮物，它提醒真正的我還是脆弱和渴望互助的，於是我不得不向我的朋友、家人和同事

原型途徑摘要表*

	孤兒	殉道者	流浪者	鬥士	魔術師
目標	安全	良善、關愛與責任	獨立自主	力量、效能	本真、整體與平衡
最大的恐懼	遺棄剝削	自私、空洞	一致	軟弱無能	失衡、膚淺與自他疏離
對龍怪的回應	否認存在等待救援	捨己救人	逃離	斬殺	統合與肯定
靈性	需要神祇的救援及宗教導師的指引	以受苦取悅上帝、幫助他人	只尋找上帝	傳福音、使人皈依、重視精神鍛鍊	欣見每個人對上帝的體驗、尊重不同的信仰方式
知識教育	需要權威給予解答	學習幫助他人	以自己的方式探索新觀念	以競爭、成就和動機來學習	鼓勵好奇以團體或個人方式學習，因學習是快樂的
關係	需有關注他的人	照顧他人、犧牲	單打獨鬥、做自己	改變或塑造他人，以取悅自己；走上自戀一途	尊重差異、渴望同儕關係
情緒	失控或麻木	壓抑負面情緒以便不傷他人	與孤獨奮戰、禁慾主義者	以自制、壓抑來完成拓展	寬容並從自己與他人處學習
身體健康	想快速搞定和追求立即的滿足	為了美而剝削自己、節食和受苦	不信任專家獨自行動、另類的健康照顧、喜愛獨自的運動	採行制度與紀律、喜愛團隊的運動	追求健康、保持身體的運動、攝取良好的食物
工作	渴望簡單的生活、寧可不工作	把工作視為艱辛痛苦但必要之事、為他人工作	“我會單打獨鬥”、追求職業發展	為目標工作、期待回報	以工作為生涯、把工作本身視為是回報
物質世界	感覺貧窮、想中彩卷和繼承財產	相信施比受更有福、貧比富更有德	成為自我成就之人、願為獨立自主金錢而犧牲	努力工作以求成功、讓制度為個人服務、寧願富有	無論擁有多少都覺得富足、相信人總能獲得生活所需、從不囤積
任務成就	克服否定、希望與天真	關愛及施捨的能力	自主、認同與事業	堅定、自信勇氣與尊敬	享樂、富足接納與信念

「天真者」並未包含在這個圖表中，因為它不是英雄的原型。當我們活在天堂的樂園中時，我們已不需目標、恐懼、任務、工作及其他的事務。「天真者」可以是前英雄期，也可以是後英雄期。

求援。**得意忘形之際很容易太過自信，這時我需要當頭棒喝，以使我尋求愛的支援，脫離孤獨。**

重點是要更完整、有更多選擇，而不是盤踞發展階梯的頂端（想像把這張圖表拆開，把它頭尾連接成為一個圓圈）。天真者確實只是個尚未接觸其他原型和學到教訓的魔法師。如果你決定做一個魔法師比鬥士或殉道者好，並試圖只用這個單一原型模式去回應世界，那麼你和尚未由其他原型中學得生命技巧的孤兒一樣偏頗不足。

我們永遠有需要學習的功課。政治是個好例子。每個原型都有它特殊的貢獻。孤兒要追隨一個可以拯救他的偉大領袖。流浪者自認是局外人，對政治很少抱持希望，或從不抱任何希望，特別是對傳統的政治（這是為什麼近年來許多人對政治冷漠的原因）。許多過去熱中政治的人，現在則藉著改造自己來推動重大的文化變革，並訴求有助建立新政治的認同與價值議題。鬥士投入傳統政治中試圖引發變革，魔法師則傾向創造新社區、新機構和新的互動方式，而不去打擾那些尚未準備好要改變的人。

重要的是，這些反應本身沒有那個是恰當的，也沒有那個是不好的。有時我們也會因體認到某人懂得比自己更多更好而跟隨他們。有時要從行動中抽身而出以便肯定自己的價值。有時參與政治活動，有時則專心在當下的自我創造上。

然而，我們並非永遠那麼寬容和有鑑賞力。有時當我們初入某個階段，會對它略顯專斷，以為只此一途。當我們離開該位置時，往往會原地打轉，並否認我們曾經待過那階段。

對剛剛脫離殉道者模式早期階段的人來說，任何對他們的犧牲價值所做的正面陳述看起來都像是虐待行為。當然，重點是它們適合這些人。如果我們剛從殉道者進入流浪者原型，終止旅程並把自己交付給他人的誘惑，是常見的威脅。就像是結束戀情一樣，極少數人能夠告知愛人，自己準備繼續新旅程，並為過去擁有的致謝。相反的，我們會花費許多時間數落對方的不是，並抱怨關係是如何的不好。我們往往造出高潮迭起的戲碼，以便轉移我們對未知的恐懼，或者因為我們總是要相信事情已經壞到極點，才認為自己有理由離開。

我們也會拒絕進入尚未準備好的階段，也就是那些我們幾無經驗的階段。相反的，我們可能會以自己知道的事物來重新定義它們，以至於完全誤解其意。這也無妨，因為就發展的意義而言，此時我們不解的真理與我們的關係還不密切。例如，對一個正面臨從伊甸園墮落，以及正在學習基本現實教訓的人而言，魔法師宣稱宇宙是安全的說法，聽起來無疑是對現實的最糟否認。

我最近與某班學生分享這些理念，並且也清楚地看到許多學生想不經其他原型的學習，就直接跳入魔法師的階段。我不相信這樣行得通，即使可行，也無法持久。我們確實必須在每個階段花些時間，善盡自己的責任。我希望在這些案例中，了解自己可能的發展方向，能夠有助於我們從遭遇恐龍時令人癱瘓的恐懼中解脫出來。

當人們由鬥士轉變為魔法師時，會發生某種根本的轉變：他們會改變對真實的看法。他們逐漸明白，認為世界是充滿危險、痛苦和孤獨的地方並非事實真相，那些只是他們在人生發展過程中的看法而已。這項新知讓人有解脫的自由之感。

當大多數的人仍將注意力放在媒體所注重的災難、戰爭和競爭時，某些具轉化作用的事物正在文化層面發生，你不一定看見它們，除非你本身已然改變。學習這種改變猶如學習一個你從不知道的新辭彙一樣，它會突然間讓你驚訝的發現，你所到的每個地方都聽得見它。也許它一直都在那裡，只是你從未注意過。**當你以一種新的存在方式和世界互動時，你會突然的開始遇見和你同類的人，而且很快就生活在一個與舊運作方式不同的新社會和新世界中**。你會讀這本書就表示，雖然你尚未活在這樣的世界中，至少現在是你要知道有這個世界存在的時候了。

有些必須掌控他人才感到安全的人，在別人進入魔法師領域後，有飽受威脅的感覺，因為魔法師不是可以輕易被操縱和控制的。「掌控」出於恐懼和物資稀少的信念——因為不足，所以我們必須競爭才能得到。這種恐懼讓人變得溫馴、依賴、服從，希望得到當權者的寵愛，或讓自己擠入權力中心。在世界最富裕的國家中，人們便是因為害怕貧窮而工作的。我們被環繞四周的人影響得買東買西，以便討好別人。在《追求寂寞》（*The Pursuit of Loneliness*）一書中，史萊特（Philip Slater）解釋說，在我們的社會中，廣告以增加許多人為需要的方式，來強化恐懼不足的文化信念。人們恐懼的不是貧窮本身，而是買不起豪華房車和名家設計的牛仔褲。

在上位的人也強化這種人為的不足，因為這樣才能銷售更多的產品，並使勞工階級順服。其餘的人也不反對或挑戰社會資源和才能確實有限的想法，因為我們需要相信不足這個事實。因為我們都需要進行危險的人生旅程，所以有必要相信我們的恐懼是真實的。除非我們真正看到自己恐懼饑饉、欲望、疏離和絕望，不然我們怎麼會開始學習面對恐懼呢？除非我們已經踏上旅程自我證明，否則我們便還未準備好迎接富足和安全的宇宙。這跟我們有多少存款和有多少人愛我們無關；只要我們需要，我們就會招惹問題，感到孤獨和貧窮。你是否認識狄更斯筆下一輩子擔心金錢會消失的守財奴，這種人真的只是追逐貯存金錢的奴隸。同理，無論我們如何被愛，除非我們真正讓愛進來，否則我們永遠都是孤寂的。

最後，沒有一個人可以避開英雄之旅這門功課，即使我們不夠主動勇敢的去找它，它自己也會找上我們。雖然我們傾全力要避開痛苦、磨難和鬥爭，生命本身終究會帶領我們到那片「許諾之地」，我們在那裡才能得到真正的富裕、關愛和快樂。唯一的出路便是通過它。

2

從天眞者到孤兒

From Innocent to Orphan

天堂座落在我們的嬰兒期！
牢房的陰暗影開始覆蓋
在成長中的男孩身上……

最後男人看著它漸漸退去，
消失在每日凡俗的光中。

——華滋華斯，〈頌歌：不朽的暗示〉
選自《童年生活回憶》

天真者生活在一個尚未墮落的世界中，一個綠色的伊甸園，在那裡充滿了甜蜜的氣氛，所有的需要都被愛和關懷滿足了。最接近這種經驗的是童年的早期，特別是有快樂童年的人，在浪漫之愛早期階段中的人，或者有過天人合一神祕經驗的人。但對多數人而言，這個神話只是一種應然的理想而已。

西弗史坦（Shel Silverstein）得獎的兒童故事《給予樹》(*The Giving Tree*）敘述我們渴望被完全的照顧。故事中的男孩，坐在樹枝上吃這顆樹長出來的蘋果。長大後她貢獻樹枝給他蓋房子。許多年後他渴求出海去看世界，她將樹幹捐出做成船。直到樹老了，他才回來，她好傷心，擔心再也沒有東西可以貢獻了。但他解釋說，他所要的只是一個可以坐下來休息的地方，於是他靠著殘幹滿足地休息著。她總是這樣的滿足他的需要，「他快樂，她也快樂。」

這個故事看起來既美麗又符合理想，那是因為你認同的是男孩而不是樹！對天真者來說，他人、自然世界和萬物都是為了服侍滿足他而存在的。上帝存在的理由只是為了回應人的禱告。任何痛苦都是他們有問題（上帝在處罰他們）或是上帝有問題（也許上帝死了）。對天真者而言，地球為了他的享樂而存在。他擁有一切權利去蹂躪它、掠奪它、污染它，因為地球唯他獨有。對男性的天真者而言，女人的角色只是照顧他們、支持他們和取悅他們。對女性的天真者而言，男人的角色是保護她們，並提供所有她們的必需品。其實，兩者都非全人。

天真是兒童的自然狀態，可是將這種狀況帶入成年則要有極驚人的否定和自戀才行；事實上，有這種別人要為我製造伊甸園想法的成年人可不在少數。上帝、父母、配偶、情人、朋友、雇主和雇員不這麼做，乃是他們憤怒、煩躁或甚至憤世嫉俗的經常性來源。

允諾重回神話中的伊甸園是人類生活中最大的推力。我們曾經或尚未做的許多事，都被這股力量推動著。我們向地球和其他人投射這股瘋狂的渴望，希望永遠不離開伊甸園，在裡面享受安全、被照顧和被愛。**諷刺的是，有一天我們確實可以重返伊甸園，享受平安、愛和富裕的生活，但卻唯有通過英雄之旅才能到達**。可以理解的是，多數人想要跳過他們的旅程，一蹴可幾地得到獎賞。

伊甸園畢竟與自戀幻想的實現無關；它是一種優雅踱步的狀態，必須對自己和他人有相當的認識與尊敬才行。佔有是無法帶我們到那兒的。天真者被迫要自己生活的時候，會感到被遺棄、背叛或甚至迫害。不知道這乃是天賜的恩典，是一個「幸運的墮落」(fortunate fall)。不過在內心深處，天真者還是希望走出樂園，踏上英雄之旅。

墮落

許多文化都有人類從黃金時代墮落凡塵的神話。亞當與夏娃是我們文化中第一個這樣的故事。根據聖經，被逐出樂園是因為人的罪。女人的罪比男人重。受苦是罪的處罰(亞當必終身勞苦才能從地得到吃的；夏娃生產兒女必受苦楚；到了最後兩者都會死亡)。從這個神話我們得到一個結論，那就是人可以重返樂園，只是必須通過犧牲和苦難才能得救贖。

墮落凡塵遭受天譴這種神話，不只是猶太人和基督徒的信念。在其他許多文化和宗教中都有這樣的神話。因此，這個神話具有原型的本質是很清楚的一件事。多數人的苦難來自於對父母幻想的破滅。父母本來應該是一棵「給予樹」，要什麼給什麼，如果不是如此，孩子會感到被欺騙，連帶也會覺得全世界都對不起他。又或者父母在他小的時候很殘暴，他們發現父母是不完善的。突然間，那些原本應該照顧他們的人，都變得不可信賴。

墮落凡塵的感覺同樣會在政治、宗教、個人的失望與幻想破滅中表現出來。一旦發現上帝死了或不再照顧他們，政府不是永遠可靠，法律不是永遠公平，法庭也不一定保護他，「天真者」便成了「孤兒」。傳統保守的男人發現女人並不總是一株「給予樹」

，而具有她們自己的性慾和事業野心時，便會經驗到極嚴重的幻滅感。女人也一樣，當她們發現男人不但不可能保護她們，反而拿她們當墊腳石獲得利益和升遷時，簡直是憤怒失望極了。幻想的破滅讓我們每個人學習到，世界並非永遠或可能根本從來不是想像中那麼美好。有些人很失望地發現原來電視不是真實的。

孤兒是一個失望的理想主義者，對世界的理想愈高，現實的情形就愈糟。墮落之後感覺像個孤兒，是極端困難的一種模式。世界被看成是危險的；到處充滿了惡棍和陷阱，人們覺得自己像個受困少女，被迫手無寸鐵地面對可怕的環境。這是個狗咬狗的世界，人不是受害就是害人。甚至惡徒的行徑也會被孤兒辯解為「在他人未攻擊前先攻擊」的現實需要。**這個世界觀的主控情緒是恐懼，而他的基本動機是求生存。**

這個階段是如此的痛苦，以至於人們只好用各種不同的麻醉劑來逃避：毒品、酒精、工作、消費和盲目的享樂。或者濫用感情、工作、甚至於利用宗教來麻醉痛苦，為自己提供一個假相的安全。諷刺的是，上述這些癮頭都會增加無力感和自我否定等感覺的後遺症，他們——特別是毒品和酒精的上癮者——甚至會因為不信任感的增加而瘋狂。

所有外在的事物都是上癮者用來逃避人間苦境的合理化方法；他們說：「當然我每天要喝一兩杯或吞幾顆藥丸，不然怎麼過日子啊！生活太辛苦了。」他們認為對生命有期待是不實際的。他們抱怨工作太辛苦：「我恨我的工作，但是沒辦法呀，我必須養孩子，日子只是一天過一天罷了。」在男女關係上，一個女人可能認定男人「都是壞蛋」，卻待在一個情緒與身體都受虐的感情關係中，還說：「他比其他的男人好多了！」男人也可能抱怨他太太很嘮叨，但卻又輕蔑地說：「哪個女人不是這樣。」

孤兒原型真的很令人困擾，他或她要成就的是跳脫無知和否定的習性。學習了解災難、痛苦、貧乏和死亡，都是生命中不可或缺的一部分，要明白憤怒和痛苦在人原始的迷惑中，本來就佔有一席之地。

孤兒原型所述說的是一種喪失能力的感覺，渴望重回天真的原初狀態，那種像童稚般的天真，在那裡所有的需要都被慈愛的父親或母親型的人物照顧妥貼。這個渴望是與被遺棄的感覺並存的，這種感覺就是，我們原本應該安全的生活在伊甸園內被照顧，但是卻被丟出樂園變成孤兒，落在荒野中成為惡棍及野獸的獵物。孤兒一直在尋找照顧他的人，甚至願意拋棄自主性和獨立性，來換取安全與關愛；他們甚至試做無所不愛的父母——對他們的愛人、孩子、病人、選民，任何可以證明那種保護就在身邊的對象。墮入凡塵成為孤兒之後，要花漫長的時間去學習信任和希望。孤兒最終的目的是要學會自我信賴的功課。但在此之前，他或她先要尋找「給予樹」：「雖然現在沒有人照顧我，但有一天會被我找到。」有些女人尋找「大老爹」保護她，有些男人尋找「家中的天使」，為他們在這個殘酷的世界中提供避難處；許多人尋求偉大的政治領導人、運動、主義或解決一切問題的百萬元進帳。

在底層的是孤兒的無力和被遺棄的恐懼，這份恐懼如此巨大，以至於它通常不會被直接經驗到。比較明顯的情緒是憤怒——要不是向內譴責自己無能，就是向外怪罪上帝、宇宙、父母以及各種不同的機構組織——任何被認定沒有適當照顧他們的人或事，都在指控之列。在父權社會中，這種憤怒通常都投射到婦女身上，夏娃和潘朵拉（Pandora，希臘神話中打開神祕盒子為世界帶來災禍的女神）就是例證。丁納絲坦(Dorothy Dinnerstein）在她寫的《人魚與怪獸》（*The Mermaid and the Minotaur*）中辯稱，也許對女人憤怒這件事情是因為我們在襁褓中受到母親的關照，從而把她們看作是全能的。我們不僅明白她們不可能或不會「使情況更好」，而且這份失望是與早期嬰兒恐懼「母親」可能離去，以及自己可能因此而死去的情緒是相關聯的。我們的文化對不願當「給予樹」的婦女極為憤慨，為了自己的需要而離開家人的女人是不可原諒的。這股憤怒在自由派的婦女身上，會因為她的野心與獨立而爆炸開來，而對傳統的女性則是因為她的依賴。兩者都因為本身的欲求和需要而被責難。

孤兒自我防衛的方法之一，乃是試圖抓住天真不放，除了否定他們自己的痛苦外，他們也會因此變得自戀和漠視他人的痛苦。一個自我滿足的男人，在他太太忙著煮晚餐，又要照顧三個難纏、疲累和饑餓的小孩時，卻坐著看報等飯吃。刻薄的少婦會整天逛街，忘了她的丈夫為了她而繼續從事他恨極了的工作。這種對尋求獨立女性宣洩的憤怒，在自戀者被迫面對過去認為只為他們的方便而存在的人們，向他提出人性獨立的主張時，得到明確的證據。我們在早期南部的黑人民權運動中，看見這種憤怒的白種男人；在勞工運動中，看見面對要求權利的勞工而面紅耳赤的雇主；或許更早以前，當男人離開他們的妻子去尋求自我時，我們在女人身上看到這種憤怒。當窮人主張他們不需賺取就有權過美好生活時，我們也在今日許多保守派人士身上發現這樣的憤怒。

天真者本質上相信階層組織是良善的；在從屬關係中，不僅有權者——上帝、白人、資本家、執政者和父母——必須提供照顧，而被他們照顧的人——人類、有色人種、工人階級、民眾和孩子——則必須以服務反饋的方式表示感激。階層秩序保證每個人都受到照顧。「墮落」的經驗是感覺「我要、我受傷和我需要」，而且發現沒有任何人願意或能夠解決這個問題。

對大多數的成年人來說，這當然是很尷尬的感覺。畢竟我們都應該是成熟、獨立而自足的，所以在這種情況下，多數身處其境的人都無法體察到這個情形，即使對他們自己也是如此。他們通常會覺得「很好」，可是事實上他們感到非常迷失、空虛，甚至絕望。他們所扮演的角色通常是引領他們進入生命旅程後續階段的各種不同原型模式；不過，他們只得到形式而非實質。

如果孤兒被殉道者的角色所吸引，他們將不可能——無論多麼努力——發自愛心和關懷為別人犧牲，這種犧牲不具轉化功能。為孩子犧牲的人，要孩子適當表達對父母的感激，並依照父母的期望過生活；簡單地說，就是孩子必須用自己的生命來報答父母的犧牲。這種本質是操控的假犧牲，在文化中惡名昭彰。

基本上，今天好像每個人都了解犧牲型的母親是如何的具有操控性，但是不要忘了犧牲型的父親也同樣惡質。為了太太兒女從事自己不喜歡的工作的男人，會迫使妻兒營造出一個讓他感到安全放心，以及不受批評和不生氣的堡壘。這種丈夫多半會阻止太太從事生命的探索之旅，以滿足他扮演犧牲者的把戲。在這兩個案例以及其他的案例中，真正的訊息是：「我為你們犧牲，不可以離開我，滿足我的幻想，讓我安全和放心。」

如果不扮演假殉道者的角色，孤兒可能選擇鬥士的角色。鬥士不但沒有真實面對自己的恐懼，以使自己和他人的世界變得更好，反而經常表現出憤世嫉俗的態度。這些人是搶匪、強姦者、暴力者，以及以剝削和污染環境獲利的商人，是典型的強權主義者，是「只要我喜歡，有什麼不可以」的人物。他們被自己製造出來的痛苦和破壞所吞噬，但卻又故意忘記它們。當然不僅男人如此，女人也一樣，只是她們比較少些，也更為社會所不容罷了。在我們的文化中，做為男人的另一個困難是，鬥士行徑幾乎等同於男性氣慨，因此許多男人被困在這個迷思中動彈不得。

至於女性版本的鬥士角色，則是用誘惑去贏得征服的快感。小說中常有婦女主動邀請男人上床，用最狂野和最性感的態度與他性交，第二天早上搖醒他，並將他掃地出門。這是一種報復行為，在被拒絕之前先拒絕，好像一些害怕失敗的商人，先切斷別人的商機一樣，「在你傷我之前，我先傷你」。這個遊戲稱作「傷害優先」。

雖然大多數孤兒都願意無私地為孩子、運動和教堂等犧牲，或者願意為改造社會打一場漂亮的戰爭，但是他們做不到，因為他們浸泡在痛苦中而不自知，他們所作所為全都繞著自己打轉。他們並非真正相信自己具有愛和慈悲的能力，也不是真的相信自己會創造一個真正不同的世界，他們只是從自己的不快樂出發，去控制別人而已。

然而，在許多案例中，孤兒就是純粹的孤兒，他們不信任自己的能力，而傳達出「我不知道要如何照顧自己」的訊息。當我們年少時，在全新未探索的情境中，以及在尚未發展的人格部分，我們全都是孤兒，也因此依賴著別人。在正常健康的人格發展上，孤兒階段是溫和的。唯有對父母、組織和權威人士的幻想破滅時，才會促使我們離開依賴的安全範圍從事探索之旅，為自己的生命尋找新的答案。這些事情的發生，一點也不戲劇化；青少年的晚期，我們會離家上大學，或找一份工作維持自己的生活。後來可能離開某個工作、感情，或拋棄某個使你失望的政黨、宗教團體或生活哲學與價值觀，然後去尋找新的答案。不論年齡，如果我們曾經依賴醫生、老師或其他權威人士做為「真理」的來源，當此幻想破滅時，會刺激我們另找名師尋求更適當的答案，或了解到我們自己可以成為自己的權威。

在一個安全關愛的家庭中長大，並在那兒學習信任自己和世界的人，不會停留在虛假的英雄階段裡太久。他可以生氣昂然地通過鬥爭階段去發展自己。**唯有經驗過安全和照顧的人，才知道信任是安全的。但是不論多麼幸運，天下沒有人可以完全不去經驗到孤兒的階段。沒有此一經驗，人格的發展也不會完整。**然而，許多人因家庭不溫暖，或遭到被強暴或身體被虐的重大打擊，或有些人從小在家庭、學校、教會以及其他的團體中，就被教導不可信任自己，也不可信任外面的世界。

例如，許多基督教團體鼓勵孩子們相信自己帶有原罪，不要信任來自「魔鬼」的驅力。同理，他們也相信除了自己的教會之外，「全世界」都是罪惡的危險地區。猶太人在歷史上經歷過多次的大屠殺，他們會教導孩子對反猶太主義保持警覺，要他們相信猶太人一直被壓迫並且冒險在異邦的統治下討生活。的確，任何一個被壓迫的團體都會試圖教育其子女提防外來的各種迫害，但是如果不能謹慎教導的方式，則將會無可避免地加深他們對世界的不信任，並助長偏執的態度，從而將自己及子女囚禁在孤兒的幻想中，對世界充滿了恨意。

有些人不但自己不信任，還教導孩子不要信任任何人。為了防止孩子受傷害和不被拐騙，許多父母過份強調與陌生人交談的危險。特定團體也可能教導成員，不要信任團體外的任何人。一般「次級團體」更經常被貼上標籤：比如說，女人都是歇斯底里、情緒化和不可靠的；黑人是懶惰而頑固的；猶太人最小氣；亞洲人都很陰險等等。

有無力感又不知如何改變的人，需要學習謹慎安全的尋求答案之道。如果這些人不能察覺自己或他人有無力感、缺乏技巧或需要幫助，或者他們實在太不信任別人，以至於認為他人會趁火打劫進一步壓迫他們，那麼他們會被囚在孤兒原型最原始的層面中。在這個原始的層面裡，孤兒要不是不信任自己，就是斷定自己不配得到他們渴望的安全，或者他們相信世界是不友善的，或者兩者皆是。

救援

孤兒的問題是絕望，所以關鍵的行動是希望。告訴孤兒們要為自己的生命負責是多餘的，因為在這個階段他們根本沒有為自己負責的能力！首先必須提供一些關愛的希望給他們。我們的文化提供給孤兒的是灰姑娘和非常傳統的愛情故事。這些故事的次要題旨是，苦難是可以被救贖的，同時可以找回失去的父母。狄更斯（Charles Dickens）的小說常有這種飽受貧苦折難的受虐孤兒，最後成為巨大財富的繼承人，終於和父母團圓，從此永遠在父親的關愛下快樂無窮。傳統的浪漫愛情故事也如出一轍，女主角因為貧窮而飽受人間疾苦，但只要她堅守道德，特別是寧可受苦也不出賣貞操，最後作者總會賞她一個有錢的丈夫做為獎品。一個甜蜜的老公，很明顯的是父親的替代品，這個歡喜的收場保證她會一輩子被照顧。

浪漫的愛情神話和灰姑娘的故事往往糾結在一起。在傳統的愛情故事中，女主角不但找到真愛還找到錢。在費滋傑羅（F. Scott Fitzgerald）的小說《大亨小傳》（*The Great Gatsby*）中，男主角為了贏得女主角黛絲這位黃金女郎的芳心，出發去尋找財富，於是黛絲既有如意郎君，又有人養她一輩子。同理，伊甸園代表的也是金錢與愛情兼得的世界。

就是這種對愛情或金錢（或兩者都要）的希望，才有機會叫孤兒進行探索之旅。「救援者」可能是一個愛人、一筆生意、一個工作或一項專業技術，可以讓他們有足夠的金錢，去購買完整的安全和掌控自己生命的感覺。他們得到的承諾，是永遠不會再經驗到那種沒有能力滿足基本生存需要的可怕感覺。現在他們有能力掌握自己的生命了。

作為學生，孤兒希望老師知道所有的答案；作為父母，他們希望醫生和醫療師是全智、全知和全能的人，凡事交到他們手上就「都好了」；愛人則希望是來自天上的完美佳偶，而不是人間的伴侶。唯一適合孤兒的教條，就是好人好報的信念，上帝只眷顧遵守律法的好人。孤兒在政治上只要求偉大的領袖、偉大的運動和偉大的黨派，為他們營造出永遠安全和照顧他們的社會。做為一個消費者，孤兒只買那些許諾快速有效的東西：用這清潔劑你會是個好母親！開這部車，所有美女都會爬上來淹沒你。吃這種減肥糖，男人會為你瘋狂！

不論救援者是治療師、個案工作者、宗教或政治活動，任何對他們的批評都深具威脅，因為所有的希望——抵擋絕望的圍籬——全都投資在其中。想由羅曼蒂克愛情得到救贖的女人，可能會積極地反婦運。在宗教或政治活動中尋求救援的人，會避免聽到搖撼他們信念的言論，設法禁止不同意見的發言。想由財富中得救的人，對批評資本主義的言論絕不原諒。當然，相信唯有社會主義才能給他們安全的人，和支持資本主義者的人同樣的虔誠，可能更不允許別人批評馬克思的思想。

我們要記住，無論他們生命中的其他部分的思想是如何的細膩精緻，在等待救援這個部分，人們的想法卻處於相當原始的認知發展階段，它的特色是絕對主義和二元思考。等待救援的人相信，世界上有所謂知道「真理」的權威，安全生存下去唯一的秘訣就是找到這些權威，並追隨他們的意見，而權威人士也會將他們從過錯、無知和無能中解救出來。

對於真正的信仰者而言，凡是不在他們認知中的事物，都是邪惡和錯誤的。在此一階段的基督徒，任何不符合這個真理的事物，都被看成是魔鬼的傑作。在商業和政治上，它可能會被當作共產黨攻擊。對於相信女人只有經過男人，才能得到救贖的男女而言，違反此一信念的婦女，將被視為妓女和男人的仇敵。

尤有甚者，只要有任何跡象顯示，治療師、老師、長老、牧師或愛人有缺點，都會造成極大的恐慌。也許這就是治療師和教育者認為，最好不要讓個案案主或學生知道太多有關他們私事的原因。也許這也是男人喜歡以一個沉默的強者出現，而女人喜歡保持神祕的原因吧！當人覺得連最簡單的決定都無法掌控時，將信任和信心交付他人，可能也是一種解脫之道。再者，在日常生活上抑仗權威者，強化了人們能夠在此階段選擇正確決定的感覺。

不論拯救者是愛人、丈夫、治療師、個案工作者、女權運動者或牧師，孤兒的困難來自於他們把自己完全交付給救世主的信念。在神學上，這正好證明一個「嫉妒上帝」的存在，祂因為人犯錯而懲罰他們，特別是犯了偶像崇拜之罪。在羅曼蒂克之愛的神話中，也用「真正的愛是嫉妒」來證明這種信念的存在。此外，這個想法允許嫉妒的丈夫或愛人懲處不貞的婦女——不論是精神上或行動上的出軌——處罰形式不局限在肉體或情緒的虐待，也可能只是冷漠。因為不相信自己是完善的，所以孤兒會把救援者指出他們錯誤行為的舉動，當做是救援者關愛的表現。

我們必須了解，此階段的孤兒覺得自己毫無價值，而且相信為救援者犧牲生命或服侍他們以換取關愛，不但合乎邏輯，更令人寬慰。畢竟和愛比較起來，這些犧牲的代價是不值一提的。可悲的是，對救援者的信賴常常被誤用，因為救援者本身渴求安全、被別人需要和有價值的感覺，因此他們會要求受害者持續保持消極、依賴、執著和感激的態度。如果這個需要很強烈，則原本的救援者反而會非常依賴於被救援者的長期順服。

我們常常在精神導師、傳道師、政治的「偉大領導者」、施虐或佔有慾強的丈夫，以及嘮叨的妻子身上看見這種情形。這在助人的專業中乃是一種職業性的傷害。在每個案例中，救助者的援助是建立在求助者的恐懼上的；沒有這個宗教、治療或政治運動，我們的生活便會迷失在罪惡中，可能會無助地生病，或可能淪入共產黨（或資本帝國主義者）之手。男人說服太太或女友，世界上除了他之外沒有人會愛她，她們無能養活自己，也不會自己修理汽車和洗碗機，甚至也無法照顧自己。女人也以同樣的說詞說服丈夫或男友，世界上沒有人像我一樣愛你關心你，沒有我你無能為自己燒飯和安排社交生活，也無法排解自己的情緒。

這個問題很自然，因為許多救援者並不會比被救者高明到那兒去；對那些將信任訴諸於某人、某個運動或某精神力量的人來說，下一個可能的步驟是，信任自己要幫助別人（以殉道者或鬥士的偽裝為之）。然而，困難的部分是如何助人而不套牢對方。這樣的現象解釋了為何馬克思主義和自由社會的福利國家都遭致相對失敗的命運。兩者都未發展出幫助人民為自己生活負責的策略來。掌權者維持其控制，並且得到莫大的利益，因為他們也害怕面對全新的未知。

救援者必須找出幫助孤兒通過操縱階段的方式，以便進入一個充分發展自主，更健康、更具創意的關懷模式。然而，要繼續前行，我們首先必須完全「投入」孤兒的階段，這表示我們全然接受自己的痛苦、絕望和犬儒態度；為失去的伊甸園哭泣，感受危機四伏，以及上帝（至少是孩子想像中的「上帝老爹」）已死的恐慌。當然，孤兒無法一次完成這些工作。否認就成為求存機能中代價較低的一種方法。唯有相對提供一些希望，他們才敢面對痛苦。頭一次遇見允諾救援的人，孤兒會稍為鬆口氣去面對一些痛苦，但仍然緊抓大部分的痛苦不放，因為他們直覺到天下沒有白吃的午餐，等待救援是要付出代價的。畢竟，最後他們會因救援者的不完美而幻想破滅，救援者不知道真正的答案，也不能提供孤兒真正的安全。

第一次遇見願意愛他、幫他的人，孤兒會以為他或她是世上唯一的救星，寧死也不願離開他，即使是個毀滅性的關係亦然。但是如果不離開這個破壞性的關係，他們將不會有所成長。多數人雖然會在一連串的關係中重複這個階段，但這些關係也會讓他們看到更多的真實。雖然緩慢，卻一定會發生。當他們經驗越多，就會不再對救援者信任，反而轉向上天求救；他們開始相信永遠有其他人會為他們伸出援手。

然而，因為他們相信的許多外界事物，都是自己的投射，所以除非他們學會無條件地給予，否則他們無法真正相信，世界上真有不操縱的付出。**當他們放下對安全的執著，並能不求回報的付出，他們便愈來愈不覺得自己是孤兒。**在殉道者那章中我們會了解，**孤兒要先學會給予和幫助他人，才能體認世上確有某些安全和愛的存在。**

孤兒的否定機制使他們無法完全知道，自己的無力和需要是如何的深重。他們往往只有在經驗到比較多的成功時，才會在回顧中感覺到它的存在。當他們學習去愛時，才開始有能力在日常失敗的愛中分辨出真愛：有時我們是真的無法付出；有時我們的付出是操縱性的；有時因為自己的投射而完全看不到別人的存在；於是他們在為這些落差哀悼之餘，也不至於放棄對人類關愛能力的信念。同理，當孤兒學會為自己而戰，並開始感到能相當程度改變自己的世界時，他們才能在被操縱的權力情境，以及真實的例子——如死亡——之間做出分別，了解到接受無力感比起抗拒它，更符合真實的需要。於是他們不但可以允許對這些事件無力感的存在，也可以讓自己回溯既往，完整的感受那早期絕望、渴求、痛苦和憤怒的衝擊。

孤兒和天真者事實上都是前英雄的原型。生命本身自然會將天真的人從他們的幻想中釋放出來，但是孤兒卻比任何一種原型更需要幫助，才能穿過門檻踏上英雄之旅。不再留戀此階段的人是那些沿途皆得到幫助的人。可是那些得不到幫助，或當幫助出現卻不知道或不接受的人，則容易困在無助的情況中。要解套，孤兒必須接受「墮落」在某個程度上是他們自找的事實，然後再超越指責、錯誤和罪惡的想法。我們的文化一向用罪惡和羞恥做為人向善的標準，因此人們會有罪惡感，以及贖罪或由某人代為贖罪的想法，便不足為奇了。在基督宗教，這個代人贖罪者是耶穌。男人則往往讓女人做代罪羔羊。

然而，還有其他的影響因素。在「墮落」的經驗中，孤兒從中發掘意義，試圖相信他們是因罪而導致墮落，並因此覺得可以掌控情勢。這個邏輯很簡單：如果是我的錯，那麼我就有機會彌補。不然磨難永無結束之時，那我該怎麼辦？一點兒希望也沒有！

在心理的策略上先提供孤兒解套的方式，最終卻使他自陷其中。人們不喜歡有犯錯的感覺，會想盡辦法否認它的存在。於是在意識層面上形成了一種集體的否認，但在潛意識中，人們卻不斷地選擇苦難做為贖罪之道。

否認痛苦是展開英雄之旅的最大障礙；這是受到相信自己是沒有價值的信念，以及受苦是罪有應得之想法影響的結果。在某個程度上，白種女性和少數族群相信是他們本身的劣質性，才造成性別及種族的歧視。白種男人也有感到自己無法在生活中符合優越形象的缺點。在專制的西方宗教環境下長大的人普遍感到不安，因為他們沒有達到「善」（無私）的標準。

雖然英雄之旅是學習為自己的生命負責任，但是告訴孤兒他們可以掌理自己的生命，則會帶來反效果。因為聽在他們耳中，好像你在說受苦是他們的錯一樣。

最近我教授的進階班上，有位學生一直得不到她想要的東西。過了大半學期，她變得相當有敵意。於是我找她來談一談，告訴她這個課的目的是要培養學生們自我負責的能力，因此上課形式可以根據學生的需要做有效的調整。與她談話的目的是要她知道，只要她將需要告訴我，任何時候都可以做些改變。

在這次談話中，我學到很多。其中一項是，有些人用抱怨的方式，來要求他要的東西，因為這是他們僅知的方法。而我則實在弄不懂她的溝通方式。我同時又學到了「錯」這件事。首先，她說她生氣是因為她以為「錯」在她沒有好好上課，但是後來她才知道是我的「錯」，因為我沒有將課教好。和她談了一會兒後，我愈來愈有挫折感。我發現對她來說，只要有任何狀況發生一定有人要負責，一定是某人的錯，而且最好是別人的錯。這已經不是教學法和某個學生之間磨擦的問題了。

本來我想教她為自己的生命負責——選擇退出這門課，或要求她想要的內容及形式。當時我還不能了解，當「責任」和「錯」及「指責」劃上等號時，我是不能幫助她的。如果那時我說：「你必須為自己的學習負責任。」很可能會被解讀成指責。罵她不了解整個上課的情況，那麼敵意就更深了。我知道那時她還沒有能力「負責」，她還需要我的幫助。

什麼東西「能夠」讓僵固在不安感和自我控訴中的人改變？愛、希望和受苦非其過錯的信息，以及另一個比較不是那麼無力、迷失和有被需要的人，才能幫助他。在研究救援者與受助者一段時日後，我確信這個信息的多種內容，對不同的人或是不同情況下相同的人，都是有用的。重要的是「過程」。舉例來說，在孤兒模式中的人會被強調罪和救贖的基督宗教所吸引。必須藉由魔鬼使他們受苦，而耶穌減輕其痛苦這個信息，才能增強他的自主能力。此外還要告訴他們，不論多麼卑賤，基督永遠愛他，雖然他們沒有自主的能力，耶穌的鮮血可以拯救他們，將他們帶回樂園。

婦女運動告訴身處孤兒模式階段的婦女，她們都是父權社會（或男人）的受害者。她們認為單一的個人是無能的，但團結起來推動一個運動，則可以改變世界，創造不同的環境。男人也一樣，壓抑的感覺不是他一個人的錯，他們也是父權制度下的犧牲者。對藥物上癮的人，在戒酒協會中明白了自己的無能，並且明白上癮不是他們的錯，而是一種疾病引起的，雖然個人的力量太薄弱很難對抗它，但將信心投注在一個高層的力量——團體，則每個人都可得救。

在治療或精神分析時，鼓勵案主敘述自己的故事是個有效的方法，如此他們可以明白痛苦不是他造成的，也許是早期的兒時傷害、社會事件或他們的父母等因素。簡單地說，根本不是他們的錯。借助這些信息，治療師可以進一步幫忙他們處理並超越痛苦。

自責不但使得孤兒不信任自己，而且斲喪了自我的功能，又因為流彈四射的投射作用，反而樹立了更多的敵人。為了減少內在那個不好的感覺，孤兒經常會將指責投射在親近的人身上：愛人、朋友、同伴、父母、雇主或老師，甚至神和整個社會或文化都在名單中。唯其如此，他們才能在這個不安全的世界中，感到一點活力。尤有甚者，因為一再指責圍繞他身邊的人，必須為他所受的苦負責，他們拒絕了別人，使自己的生活更孤立無望。他們不但要學會不指責自己，也要學會鎖定一個目標，才能由全面否認一切的困境中得到解脫。接下來他們還要確認不再指責魔鬼、疾病、父權制度、資本主義等因素是他們痛苦的來源，如此他們才可以開始相信自己有為生命負責的能力。

暫時依靠來自外面較高層級的權威——治療師、分析師、團體、運動或教會——有助於鼓舞此階段的人，開始跳脫依賴／獨立這個二元對立的行為模式，除非他們不幸遇到要利用他們依賴感的人或團體，不然這些外來權威是可以逐漸支持鼓勵他們掌理自己的生命的。他們不必再獨自承擔所有痛苦，也不必消極等待救援或只接受命令。他們學習掌控自己生命的技巧，並且學習求取適當的協助——從專業人員、朋友和上帝那裡。

他們可以張開雙臂迎接愛和恩寵。

孤兒可能會以為是自己將生命交到治療師、神父或上師的手中，而這股信念也確實提供了開始行動，以及將生命置入秩序的安全感，但重要的是，他們必須明白這一切都是他們自己的決定和行動。也許當時他們並不知道，但事後回顧，他們會明白確實是他們自己做的決定。記不記得《綠野仙蹤》（*The Wizard of Oz*）中那個好女巫葛琳達，在女主角桃樂絲到達旅程終點時告訴她，只要她願意隨時可以回家？桃樂絲問她，為什麼不早些告訴她這個消息，葛琳達解釋說，那時你根本不會相信我說的。因此，首先她必須說服桃樂絲有一個偉大萬能的魔法師，會替桃樂絲解決所有的困難，桃樂絲必須找到他來幫助她。在尋覓他的旅途中，桃樂絲發展並經驗到自己的競爭力，最後她才明白是她自己殺死了恐怖的巫師，而且也是她自己的力量使她回到家。除非經歷這一切，不然她會以為自己無能，所有一切都是期盼中的想像力量在解救她。

雖然我一再拿基督教、戒酒協會、婦女運動、分析師或治療師來做例子，卻無損於我對他們的尊敬和價值的肯定，也不表示他們是可以互相取代的。我真正的意思是，上述每個機構都利用同樣的過程，幫助人們增加由絕望轉至希望的力量，也增加他們的自我價值和行動力。**幫助孤兒最基本的工具是愛——表現關愛的個人或團體**。讓孤兒重述自己故事的機會（一再重複得救前、停止喝酒前或變成女性主義者前種種的痛苦），可以讓他們克服否認的習慣。讓他們將責備移轉到自己以外，以及幫助他們看到錯誤來自外面的分析，都可幫助確立他們是無罪的，接下來就要鼓勵他們為自己的生命負責了。

在許多宗教機構、戒酒協會、治療或心理分析以及婦運的意識覺醒團體中，人們可以讓他們去感覺自己的痛苦。雖然他們的生活一直十分艱辛，但是往往因為他們非常害怕自己的痛苦，於是將它阻絕起來。在一個安全的團體中敘述自己的故事，會比在生活中更清楚意識到痛苦的存在安全些。也可能從治療師、分析師和傳教師身上得到鼓勵，或者整個團體也會幫助他去感覺生活中的恐懼。如果一個人的生活很普通，沒有特別的痛苦經驗，他們仍然需要了解，他們有權知道自己的痛苦，雖然這些痛苦沒有別人的那麼大。

例如，幾年前我也面臨艱難而明顯的痛苦，但是我卻予以否認，因為它遠不如我認識的人那麼苦。對我這個來自相對快樂的中產階級家庭者而言，能正面承認痛苦的存在是個重要的突破。要承認並讓痛苦有立足點，我才能克服對它的否認，並且改變我的生活。除非我知道生活中何處出了什麼毛病，不然我不可能改善它。

有一些停留在孤兒階段的人，學習用痛苦操縱一切——讓別人同情他，讓別人有罪惡感，然後達到他的目的。被壓迫團體中的成員會利用別人的罪惡感贏得控制權。利用痛苦做為操控的工具，雖然最後會使生命顯得停滯，卻可以避免正面面對明顯的憤怒和無力感。

相對優勢或受壓迫的團體都必須放下「誰被壓迫較多」的心態去聆聽對方的痛苦。在家庭或情侶間，我們常看到誰比較苦的爭論場面。一般的推測是，受苦較少者應臣服於受苦較多者的要求。如果這個觀點被接受，則受苦也可以被鼓勵，因為它會帶來權力。本書的目的當然不是鼓勵大家利用受苦換取權力，而是要大家學習從痛苦中解脫，學習快樂、有效率、有生產力、豐裕和自由地過生活。**我們必須學習傾聽自己和他人的故事，並且去認識痛苦的所在，將它們打開，朝向成長和改變走去——而不是用痛苦將彼此綁死。**

走出否定和孤立狀態，以及學習幫助別人，是孤兒跨出的重要一步。許多教會、戒酒協會、女性意識團體、團體治療工作坊和分析治療，都積極鼓勵人們這麼做。有時看起來會有傳教的味道——出去尋找新的皈依者——但是就發展的意義而言，這種壓力幫助人們開始學習殉道者和鬥士所代表的原型特質。他們肯定自己的真理以改造世界，「而且」將自己奉獻給別人。

這個相同的技巧也可以應用在教室內。孤兒視老師為專家或知道「真理」的權威，這個真理還是唯一的真理哩！如果他們不是「真正」的權威，他們就是騙子、假的、無能的。更糟的是，一不小心，老師也會加深孤兒型學生權威崇拜的習性。無論學生多麼不願接受老師是凡人的事實，老師則不可繼續誤導他們。

在我開的婦女研究課上，我要學生每星期一次和自己的小團體分享故事，以便將課堂所學的內容與實際生活連結。這個作法達到兩個目的。首先，藉文學、藝術和社會科學上的各種主題，幫助婦女克服對壓抑的否認，並且還提供希望的典範。而教室又可以成為一個積極的支持團體。

其次，老師可以利用學校所具有的權威性格，以及學生投射出尋找「真理」的需要，要求學生在小團體中培養互信的能力，分享自己的故事，一起度過否認的階段。如此學生也學會建立自信的權威。開始學生可能為了學分而勉力以赴，後來他們會看見自己的收穫。有一些自主性強，認知能力高的學生在這個過程中會以選擇性的態度參與活動。不論選擇參與與否，他們展現自我負責的高層次發展是值得鼓勵的。

自助與文化轉型

無法從任何支援團體中得到幫助的人，會無意識地建構一個不斷入侵的否定系統。通常他們將自己置身於充滿威脅的生命氣氛中，根本看不見自己的問題，也不知道自己需要幫助。這些人的問題表現在藥物上癮、生病、失業和一再重複的破壞性人際關係上。但是有些人會谷底翻身，被迫通過否認去承認痛苦的存在，如此，非理性的上癮行為，才會轉變為自我防衛的態度。

經歷不是極端痛苦及願意承認痛苦的人，一般自助形式的成效都不錯。有些人在雜誌中發表故事，視覺型的人可以畫畫；有些人將自我治療和事業合併發展，他們寫歌、作曲、繪畫、雕刻，用這些方法聽到自己的痛苦。有些人從來不用文字和語言取得別人的了解，反而智慧地用雙手將所有痛苦編織到百納被、紡織或陶土中。重點在讓自己聽見或看見屬於自己的真實，最後還因此有所轉化。

另一項我們需要認識的重點是，雖然有很多人仍然困在孤兒的模式中，但是文化裡一直都有集體活動幫助人們面對困難，走上改造的旅程。支持團體的存在若不是建立在女性意識的提昇，便是建立在匿名戒酒協會的模式上，來解決各種問題，從過食到兒童虐待、性別澄清，以及了解個人在性慾、族群與人種認同和社會化方面的衝擊。人們對東方與西方宗教的興趣又重新燃起，許多治療分析、人類潛能開發，以及新時代的運動也正在蓬勃發展。就連當代的政治運動——民權運動、婦女運動、生態及反核運動——也都強調支持者的成長與解放。所有的能量都集中在歷史上的今天，要幫助人們為自己的生命負責，如此不但可以拯救地球，還可以改造世界，使它成為一個更自由更人性化的地方。

點點滴滴的累積，意味著我們正從一個只有少數英雄的文化環境，走入「所有人」都被期許踏入旅程，成就一個英雄式負責生命的文化環境。許多現代哲學和文學是設計用來幫助我們克服文化上的否認，以及我們對孩子般天真的執著；罪的文化遺毒，以及受苦是「吾人之錯」的信念，一直在文化上腐蝕著我們，並且干擾著我們對生命及未來負責的需求，當代許多藝術與哲學都專注於驅散這個魔咒。十九世紀和二十世紀初葉的自然主義，以及現代存在主義強有力地將這些主題帶入我們的生活之中。這些傳統的核心思想宣稱上帝已死；他們宣稱自然是遲鈍的或至少是不仁的，而且生命不具有意義。受苦沒有原因，也不是因為上帝對我們不高興。一切只是偶然——是非人道且不仁的機遇。任何事情的發生絕無自身以外的意義。它們所啟發的這種虛無主義哲學、藝術與文學，以一種幫助我們接受痛苦存在的集體治療方式來運作。他們將論述的焦點集中在人類痛苦、生命的無意義、失落、異化，以及人與人之間連結困難等議題的宣說上；他們同時認為，經濟世界已成為一個機器，我們只是其中的一個小齒輪，生命已失去恩典和意義，而且基本上沒有人會關愛你。他們對抗使我們困陷在天真階段的否認，並且告訴我們不必為痛苦自責，最後，也是最好的情況，勉勵我們要面對行動的緊迫性。現代文學和哲學促使我們停止尋找救援者，要長大為自己的生命和未來負責。也許人類以創造了當前對地球的威脅——以核子屠殺及環境意外的形式出現——來迫使自己成熟。我們不能再否認需為自己的生命負責了，不論是個人或全體人類。

為自己和未來負責，我們必須逐漸增加認知能力，以辨別必須剷除的有害痛苦，以及在成長和轉化中不可或缺的痛苦。在墮落後，孤兒感受到的痛苦，有一部分來自當代「上帝已死」的信念，此與過去上帝老爹（Daddy God）會救我、保護我的簡單想法強烈衝突。到底是誰告訴我們有一天可以重回伊甸園？我們從何處得到這個有人會照顧我們的想法？**當我們開始成就人的責任，並且接受自己的生命時，我們必須認清某個程度的痛苦和犧牲，是生命必然而非全部的事實。**其實並不是上帝已死，而是上帝老爹已死。**成長中的人類，應該用成熟的眼光和行動，發展出與神的同儕關係。**

不再用二元對立的觀點看待生命（比如說若不是得到全部，就是生活在墮落的世界中的一種寧為玉碎不為瓦全的想法），我們就會明白受苦只是放下的一個過程：放下伊甸園、幼兒期、父母、愛人、子女和我們所知的生活，以及最後在死亡中，將生命放下的過程。雖然未知令人恐懼，放下已經擁有之物也令人無限哀傷，但也正是**放下和信任新方向，生命才會有所轉化。**

超越了「生命是苦」或「生命是極樂」的二元對立，也就是覺知到痛苦與磨難是生命之流中的一小部分這個事實。的確，痛苦和失落並非生命的恆常型態，而是個人轉化的過程；它也是我們放棄不再為我們所用或所愛的事物，朝向未知走去的行進過程。不過許多時候，痛苦和磨難大到令人無法忍受，成長也不能一蹴可幾。我們總要一點一滴學習放下，這是心理學上合理的否認——使我們免於一次面對所有的問題。

否認的機能使我們免於面對痛苦的擴大。不錯，上天造人時並未讓我們攜帶一次同時面對所有痛苦的裝備。每次覺察到的痛苦，就是我們向前推進改變生命的信號。探索痛苦是我們的功課，所以認識它並全面承認我們確實受到傷害。不過要做到如此，至少要有受苦不是絕對必要的盼望才行。還要相信苦可以被剷除，苦並非人的一般條件——當然更不能用命運來界定男人和女人，如此苦才會成為一份贈禮。**苦引起我們的注意，並告訴我們改變的時刻到了。去學習新的行為，嘗試新的挑戰。**

從另一個角度來看，苦仍然是一個贈禮。我們的苦不再是感受到不平衡權力時的無力感，也不再來自我擁有多少東西、我比別人好、有才能、比別人有價值這些事上面。苦只是提醒我們，沒有人可以免於生活中的困難。當痛苦和絕望一起到來時，它提供我們一個更肯定自愛和希望的機會。**面對痛苦我們說：「然而我還是有愛，還是有希望的」，也因此我們學習了轉化；同時也了解整全合一之美，感受到人與人之間最深層的連結。**基本上，每個人的成就都彼此相通。

最重要的是，苦幫助我們面對最壞的恐懼，讓我們從孤兒階段無望的麻木中解放出來，學習得到安全。對那些曾經面對「最壞」而活過來的人來說，「最壞」也是轉化自由的關鍵。他們知道自己可以面對任何事情，生命不只是苦，也不必只是伊甸園。對他們來說，生命就是愛。正如耶穌教導我們，釘在十字架上後就是復活。同樣的，庫伯勒—蘿絲（Elisabeth Kubler-Ross）在《死亡：成長的最後階段》（*Death: the Final Stage of Growth*）這本書中，提到曾被宣布死亡卻又活過來的人，陳述死後體驗到愛和光亮，使他們從原本和一般人一樣害怕死亡的情境中，得到自由的經驗。

如何面對死亡當然與我們如何回應生命中所有的小死亡有關——在特定時間和地點失去朋友、家庭、愛人、工作機會、希望、夢想或信仰系統——都讓我們學習面對死亡和失落。有趣的是，我發現許多人並不需要極大的痛苦做為學習死亡的入門功課。他們只在日常生活上學習給予，並且放下目前已知之事物，迎接未知即可。有些人則需面對「最壞」的情況，才能學習這門功課，有些人從日常生活中細微的給予和放下，就學會面對所愛之人死亡或自己得了絕症時的技巧。

有些人不讓這些小死亡發生，他們不說再見就離開。他們從高中或大學畢業，卻從不慶賀或哀悼那已逝的歲月。他們假裝生日和其他任何一天一樣平凡，好像不注意它，就不會有遺漏。這樣子的人通常需要用爭吵的方式才能離開一個關係，或者假裝那個關係對他一點意義也沒有。從來不關心如何結束一個關係的人，情緒會打結。他們不再有空間允許新的事物進來，他們開始感到麻木和不舒服。

有些智慧高的人知道有時必須離開某人、某地或某個工作，因為這是成長向前的時刻。他們知道成長也意味著年幼的結束。這種人會慶賀成長的新領域並且迎接未來，而且全然了解過去某人、某事、某個學校和在某個地方的美意。他們也願意花時間為所失去的一切表達感激和哀悼。這些感恩和追悼將心掏空，讓新的事物進來。有過哀痛和感激的情感，現在他們準備好迎接新生命成長的刺激。

這就是「幸運墮落」（fortunate fall）的真義。它使我們旋轉出依賴的漩渦，踏向英雄之旅。在旅途的經驗中，學習到痛苦不必然是無意義的磨難，反而是繼續成長和改變的燃料。從我們在孤兒原型階段中經歷到的原初恐懼和需要，我們可以感受到每個原型的最初情況。如果我們允許流浪者的原型模式進入我們的意識中，雖然它也用一種求救的形態出現，但卻已開始對自己的能力有了信心。因此，我們的罪惡感和不滿足感，也在無需他人照顧就能自己生存的驕傲中取得平衡。

如果我們先和內在的殉道者原型接觸，我們無疑會犧牲自己成就他人。然而這樣一來，我們便成了「給予樹」這種想望中的父母型人物。而且在活出這個原型時，我們便認定，因為我們是善良而有利他人的，因此我們相信「我們」終將被關照。如果我們一開始就有意識地進入鬥士原型，我們將學會對抗外來的威脅，還會學習控制恐懼，以防止恐懼使我們僵化不動。如此我們就成了渴望解放自己能力的救援者，我們因此開始了自救的過程。

最後，當我們開始拓展我們的選擇，讓魔法師原型進入意識層面，會經驗到對上天漸增的信任，學習將害怕交付給仁慈的上帝，並且說：「一切交託給祢。」同時也會經驗到如同《奇蹟中的道路》（*A Course in Miracles*）這本「新時代」的書所闡釋的，痛苦和磨難都是虛幻不實的。

我們可以一再重複這些原型和它們所代表的每個階段，直到神奇的煉金術完成為止：不知不覺間，本然的我和本然的世界合而為一，轉化成為黃金。至此，我們終於回到伊甸園，再度成為天真者，也了解信任自己、別人和宇宙是安全的。當我們學習到可以被信賴，也就明白信任別人是實在的。

在此停下來重新思考天真者的原型是很重要的。如同唐吉訶德和其他「大智若愚」（Wise fools）者一樣，天真者可以與超越及世俗的真實取得聯繫。「新時代」的文學替將世間一切看成是幻覺的古老神祕傳統（如佛教、猶太教、基督教）穿上摩登的外衣。它們相信，此去是一個完美超凡的世界，每個人永遠安全、無慮而快樂。這個傳統要我們避免世間幻覺的誘惑，去生活在另一個「真實」、美好的世界中。

但我們也無需逃離每一天的日常生活，擁抱虛幻終究會將我們帶回天真的境況。然而，有些人堅持走上精神成長之路，願意通過英雄之旅減輕身上的重負。有些人則呈現出被誤導和絕望的天真，如果沒有發瘋的話。總之，在生命的行旅中，不論是否知曉有這兩條路可以選擇，到了旅行的終端，我們都會重新再來一次。

在旅途中，天真者的原型在關鍵時刻會提醒我們，人生是充滿希望和信任的。孤兒的原型持續地教導我們，不管進化到那個階段，人永遠是依賴的；為了最根本的生存、呼吸和吃的食物，我們依賴著地球。我們也彼此互相依靠。除了通力合作之外，沒有人可以獨得上帝的眷顧，為自己創造出豐裕富足的生活。

重回伊甸園，我們不再是無力的、孩子般的依賴者，而是負責照顧地球和他人的人。這個回歸需要相依共存（interdependency）的關係，而互賴的關係不僅使個人對塵世樂園的維繫負有責任，相信痛苦和磨難是伊甸園中不可或缺的一部分，同時最終會對上天賜予我們的一切滿懷童稚般的信任和感激的態度。這必然帶來晨光般的覺知，使我們了解到不論生活中有多大的痛苦，我們總是在上帝的手掌中。如艾略特（T. S. Eliot）在〈四季〉（Four Quartets）中所寫的：

我們不應停止探索
所有我們探索的終點
會回到我們開始的地方

而且是頭一次認識它……
一個最單純的情境
（幾乎付出了所有的代價）
而所有的一切都將安好
一切事物的狀況都將安好
當火焰之舌被摺疊
進入閃耀光亮的火堆
火和玫瑰合而為一。

3

流浪者

The Wanderer

我所怕的這個——就是寂寞——

靈魂的製造者

它的洞窟和走道

或照亮——或幽閉——

——愛蜜莉・狄瑾生，318

「流浪者」的原型最能從武士、牛仔和獨自探索世界的探險家故事中表現出來。他們在旅程中發現象徵自我的寶藏。有意識的踏上旅程去面對未知，顯示一個新生命層次的開始。至少，「流浪者」堅稱生命最重要的內涵不是苦，而是冒險。

不論他的旅程是向內或向外，「流浪者」不向命運低頭，他們將穿戴已久，用來保證安全和取悅他人的社會角色拋掉，試圖去尋找自己，去探索自己真正想要的東西。我們往往會察覺到那些彰顯旅程，以及大膽嘗試新行為的流浪者。但是也有一些外在行為相當保守的英雄，他們對自己內心世界的探索，以及在個人與宇宙關係方面的獨立思考，卻是相當深刻的。狄瑾生（Emily Dickinson）就是這類人物的代表。她晚年甚至連下樓都極為罕見，但凡是讀過她詩作的人，沒有不對她生命探索的獨特性、重要性與旺盛活力，留下深刻印象的。

「流浪者」可能是從事自由業的男人或女人，也可能是生活在社會邊緣的嬉皮，但他們絕對會把自己看成是反對順服社會常規的人。不論是在哲學、政治、醫療或教育制度上，他們多半不信任教條式的答案，而寧可選擇做個極端的保守主義者、激進份子或是有怪癖的人。在保持身材方面，他們會選擇單獨進行的運動，如長距離慢跑或游泳。做為學習者，他們不信任來自權威的答案，而傾向於自己去尋找屬於他自己的真理。**「流浪者」的身分是旁觀者**。在精神生活上，他們會有懷疑之情，特別因為他們被教導說，上帝獎賞的是順服和傳統的道德，而這些特質很可能與他們凡事講求發展與實驗的心靈大相逕庭。**然而他們所經驗到的靈魂黑暗面，往往會使他們獲致更成熟適切的信仰。**

囚禁

如果「孤兒」的故事由天堂開始，那麼「流浪者」就從囚禁中起步。童話故事中，未來的「流浪者」通常受困於高塔或山洞中。常常被巫婆、惡魔般的暴君、恐龍或某個可怖的怪獸囚禁。通常囚禁他的人是保守、順服，以及被主流社會角色強迫錯誤認同的象徵。或者這個英雄——特別是女英雄——會以被鏡子迷戀的形象出現，這表示她所關心的是自己的外貌與享樂，而不是她所看到和讓她高興的事物。英雄通常被告知，囚牢是伊甸園，離開無可避免地會喪失恩典，因此囚牢是我們所能得到的最佳待遇。「流浪者」首要的工作是認清事實：宣稱或體認到囚牢就是囚牢，獄卒則是壞蛋。要做到這點特別困難，因為英雄不僅可能對探索恐懼，更可能根本不予認可，而這些感覺與判斷很可能會因為他人相同的看法而被強化。

對於「殉道者」來說，急於探索看來似乎是自私和錯誤的，因為在追求自我了解與自我實現時，關愛與責任便被拋諸腦後。對「鬥士」而言，它看起來像是逃避的人和弱者。假如「流浪者」選擇繼續探索，他們甚至可能會有罪惡感，因為傳統上宣示個人的身分和發展出自我，乃是對諸神的侮辱。例如，偷吃蘋果的夏娃和偷火的普羅米修斯（Prometheus）皆是。對「孤兒」來說，探索之旅似是無可言喻的危險！

由於我們通常對別人和自己的重大改變感到害怕，所以可能會不讓萌芽的英雄走上他們的探索旅程。我們要他們保持原狀不變。因為如果他們改變太劇烈的話，我們可能會害怕失去愛人、配偶、朋友或甚至父母。如果一向取悅服侍我的人突然拒絕這麼做，我們可能會特別感到威脅。

雖然服從盡職與取悅他人的壓力男女皆然，但是女人壓力更大，因為女人的角色自始便以哺育為責任來定義。女人往往會放棄她們的探索之旅，因為她們擔心傷害丈夫、父母、孩子或朋友；然而當她們「不這麼做」時，女人每天都在傷害他人。例如：女人對男人靈魂能做出最糟的事，就是讓男人壓制她。一個女人愛一個男人，便應該尊重他的靈魂，了解到無論男人心中那個害怕的小男孩到底渴望什麼，他存在的最深核心——他那健全的部分——所要的只是善待自己和他人罷了。如果她看不見這個事實，那麼她應該離開他。如果事實「確是」如此，卻又放縱他較不發達的自我，她便與他一同墮落；並因此而輕蔑他，認為他比她更卑劣。

同樣地，許多男人也困在保護者角色中，不敢走上自我探索之旅，他們不僅覺得對孩子有責任感，對看起來脆弱無法照顧自己的妻子也有責任。一個真正愛他伴侶的男人，應該增強她獨立、競爭與冒險的部分。男人每次都因為女人顯然的無能和依賴，而從自己的旅程退縮，那麼他便在女性心中增強了保護者的自我印象，同時更使她顯得無用。她那比較堅強、聰明的自我想要的是成長，也希望他能一起成長。

「流浪者」踏上探索之旅的優點在於，漣漪式的效應會使得他（她）的伴侶一塊兒踏上旅程。他們最初或許會因受到威脅而感到不高興，但遲早必須離開或跟上腳步。如果伴侶離開，「流浪者」可能會有一陣子的孤寂，但是只要「流浪者」願意，雙方遲早會發展出較佳的關係來，一種因建立在對旅程敬重的基礎上，而獲致真正滿足的關係。當然，如果「流浪者」跨出共識的現實，並且開始用自己的眼光去看自己和世界，他們還是會害怕因此而招致永遠孤寂的懲罰，或者說得更極端些，他們害怕在沒有友誼的貧窮中死去。雖然有這份恐懼——人類嬰兒期的恐懼核心，害怕因為不能取悅他人（首先是父母，其次是老師、上司，有時甚至是伴侶）而無法存活——流浪者還是決定離開已知的世界，朝向未知世界走去。

不論人們怎樣學習施與與放下，除非他們也學習認識自己，否則他們的犧牲便是徒然。未發展自我之前，叫人們超越自我是無益的。未讓自己充分的滿足欲望之前，要人們超越欲望，也是無益的。因為這個原因，我對佛教超越欲望的觀念感到不安，因為這可能會讓許多正處於發現自我以及想要了解事物為何的成長階段的人，把注意力集中在放下的功課上。

我認為並非所有人都知道他或她想要的是什麼。當然，自戀的「孤兒」似乎完全依欲望而活：我要這！我要那！可是他們的欲望卻不是全然真實的，也是未經修飾和調整的。它們用上癮的形式掩遮了本質的空虛和對真理的饑渴。自戀者尚未具備真實意義的身分認同，因此會感到空虛。他們的需要受到文化的制約——他們說「我要一支香煙」或是「我要一輛新的敞蓬車」。他們認為得到這些事物會讓他們覺得舒服。甚至個人成長的計劃也可能不是源自真實的自己，而是出於要滿足上癮欲望的強制性行為：「我要減肥十磅，以吸引更多的男人和擁有較好的性生活。」「我要上大學，以便多賺錢，買一套很炫的音響系統，讓朋友們羨慕。」

當人們還沒有發展出比較獨特自主的自我意識時，他們的生活基本上是由他們認定的他人意見所經營。我剛從丈夫二十五週年高中同學會回來，那裡有個女人告訴我，許多被邀參加聚會的人所以不願意來，是因為他們太胖、太老或不夠成功！顯然四十餘歲的這些人，尚未能把自己與外在考慮區分開來。

傳統的性角色是我們文化中主要的執著之一，所以如此的原因在於，文化將性和愛變成一種人為的稀有產品，人們必須花費無盡的時間試圖操控它們以得到滿足。教育告訴我們，我們必須服膺某種女性或男性行為的形象才能被愛，也才具有性的吸引力。然而，只要我們在扮演角色，而不是探索人生的旅程，我們就永遠無法感到自己被愛，也無法經驗到真正親密的性關係。於是我們可能有很多情人，但仍然覺得空虛、饑渴和貪婪。

如果愛不足，那麼便是我們的經濟體系以及更早的教育體系，製造出這種愛的貧乏。教育告訴我們要認真工作，以便擁有讓我們得到愛情、尊敬和受人欽羨的事物。這包括買漂亮的衣服和車子，到有吸引力的地方居住，花錢買健康和牙齒保健，乃至於加入健康俱樂部，這一切都是為了吸引異性伴侶。這當然是刺激工作動力的有效方式。然而最終它對人是無益的。

首先，這類被執著力量驅策的人，沒有時間或意願去發展自我的意識。他們接受的是流行的虛假獨立；購買英文字母組合圖案的毛巾、公事包或個性化的填充玩具娃娃，並使用各種可以滿足他們標新立異和追求流行的產品。假的「流浪者」，即使有志於流浪，也會服膺於他們認定的方式之「中」。沒有了自己，既不可能付出太多的愛，也不能接受愛。在後者的情況中，當人們從扮演的角色中得到愛及尊敬，而把真實的自己隱藏起來（很可能有許多欲望）時，永遠無法有真正被愛的感覺。只是角色覺得被愛罷了。

再者，他們的愛最後都可能會傷害別人，因為這種愛很可能是強制的、佔有的、操控的和依賴的。他們的自我認同感來自「擁有」（佔有）某個孩子、男友和女友，他們的所需必然以某種特定的方式滿足。即使探索之旅已召喚他離開，假的「流浪者」還是要伴侶留在他身邊陪伴。角色扮演者可能會要身邊的人，以特定方式表現來取悅自己。他們也可能會為了不危及某個關係，而縮短自己的成長之旅；有時他們會害怕，如果不犧牲自己善待他人，愛人可能會受害。

「孤兒」和「殉道者」在他們最初的了解層次上，有時甚至在第二個了解層次上，會相信他們為了得到愛，必須與真實的自己妥協。在某個層次上，他們相信如果他們真的要完全做自己，那麼他們最後便會孤獨、無友而貧窮以終。

許多婦女不喜歡「流浪者」階段。誠如吉琳根在《不同的聲音：心理學理論與女性發展》一書中所指出，**男人怕親密關係而女人怕孤獨**。我在此看到相同信仰體系下兩種不同的反應。在我們的文化中，我們傾向於相信，親密關係與自主性及自我是不可兼得的。**因此女人多選擇親密關係，而男人多選擇獨立**。諷刺的是，這種選法使得兩者都得不到他們真正想要的。其一，因為人們兩者都要。再者，要得到這個卻不要那個是不可能的。

選擇親密而非獨立，我們便無法在關係中完全做「自己」，投注太多精力在維持該項關係，我們只是「保險」不出錯，努力扮演某個角色，好奇著為什麼會覺得如此孤單。反過來說，如果選擇的是獨立，我們對親密的渴望也不會消失。事實上，因為它受到壓抑未被察覺和檢視，所以它是以強制性和不可控制的欲求與活動來表現它自己。抱持「不需任何人」的禁慾主義男女，多數是非常孤寂的。許多抱持自給自足幻想的人，對於被遺棄這件事是絕對害怕的。

男人喜將女性嬰兒化，不相信女人敢離開他們。他們要保住妻子，如果不是叫她們纏足或懷孕，至少不讓她們擁有開創其事業所需的技巧與信心。同理，在職場上，他們視秘書為類似母親和太太的角色，所以他們永遠可以被服侍。最後，由於她們非常依賴男性同仁、上司，甚至屬下的關懷，以至於她們寧可違背自己的倫理觀念，也不願冒險被排除在「男孩隊伍」之外。

這類男人最怕被指為軟弱，因為不願被指為對環境具有理想主義的關懷，所以他們絕對不會說類似不願以廉價方式拋棄化學廢料的話。由於害怕被指為關心地球、關心女人或關心別人的「好心腸」男人，這些人是可以被控制的——有時甚至可以叫他們要流氓做壞事。接受這種男性沙文倫理的女性也是一樣，由於複雜的因素，她們也以與「男孩隊伍」為伍的方式，尋求男性的認同。

雖然性別差異的正確概化對於我們彼此間的了解極有助益，但是它們往往會使男女間的區別與差異，比我們之間的不同還大。雖然對多數女人而言，孤獨是她們最懼怕的，但其次害怕的卻是親密關係。同理，害怕親密關係的男人，也害怕孤獨。只要問題是以非此即彼的情境來定義（有如我們的文化），人們若非自主獨立，便擁有愛和歸屬，我們將永遠害怕兩者。

除非「以子之矛攻子之盾」的策略成功，不然人們很難解決此困境所形成的二元對立。「流浪者」面對將無法單獨存活下去的恐懼，並且決定不論孤獨與孤立的代價多大，乃至於被社會放逐，也要做自己。女人因為太過於害怕孤獨，以至於停留在「殉道者」原型中太久；這當然是因為文化觀念一再強調獨身女人是失敗者（顯然妳無法找到男人），想要單身若非異想天開，便是不夠母性化或女性化等等所致。

另一方面，男性因為對獨立如此的迷戀，以至於不可自拔，這是因為獨立在我們的文化中基本上就是男性氣概的同義詞。再者，他們的獨立帶有殉道的意味。彷彿他們為了追求獨立與完整，而犧牲了對愛的需求。這解釋了李文生（Daniel Levinson）在他那本《男人生命的季節》（*The Seasons of a Man's Life*）有關男性發展的著名研究中的發現，許多擁有高成就的男人竟無法描繪自己的太太！

男性禁慾主義否認關係的需要，不僅將個人對關係需要的覺察完全抹煞，同時必然會不把他人當人看。就是這種與他人的隔離，使得許多男人把別人當做東西來操控。

不過，我並不是說只有男性會這樣。女人也會如此。只要我們否認需要別人，我們就將他們排除在生命之外，至少某一部分是如此。因此，當我們否認對別人有需要時，我們便是自戀的（至少在我們拒絕別人的那個部分）。阻絕對關係渴望的結果便是寂寞。

疏離與逃避

我們有許多孤獨的方式。其中一種是真的獨居，獨自旅行，獨自打發時間。極少人會長期採取這樣的方式生活。還有其他的方式，其中有些可以掩飾孤獨，有時甚至可以欺騙自己。方法之一是不管自己的感受和需要，給予他人我們認為他要的東西；成為「我們」心目中他人想要我們成為的樣子。另一個方法是把他人看成是滿足自己欲望的物品。重點在於，不讓自己真正察覺他們具有獨立人類身分的事實。實際上，我們與他人扮演上對下或下對上的關係，就是孤獨的互動方式。

還有另一種孤獨的方法，就像我們在傳統性別角色上所見到的那樣，總是扮演一部分的自己——完美的女人或男人、母親或父親、老闆或雇員——使它「成為」我們的角色。或者繼續留在關係惡化的家庭中；可以繼續留在一個不堪的婚姻裡；可以和一個毫無交集的人成為室友。女人可以認定所有的男人都是沙豬，而男人也可以認定所有的女人都是陰險的婊子。如果我們對孤獨是認真的，那麼我們可以認定所有人都想要陷害我或利用我。

為了不讓讀者覺得我在此處的意見太過負面，讓我趕緊補充說明，事實上所有這些策略都證明，我們在確認自己是否踏上旅程方面是如何的具有想像力；由這類對生命執著方式引起的空虛和脆弱，促使我們之中的許多人走上探索之旅，並且去發現或創造自我。當然，許多人終其一生試圖過著孤獨寂寞的日子，而沒有任何成長或改變，但是有些人會利用這些時間成為「神秘的英雄」：他們表面上過著平常的生活，想的卻是嶄新的想法與選項。我認識的一個女人，在回顧過去的十一年時，發現自己保守而膚淺的婚姻只是個避風港，也是她正準備高飛時藏匿的蠶繭。但是當她身處其境時，她並未察覺這點。事實上，正是她在那傳統角色中空虛感的強化，以及該關係中令人不悅的孤獨感，使她開始探索生命。對許多人而言，「囚禁中的疏離乃是流浪的最初階段」，接著便是有意識的選擇踏上個人的旅程。

原型的美國英雄離開小鎮，擁抱他的旅程；披頭英雄和後來的嬉皮走向開放之途；西部英雄騎馬沒入夕陽暮色之中。新女性主義英雄離開父母、丈夫、愛人，也起飛上路了。對女人而言，離開丈夫、愛人和家庭是「流浪者」原型在當代的重現形式，所以鍾格（Erica Jong）在她《如何挽救你自己的生活》（*How to Save Your Own Life*）一書中寫道：「離開丈夫是唯一的宇宙主題。」然而那些沒有離開小鎮的個人，以及沒有離開狹隘婚姻生活的配偶，與「流浪者」是一樣孤獨的。矛盾的是，我們所有為了逃避探索之旅而使用的拖延策略，最終還是會成為它們的一部分，如果我們幸運的話！

當踏上旅程的時候到來，「流浪者」不論已婚與否，是否有孩子、朋友和崇高的職位，都會感到孤獨。這個經驗是無法避免的。他們所有逃避的嘗試，只是壓抑自己對所處境地的覺察，於是延緩了學習的課程，在寂寞中停留更久的時間。雖然某些人是懷抱高度冒險的精神走上探索之路的，但是許多人卻因疏離情緒或幽閉恐懼症、愛人的死亡，以及被遺棄、背叛的衝擊，才經驗到探索之旅。

再者，任何想要在此階段尋求人際關係的突破，與他人建立親密關係的嘗試，能夠奏效的可能性並不大，反而會不斷建造通往親密關係的障礙，因為他們當前的發展功課便是面對孤獨。此外，極少人能夠清楚覺知他們自己的成長模式，並誠實的告訴你實況。多數人會說：「我當然想要親近，」但是後來卻反其道而行。真正能加速他們進步的，是讓他們覺知他們實際上是孤獨的。

遺棄其實是此一階段很好的助力。當「流浪者」不讓外人進入其生活時，不論是父母、愛人、治療師、分析師或老師，協助者最好抽身而出，以便讓孩子、愛人、案主或學生全然經驗到他們為自己成長所創造的孤獨。否則他們便必須以對抗他人近身攻擊的方式，才能不去注意自己的寂寞感。有些人直到被遺棄才會成長。布朗特（Charlotte Brontë）筆下的露西・史諾（Lucy Snow）就是這樣的一個人物。她願意為所有的人犧牲生命。每次當露西準備要這樣做時，布朗特就除去這些人。

有些人踏上探索之旅，是因為他們無法為「適當」的人犧牲。社會告訴我們，服務是「好」女人的天職，所以許多獨身女性以哀嘆好男人太少自我解嘲。有時這種解釋是真實的，有時則只是合理化的藉口。我一位朋友的母親曾為她剛離婚的女兒辯解說：「她需要一個照顧她（以及她照顧）的男人，但是沒有這樣的人。」有時，女人真的找到她的男人，但是卻了解到，當她為他犧牲時，他不僅沒有以犧牲回報，反而對她表示輕蔑不屑之意。也許他會說出她變得如何無趣的言詞，或者他可能對那些他口中所謂不是真正女人的「自私」職業婦女或交際花感興趣。

女性主義運動的遺緒之一是，它推動許多男人走上了探索之旅，正如同男人走上旅程讓女人孤獨，使得許多女人追尋自己的獨立一樣。許多男人以供給者的角色來定義自己的一生。我記得有位男士不斷打電話，跟我談論他那回歸職場工作的太太。對他而言，這是個危機。他解釋說，他再也不知人生意義為何。他痛恨他現在的工作，但是為了太太和小孩卻不得不做。如今太太工作了，他不知道為什麼他還要繼續工作。我天真的認定他應該感到高興才是，現在他可以自由的去探索其他的選擇，其他讓他更滿意的事業。但是我低估了他的認同感（實際上是他的生命意義）建立在為家庭犧牲上的程度。沒有這份認同感，他就不知道自己是誰了。她的行為促使他——儘管是用腳踢或尖叫的方式——踏上探索之旅。

我們都必須要有一段孤獨的時光，以便認識自己。我們每天大多需要一段獨處的時間才能保持清醒。再者，所有用來避免孤獨的策略——尋找白馬王子或白雪公主，以及帶來身分地位的完美工作等——確實可以在末了幫助我們認識我們需要學習的事物。它們給予我們在欲望和肯定中學習的機會。

女人最初可能為了求得結婚的文憑而進入學院，結果卻變成認真的對待自己。男人在追女人的策略方面會愈來愈老道，後來也了解女人喜歡真情流露的男人。不久由於他對開放和誠實是如此的著迷，以至於他完全忘記追女人這回事，而擁抱愛情去了。

即使當我們的欲望受到文化的制約時，它們最終會幫助我們成長，特別是我們對回饋反應敏銳的話。例如，假使我的欲望之一是每五分鐘抽一支煙，我就需要開始對香煙包裝上的健康警語，以及那伴隨而來的咳嗽注意。我們能得到教訓，部分的原因是把自己投入事物中，找出我們為滿足與不滿足付出的真正代價。於是我們可以在投入以前，用心徹底思考和感受所採取的路徑，有時也能使我們少走不少冤枉路；例如：「嗯，我可以跟那個人走，但若是果真如此，則可能會毀了我的婚姻。其實，我對婚姻的需要更甚於激情。」或者，「我真的為他瘋狂，不論後果如何我要定了他。此外，這個危機說不定會使我丈夫和我去請教婚姻諮商專家。」或者，「我了解我被另一個男人所吸引。或許這表示我的婚姻有問題。也許我該先了解這部分的問題。」或者，「我真的不是從一而終的人。吉姆和我遲早總要面對這個事實，為什麼不現在就攤牌呢？」或者，「我不贊成外遇。我如果這麼做了，能面對自己嗎？」

當然，生命不是總按照我們的劇本進行。我們從真正發生的事件得到回饋；這會使我們的現實原則更清晰，下次遇事會更聰明的深思熟慮。重點是，我們現在活出的乃是某些選擇，而我們靠想像其他的選項來開拓未來。不論是那一種情況，我們都學習到我們要與不要的事物、我們相信的事物，以及我們的價值所在。有時我們會明白，自己並非真正喜歡我們以前認為想要的事物，但是除了信任自己的知識外，路上再也沒有其他能得知我們想要事物的方法了。除非我們讓自己承認，我們並非真的知道自己是誰，以及自己所要的事物，我們將永遠不知道。而且如果我們只是枯坐不做任何事，那麼我們也無法知道自己是誰和所要的事物。這就是為什麼有時我們在旅途中，必須要遊蕩一段時間才能成長。

這個聆聽自己欲望並以行動滿足它們的過程，對建立自我認同是很重要的。雖然我們帶著一個自我出生，可是這比較像是潛能，而非完全開發的自我。我們從自己的欲望、行為、思想和感覺來認識自己。最幸福的人總是那些敢冒險充分做自己的人。雖然他們是那些扮演應然角色最少的人，但是也沒有什麼特別想要叛逆的需要。他們不但對自我有很強的認同感，而且也比他人更能接受和付出愛，因為他們相信，降臨在他們身上的愛是真實的，而非只是他們扮演角色的反應。

我們必須趕緊說明，「沒有」角色的扮演，自我是無由建立的。我們最初的自傲感來自成功的扮演角色，而我們對扮演角色的選擇，正是選擇認同的基本嘗試。例如，女人可以選擇扮演白癡的金髮美女、有能力者或可依賴的類型，也可以選擇做無畏、鎮攝妖魔的冒險家或是母性哺育的類型。她也可以決定要不要盡力做個好學生，或者是否要努力做個乖順或叛逆的女兒。她可以選擇當個職業婦女或家庭主婦，選擇是否研習藝術、科學或任何一種學科領域。即使什麼都不選擇，也是沒有選擇的選擇。當她在這些角色中選擇，並且嘗試扮演它們時，她開始有點了解自己是誰了。

如果她將這些角色扮演得很好，她或許開始有足夠的信心可以去探討，除了角色外自我是誰這個更根本的問題。或者她的標準高到讓她對扮演的角色感到不滿，在這種情況下她可能會陷入嚴重的沮喪中。即使到了這個地步，如果治療師或朋友對此情境的基本性質夠敏感，那麼這個危機可以被用來幫助她找到角色之外的自我。在某個時間點上，如果我們持續成長，我們便會開始將自己和所扮演的角色分別對待。當我們過去覺得不錯的角色，開始有空虛之感時，我們便會有這樣的動作。空虛感通常代表我們已停止選擇，以及停止堅持自己所要的事物。譬如，女人看見她現在所做的一切，都被她在去年、十年前，甚至三十年前所選擇的角色預先設定了。此外她可能會明白，儘管這些選擇受到文化、家庭和朋友期望的強烈影響，但是它們都不是自由的。或許她只因為他人也這麼做，便也結婚、生子、辭去工作。

事實上，當她做這些選擇的時候，她還涉世未深，對自己想要的事物並不十分明瞭。做這些選擇曾經幫助她成為更好的人。然而，她在二十一歲對自我期許所做的選擇要用餘生來實踐，對她現在做新生命選擇的自由是一種妨礙。當然，要加以糾正終究並非難事。她可以認定文化、他人和她腦中的想法，對她先前不好的決定判定「終身監禁」是錯誤的，因此她可以開始做出新的決定。但是即使如此，她的情境仍然是錯綜複雜的。她或許會決定不要繼續做妻子，因為她還沒有體驗人生之前，為了讓自己覺得有用就結婚了。她也有可能不離開婚姻，試圖挽救這個關係。而如果她是個母親，情況將會更糟，不論她現在是否覺得可以當母親，她會繼續母親的責任（我認識一些對此情境頗具創意的人，例如，她們會找人照顧小孩一、兩年；但人們多半還是覺得被她們的選擇困死了）。

社會對男人追尋自我而拋下養育及父親責任的態度比對女人寬厚。然而，在「尋找自己」的同時，繼續在經濟及情緒上支持自己孩子們的男人，會和女人一樣有不知何處是吾家的感覺——這是在養育的責任與自己的旅程之間求取平衡時會有的必然現象。矛盾的是，人們往往是在解決了有時似是難以忍受的對立時，才會更完整的發現自我。他們在逐步的決定中更加明瞭自己，試圖在照顧他人與對自己的責任之間調和。**成熟便是在為自己先前的選擇負責，以及盡可能發揮想像力，找出繼續旅程方式之間的巧妙混合中產生的**。

「流浪者」的功課不是一蹴可幾的。和所有的原型一樣，他們學習基礎的課程，然後繞回原點。他們第一次採行獨立的行動，可能是孩提時候向朋友或師長們表達一項不受歡迎的意見。當他們離開父母去探索成人而非孩童的意義時，他們可能深受這個原型的影響。當他們遵循自己的心聲與信念，並且冒著失去婚姻、工作、友誼，以及朋友喜愛的風險時，他們可能會以成人的身分經驗到它許多次。這是一輩子的過程，有時它所需的不只是冒險而已。

和「殉道者」、「鬥士」的選擇一樣，「流浪者」為自己所做的最初選擇總是粗糙和笨拙的。通常因為他們違背自己意願去從俗太久了，所以當他們依自己的意願行事時，反彈會非常深重。結果他們會在憤怒爆發的當口選擇自己。或者他們可能會有意延遲困難的決定，以便讓他們的無意識當家作主，讓無意識打破某些把他們驅逐出來（就像夏娃被驅逐出伊甸園一樣）的規則，而不是積極主動的選擇探索新世界。

當人們在崇尚犧牲、乖巧以及使人快樂的環境中成長時，他們渴求自主獨立的欲望，會被包括他們自己在內的人解釋成錯誤的。因此，他們對漫遊的首次入侵，將會表現出包括表面上看來不可控制的行為。他們明顯的是壞蛋！他們也許會流連酒吧、吸毒、變得不男不女、甚至偷竊，似乎總是讓他們愛的人傷心失望。當然，他們會這樣做乃是因為那份愛的代價是要表現乖巧，在這個圈子中，表現乖巧意味禁止進行自我探索以取悅他人。不幸的是，這個模式可能會帶來災難，因為身陷其中的人變得愈來愈相信自己是無用的。如果他們被鼓勵去了解真相，那麼他們是可以被救助的；儘管他們所愛的人可能會立即受到威脅或不同意，但是他們確實有責任踏上自己的旅程，並找出真正的自己。

當我們需要卻不能流浪時，另一種模式會浮現——疾病。以生病做為停止舊習慣循環的無意識行為。我們會發現，當我們愈能純熟地和自己相處，就愈不會為解救自己而任性地抽離現實，或幾乎必須殺死自己才能讓自己明白需要改變的詭譎危機存在。事實上，**「流浪者」最終教導我們要做自己——每一刻都要對自己完全真實。這需要相當**

的紀律才能辦到，而且表示我們在每一刻以及每個互動中，都能與自己的身、心、腦、靈保持接觸。只要我們能如此做到，天崩地裂的事件就不會發生。

脫困而出

在「流浪」的最初階段，精緻與否不是問題。最大的問題是個人能否採取行動。當「孤兒」的關鍵人物是救援者時，「流浪者」的轉化人物或概念則是惡徒或囚禁者。事實上，把惡徒指認為真正的威脅，乃是促使個人走上探索之旅的動力。至少，「流浪者」要指認出某個人、機構或信仰系統是他們苦難的來源，然後他們才能避開或脫離這個原因。

這就是分離的階段。指認男性是壓迫者的女性主義者，把白人視為敵人的有色人種，以及認定資本家永遠不能信賴的工人階級與窮人，盡可能的想和壓迫他們的團體分開。到了被壓迫團體的認同乃是，或看起來是，由被壓迫團體的內在價值所肯定的程度時，這種自我灌輸的孤立提供了團體認同的時空條件。例如，女人可以自問：「去除父權文化的女性定義，女性還有什麼意義？」

在「流浪者」的階段，被困在婚姻中的男女，唯有在認定他們的配偶是惡棍的情況成立時，才能接受離婚的正當性。當然這是在現代無過失離婚被引進之前的法律依據。我們在下一章將要介紹，除了離婚之外，人們還可以用宗教皈依、濾除罪惡、治療或諮商的方式來修正配偶，使他或她變得更好。

在古老的英雄神話中，因為王國成了荒原，年輕的英雄被迫踏上孤獨的旅程。在這些故事中，一般認為造成荒瘠和疏離的原因在老國王身上；或許他是無能的，或觸犯罪刑。在比較真實的故事中，是因為他成了個暴君。滿懷希望的英雄走向未知領域，遭遇恐龍，找到寶藏（聖杯或聖魚）後回來，並帶回提供王國新生機所需的物品。然後他被封為國王。

這個故事有趣的是它內在的循環本質；並不是每個人都前去探索。當某人前往探索並帶回智慧與力量時，他就成了國王，此後每個人都聽他的。當然，這位新國王最終也會犯錯。世界不斷變革，他卻不繼續探索反而禁止它，以便統治王國。所以他有點死氣沉沉。其他人只會追隨著他，而不知開發自己的智慧和力量。於是他們「全」都被困住了。當年輕的挑戰者出現，看到這片死寂，他不認為問題出自制度，反而宣稱國王才是歹徒。

「孤兒」要的是被照顧，而「殉道者」則以付出更多支持國王和改善國政的方式，來面對這個情境。但是我們每個人內在的「流浪者」部分，遲早會把我們的「國王」和

「皇后」——我們服侍的人，或我們認為會服侍我們的人——當成是歹徒和暴君。我們的工作便是離開他們，實際上或根本和他們保持距離以便自保。不論怎樣，重要的是不要為他們延遲踏上探索之旅。

我的一位朋友最近向我抱怨，有位女人找她做婚姻諮商。雖然她的丈夫是一位非常體貼的人，願意竭盡所能來取悅她，但是這位女士卻不斷把丈夫看成是壞蛋。這位諮商員幾乎為之氣結，因為這位女士擁有一個完美的機會，可以成就一個極為幸福的婚姻。我的朋友所沒有看見的是，她的案主一天不離開她的丈夫，她就沒有機會踏上自己的探索之旅。只要她和他在一起，她就必須妥協，嘗試去取悅他，以及用各種方式，去除她自己的探索。不論她丈夫多好，他都是她的囚禁者，她必須離開他——至少要到她開展出清楚的界限，使她可以同時與丈夫以及和自己相處為止。

當然，這與青少年認定父母方正不阿、壓迫且根本不了解狀況的原因是一樣的。極少有人在沒有證明「他們所離開的人是壞蛋」的情況下，可以正當的離開某人，不論是父母、孩子、愛人、老師、工作和生活方式皆是如此。因為個人需要成長而想要離開，並不是不能想像的事。如果某人在時機成熟時未能邁出一步，則他的救援者總是會變成壓迫者，不過這樣的覺察，總是後來才出現。

就根本的法則而言，如果某人突然變得對你有敵意，或者原本取悅他們的行為不再如是，那麼我們最好體認到，除非你已從根本改變，否則別人可能正在改變中，你的關係已不再被接受。你的老友或愛人可能需要與你保持某些距離。如果你不讓出距離，他會找你算帳，把你當成惡棍來實現他的英雄之旅。

然而，只要你允許分離並決定完全放下此人，你最後很有可能會與此人重獲嶄新、更深和更誠實的關係。或者至少知道在放下的過程中，你為彼此都做了一件好事。如果你害怕被遺棄，想要控制你所愛的人，並因此試圖叫他們放棄探索之路，那麼當你以吞噬他們來餵飽你的恐懼和不安時，你便真的變成恐龍了。在這個情況下，你應該暫停，回頭面對自己的恐懼與寂寞，處理它們後予以放下。

對我們中的多數人而言，對立之於認同的形成是很重要的。在一般的文化以及我們的家庭、學校等團體中，順從某種行為模式的壓力，是迫使我們面對彼此差異以及加深認同感的因素。當融入對我們無效時——而且我們遲早會在某處發現情況確是如此——我們就陷入必須選擇做一隻變色龍，還是冒險讓自己與他人分離的危機中。

如果我們選擇後者，那麼就迫使自己走上「試煉之路」，它是英雄精神的啟蒙，而且總是獨自進行的。我們中的多數在生活中經驗過許多次這種啟蒙——每次我們被要待在已知安全世界中的欲望，以及成長、冒險與面對未知領域的衝突需要拉扯時。就是這份緊張，造成青少年及成人成長和離家時伴隨而來的痛苦；它也是中年危機的困難所在，這時我們的挑戰在於，要把建立在角色、成就和他人關係上的認同感拋諸腦後，並面對深層心理及精神上的自我認同問題；甚至牽涉到最靈性的問題，也就是環繞死亡問題的心理掙扎。

試煉之路

珍・奧爾（Jean Auel）最暢銷的小說《洞熊家族》（*Clan of the Cave Bear*），描繪的是「流浪者」的兩難境況。艾耶拉（Ayla）這位最早的人類之一，有一天當地震把她全族的人都殺死時，她正在游泳。她只有五歲。在流浪多日後，終於被艾颯（Iza）這位克蘭族（the Clan）的女巫解救。據我們所知，克蘭族是人類，但屬於不同種類。他們具有超凡的記憶，但卻不善於抽象思考與解決問題。他們也具有絕對嚴謹的父系性別角色模式。違反性別角色者將被處死，而且這個模式已被遺傳基因鎖定，所以沒有任何克蘭族人會想要犯規。

追求成長、學有專精以及挑戰個人成就能力限制的欲望，與取悅並融入團體的欲望間的緊張，乃是高層次「流浪者」的兩難情境。艾耶拉的故事說明了這點。她與她週遭的人全然不同，且他們害怕她的不同。她也一樣感到恐懼，因為這威脅到她的生存，當她是個小孩時，必須依靠取悅克蘭族才行。為了找到自己，她必須離開她愛的人們，以便能停止妥協和取悅他們。

艾耶拉感覺最大的不同是她的雌雄同體。她同時能完成男人與女人的工作，而她又好奇得想要學習任何她能力所及之事。她和克蘭族在一起時和他們一樣，但是獨處時她就秘密地教自己打獵。

當艾耶拉能夠打獵的秘密終於被發現時，她被處以死刑。通常被判死刑的克蘭人會真的死去，因為他們十分相信宣告的力量。不過在克蘭人神話中有個規定，如果某人死去經過幾個「月亮」的時間後活起來，他或她便可被迎接回來。這意味艾耶拉必須靠自己度過漫長時間，撐過冬天。靠她自己的意思是，她不但要能在生理上存活下來，還必須處理情緒上的危機，學習信任她自己對抗克蘭族的信仰：他們說她會死；而她自認為（但不確定）她是活的。

當她活回來時，她被接受了。她非常希望再度成為克蘭族的一份子，因為她曾經非常孤寂，然而她獨自存活的經驗卻使得她更有自信，於是就比較桀驁不馴，也比較不受克蘭人規範的影響。當艾耶拉有了孩子後，她便帶著孩子逃跑以免孩子被視為變種而處死。艾耶拉認為這個孩子不是畸形，它只是一半克蘭和一半其他（克蘭人對人類的稱呼），它和別的克蘭寶寶長得非常不同。儘管這個情況在艾耶拉的聰明和族長的同情下獲得解決，但是在愈來愈獨立冒險的艾耶拉，以及愈來愈迷惑的克蘭人之間，衝突日益增加。然而，沒有任何解決的方案是可行的，因為她太愛他們，而他們也太愛她了。幾乎沒有人願意切斷這份關係，除了一個人之外。

現在惡棍布魯德（Broud）進場了，這位非常痛恨艾耶拉的克蘭人（因為他嫉妒艾耶拉得到的關愛）坐上了族長的位置。第一件事就是再度宣布艾耶拉死刑。她被迫出去找「其他」像她一樣的人，不論是否能找得到。在奧爾的續集《群馬之谷》（*The Valley of the Horses*）中，我們得知結果有三年時間——包括三個嚴冬——艾耶拉避開人類社會，只與一隻山貓和一匹馬為伍。

儘管離開了部族，她仍然深信獨處的代價就是放棄自我的重要部分。她唯有順從才能有愛，否則便必須孤獨一輩子。例如克蘭人是不哭不笑的。當她獨居山谷時，她和自己爭辯願意放棄那一部分的自我以減少寂寞。最後她決定放棄打獵，但不願放棄笑。她從未想過，她可以找到一個能「完全」做她自己的社區。即使當和她同類的男人找到她並與她相戀時——一個認定每個人都會哭笑，以及喜愛狩獵精良女人的男人——她還是不敢相信，並且一直把他當成是性別歧視的克蘭族男性來對待。

這裡要表達的是，威脅最初是真實的。她在生理與情緒方面完全要依賴克蘭人才能存活。她確實需要妥協去取悅別人。她從訓練自己取悅別人——特別是為了表達她對克瑞伯（Creb）和艾颯這對養父母的愛——以及為了抗拒習俗而盡可能選擇做自己這兩方面，都學到了非常重要的教訓。在此我們可以看到從兒童期到青春期的過程——順服與反叛的雙重功課。艾耶拉和大多數的我們一樣，把這些功課轉換到不再相關的情境中。

我們必須針對自己某些關鍵部分妥協以適應社會這個信念，使得我們對愛的需求，以及探索自我同等強烈的需要，清楚而真實的呈現出來。這些極強烈又明顯衝突的衝動間的緊張，首先使我們放棄自我的重要部分以適應群體；這麼一來才學會愛與歸屬感對我們的意義是如何的重大；最後而根本的是，我們會選擇自己和自己的探索之旅，認為它對我們比對他人的照顧，或甚至我們自己的生存更來得重要。

由於文化過度誇耀古典英雄艱困孤獨的旅程，以及文化如此需要人們彼此合作，因此傳統對「流浪者」的英雄理想便不那麼迷人。與「殉道者」的問題相似，「流浪者」的問題也非原型本身，而是分不清何種原型對人們有意義。正如苦難被無條件的合理化時，殉道便具有破壞性一樣，孤獨可能是為了逃避人群，因此同樣具有破壞性，如果它也只具有表面價值的話。例如，如果成熟與獨立劃上等號——被解釋為不需要任何人的獨立——它便使人停止成長。

然而，**甘冒孤獨和失愛的恐懼仍然無條件選擇自己和自己人格的完整，這是成為英雄的先決條件，而且最終也才能既自主又愛人。**創出人我間差異的適當界限是很重

要的一件事，如此才不必將他人客體化，來了解自己和自己所要的事物。**只有到了這個時候，才可能既同情尊重對方，又能滿足自己的需要。**

界限對幫助我們找出自己的職業也很重要。做人就是成為創造者，把原先不在此的事物帶進來。這就是人依上帝形象造成的意義。艾耶拉在她孤獨的山谷中，製造並發明了工具；她馴服了一匹馬和一隻山貓；她實驗了新種的藥方，也發現新的穿著方式和梳理頭髮的方法。直到她發現自己可以單獨生活時，她才真正釋放出她原來就有的創造競爭能力。以這樣的方式發現自己的潛能，她不但創造出東西，經驗到許多身外之物，同時也發現自己是個值得驕傲的人。

工作幫助我們找到認同，首先因為那是人們生存的方式——勞力。當我們知道我們可以支持自己時，我們就不必再依靠他人了。此外，當我們找到一份可以表達我們精神的工作時——可能是有薪工作或無薪的事業——我們從創造的存有中找到自己。因此，「流浪者」的探索也和行動主體、生產性和創造性有關。

不論人們多麼需要被愛、被欣賞和有所歸屬，在靈魂深處仍然會有寂寞之情，直到他們能對自己許諾，如果有必要，他們願意放棄人群和愛來成就完全的自己才行。也許這就是為什麼少數我認識最有安全感的人——以及最清楚自我的人——會甘冒風險的原因。我會在這個名單上列出幾位朋友：一位在靈魂深處知道自己必然要成為藝術家，因而放棄與富有丈夫結婚的機會，跑去當調酒師並追求其藝術的女士；一位離開安穩工作，帶著自己的發明開展事業的中年男士；以及許多甘冒失業和被社會排斥的風險，向公眾宣布他們是同性戀的男女們。我還想加入一位離開崇高職位走入神職領域的女科學家，她甚至不確定她所屬的教派是否願意接受一位女性牧師。

不是每個「流浪者」做的決定都如此戲劇性，但是我們每個人——如果我們要成長並超越某個層次——都需要為自己做個無條件的承諾。跟「殉道者」一樣，我們也是按部就班的來進行。我們會因為必須做出艱難的選擇而生氣。首先我們的舉止像「孤兒」一樣，捶胸頓足並且大哭吵著要別人來照顧我們！或者我們會抱怨，沒有人願意愛我們真正的自我，或者我們雖然願意做東做西，但是卻根本沒有工作給我們。簡言之，我們抱怨生活艱辛，接受自己沒有興趣的工作，或者雖然不滿意，但還是勉強留在一個看似安全的關係中。

然後有一天，寂寞和存在的空虛感，就好像太陽的存在一樣被感受到，也被當作事情本來的樣子而接受了：「**我們都是踽踽獨行者，每個人皆然。**」全然接受和感覺每件事物，總是將我們送到另一個境地。只有頑固地抗拒成長才會困住我們。在此處，接受寂寞使我們反叛；那些默默或公開進行的實驗有：從事你真正想做的事，愛你真正所愛的人，做你真正想做的事，找出你真正的自己。於是艾耶拉在獨處時所發現的歡愉感

——孤獨有別於寂寞——也悄悄地爬進了生命。我們愈是做自己，愈不會感到孤獨。因為擁有自己的人是不孤獨的。

社群

弔詭的是，朝向孤立和寂寞的行動最終會回到社群中；艾耶拉最後終於能夠擁有愛、做自己，並且可以與跟她相似的人一起生活——她真正的家。於是原型的「流浪者」，從依賴變成獨立，再變成共依存中的自主。許多學會擁抱自己的獨立或甚至孤獨的人，後來卻發現他們失去了人際關係。他們能夠在新的層次上去經驗的親密關係，因為他們已發展出一個強烈的自我意識，再也不必害怕被他人吞沒。讓他們感到驚訝的是，正當他們準備好時，他們發現人們與社群所愛的乃是他們真正的自我。

當他們以選擇做自己又不否定對關係的渴望，來解決愛與自主的衝突時，看似不可能解決的衝突便消失了。以此新方法看待世界，完全融入自我的「獎賞」就是愛、尊敬與合作。但是對大多數的我們而言，完全享受這個獎賞的時刻，要到我們在關係中學會「鬥士」肯定自己實踐理想的能力、「殉道者」付出與信守承諾的能力，以及「魔法師」確知生命無虞匱乏及人生具有所需之愛的能力時才能得到。那個時候，我們便無需付出

4

鬥士

The Warrior

偉人的生命提醒我們
人可以使生命崇高，
而且啟航，在時間的沙上
留下足跡……。
且讓我們奮起工作，
以接受命運的心情為之；
不斷地成就，不斷地追求，
學習勤勉與等待。

——朗費洛，《生命之歌》

「流浪者」辨識出恐龍後便逃走；「鬥士」則留下來對抗它。我們文化中對英雄氣概的定義便是「鬥士」的原型。我曾要許多學生和聽眾告訴我英雄故事中的主要角色，他們總是給我相同的答案：英雄、惡棍（或被殺的恐龍）、受害者（或等待救援的美少女）。我們都知道這些情節和角色。這類故事背後的道德教訓是邪不勝正，但是它隱含的更根本意義是，只要人有勇氣為自己而戰，是可以改變世界的。

因此，好人未得勝的結局似乎便意味著本質上的無能，因為我們把它看成是自己的無能，而且在破壞主流文化信仰系統的過程中，它會強化犬儒思想、疏離和絕望。然而，當英雄果然打敗惡棍時，能夠辨識出恐龍並將它宰殺的信念便會增強，這表示我們可以主宰自己的生命，解決自己的問題，創造更好的世界。於是，我們便解救了那個存在於每個人心中的「孤兒」——受困的美少女。「鬥士」告訴內在的「孤兒」：「你不一定要等待外來的救援；我是來照顧你的。」

這個原型教導我們要在世界中取得力量，並肯定自己的身分。這個力量可以是生理的、心理的、理智的和精神的。在生理的層次上，「鬥士」原型所肯定的是我們有權活得生氣蓬勃。**所謂的「鬥士」意識含有自我防衛的意思，這是一種為保護自己而戰的意願與能力。在心理的層面上，它與劃定適當的自我界限以便確知人我之別，以及肯定自我的能力有關。**

在理智層面上，「鬥士」原型幫助我們學習明辨區分，看清哪條路徑、哪些觀念和價值更有效，更能提昇生命。在精神層面上，它要我們學習分辨精神能量與神學思想間的不同：了解何者能為我們帶來更豐盛的生命，何者卻扼殺或傷害了我們內在的生命力量。「鬥士」同時也幫助我們坦然說出那滋養我們心智、情感與靈魂的事物，並為它而戰；此外，也藉由它說出真相，以及拒絕粉飾太平或不讓負向事物進入生命的方式，來粉碎那些消耗和剝奪人類靈魂的事物。

戰鬥能力的發展是完整生命的根本，而且必須與「殉道者」相關德性相輔相成。在比較原初的層次上，「殉道者」認為自己為別人而犧牲，「鬥士」卻認定殺死別人以保護自己是必然的。鬥士願意這麼做，乃是對自我許諾和自我價值的重大肯定；他們堅決認為自己有權在此，有權被尊敬。這表示他們有權被愛人崇敬，被老師和雇主敬重，而且還有權拒絕鄙夷他們的工作，或拒絕學習侮辱他們的想法。除非他們敬重自己，可以對傷害他們的事說不，否則他們因愛而犧牲所付出的選擇，可能就是懦弱而非精神轉化的行為。

婦女、少數族裔的男人以及勞工階級，在文化上都被認定是次等的，因此他們的角色便是服務他人。這些族群已將此一觀念內化，無意識地認為如果自己不服務便無權在此——他們無權為自己而活——存在是為了付出與服務。例如，許多女人唯有在滿足孩子、丈夫、老闆、朋友和其他人的需要與願望之後，才會想到做些自己想要做的事。由於外人的需求從來無法完全滿足，任何她們為自己做的事就伴隨著罪惡感——即便是像慢跑這種為了照應基本健康需要的事也是如此。一位非常可愛的朋友告訴我，她自我的新疆界只是在丈夫和繼子女們聚會時，按照自己的意思出去走走而已，而不是因為他們期待她即使不做晚餐，也要留在廚房指導整個過程，並為他們打氣。雖然她還不太能享受這趟散步——她感覺到極大的罪惡感——但是至少她已經這麼做了。當然，這比起許多婦女在嘮叨抱怨之餘，卻沒有足夠信心去肯定自己的世界觀，和要求真正改變的基本情況，要來得進步些。

尚未深刻面對自我認同議題的男人，他們的自尊感主要是建立在對男性優越的堅持上。結果他們戰鬥活動的主要特性，即在於贏得勝利的掙扎——無論是在工作、休閒，或甚至友誼及親密關係上——都是如此。有位男士當他發現自己連和女兒下西洋棋都輸不起時，他便體認到自己在這方面確實有了麻煩！

在壓力之下，即使是對自己相當清楚的男女，也會分別倒退回去，變得競爭、控制和頑固。無論是男是女，如果他們不花些時間接受「流浪者」原型的洗禮，將只會是個假的「鬥士」。誠如我前面建議的，未能接受「殉道者」教訓的「鬥士」將會陷在相當粗糙的自他對立鬥爭層次上。

「鬥士」文化

鬥士堅持自己的意志，並堅信自己的世界終將變得更好，以此來改變世界。不論在家庭、學校、職場、友誼、社區或整體的文化上，這個原型告訴我們的訊息是，「鬥士」要改變環境以符合他們自己的需要和價值。

但是，尚未處理自我認同問題就進入戰鬥狀態的人，不可能是真正的「鬥士」，他們不知道為何而戰，或者只是為了證明自己的優越而戰。這種為發展自信而產生的心理機制，永遠不能真正取代自我認識的課題。

個人（和文化）在每一次經歷重大的轉變時，都需要針對「流浪者」的議題回答以下的問題：「這一次我是誰？」如果這個問題不解決，他們便只徒具形式而缺乏意義地，強調屠龍的情節。因此，許多人從事的是為神話而神話的虛假戰鬥，他們卻也發現儀式轉化不了英雄與王國。諷刺的是，那些代表舊文化傳統價值的人，比起正視變革時代提出之認同議題的人，衝突反而較少。例如，對於宰殺恐龍一事保守派比進步派更不猶豫；對於後者而言，由於未決的認同問題，以及他們想要在自己的價值觀和關懷他人的需要之間調和的欲望，而使戰場變得複雜。

不論它是空虛的儀式、深度的滿足，或者被視為是變動時代中所需要的新主張，英雄／惡棍／受害者的神話所傳達的，乃是我們文化中基本的信仰體系。潛藏在「鬥士」神話下的儀式當然是在戰爭中發現的，但是它也在我們的運動、商業行為、宗教，甚至我們經濟與教育理論的文化層面表現出來。在運動的領域中，我們看見數世紀以來敗者被殺的武鬥比賽，已進步到今日足球、棒球或橄欖球等競賽，敵對雙方只是輸贏而已。

會成為頭條新聞的宗教，都是因為採用「鬥士」的方法來解決問題的，從十字軍東征到現代基本教義派人士向原罪、邪惡、魔鬼的宣戰，都如出一轍。「鬥士」邁向精神的路徑乃是認出魔鬼、消滅它或讓它成為不合法。在學校恢復禱告儀式、掃除色情、拋棄性教育、否認同性戀者的工作權等運動背後，都帶有「鬥士」衝勁的因子。「鬥士」下一步要做的是使罪人悔改皈依。如果罪人願意被轉化的話，他們便不再是惡徒，所以便無需被毀滅：他們可以因為接受與「英雄」相同的信仰而得救。

我們在政治領域也見到頗具意義的發展。在最原始的模式中，英雄殺死老國王（惡棍），並且至少在理論上拯救了受害的百姓。那便是變革的誕生。這樣的運作方式持續在今日世界許多地方進行著，它們的變革仍然是透過血腥政變或革命來達成。在美國我們找出一種避免流血的方式；老國王並未像在某些原始文化中被公開分屍，或在睡夢中被殺死，或受審斬首。不過每年大選時節我們都會再次被提醒，建基於這些古老作為的辯術依然存在。

不論是在選舉或組織間的政治運作，挑戰者都會解釋他將解救國家或組織，並且認定在位者要為所有的病症負責。當然在職者會反擊說，他們事實上已經在國家、政府及組織內促成了重大的進步，而且萬一反對黨執政的話，現有的一切將被破壞。這些都是戰鬥性的語言；在民調中擊敗對手時，我們甚至會說，「我們宰殺了他們！」戰鬥性語言當然也是商場上的基本用語，因為商業活動的目標便是在競爭中脫穎而出。資本主義的中心思想便是奠基於此類智慧：商業競爭也是一種類型的比賽——將帶給人們擁有較好產品與較低價格的美好生活。所謂的運動精神就是比賽。看起來美國的活力就是比賽和競爭。事實上，美國的司法制度也是如此。

雖然在運動比賽、商場或政壇上被擊敗的人不再被視為惡棍，但是敗者為寇的觀念仍然深植人心，把失敗者當做壞人加以羞辱。當尼克森當選總統時，儘管對手麥高文（George McGovern）在艱困的情況下打了一場相當勇敢的選戰，但是媒體卻羞辱了他。被羞辱的記憶很強，以致當他二度宣布爭取黨內提名時，外界和媒體都仍感尷尬。儘管對他這位自由派的人士而言，能再被提名已是一大勝利，一般人卻認為既然在上一次的選舉中大幅挫敗，他早應該隱姓埋名，退出江湖才對。因此，當他從民主黨那兒贏回某種程度的尊敬時，媒體便將此描繪成一場重大的「勝利」。

成為失敗的隊伍、候選人、貧窮者和自由市場競爭中的輸家，都會讓人感到羞恥。

這樣的認定或許可以解釋，為什麼我們的文化無法設計出一套不羞辱接受救濟者的社會福利制度。許多教育工作者把學習過程視為競爭（通常是一種比賽），早從小學開始就把某些學生以「成功者」和「失敗者」區隔開來。這種對待有可能便成為「自我完成」（self-fulfilling）的預言。「失敗者」將自己的無價值感內化，而「成功者」也因為害怕失敗而更加鞭策自己。被學校開除——或者在更進階的情況下，得不到終身教職的大學教授——等於一種恥辱。人們不願談論這種事。假如談到了也是以兩種方式進行：要不是你自己的錯（換言之你是惡棍），就是你受了不公的待遇（你是受害者）。但你顯然不是英雄，除非你想進行一場重回學校的戰爭。

由於我們的文化是如此一致的強化這個基本的原型，至少那些掌權者是如此，以至於屠龍模式對他們而言便是唯一的真實，就像「孤兒」把無意義的痛苦視為理所當然一樣。「鬥士」傾向把焦點放在「現實」上，以便讓自己成為「硬心腸」（tough-minded）的人：馬克思主義者堅持物質的真實「才是」真實。任何其他注意內在主觀真實或精神的焦點都是假的。基本教義派的基督徒同樣也會堅持以字面的意義來解釋聖經，並做為他們行動的藍圖；運動場上，我們算計演出，在意分數；商場上，注意的是最後的底線；教育上，愈來愈著重量化，並尋找無懈可擊的方法論；經濟上，我們將全國生產毛額量表化。所有這一切都把焦點過度放在現實對人們的衝擊上，或者人們對更好世界的渴盼上，太多的軟心腸和希望都被看成是不合宜、幼稚和不具生產力的。從這個觀點看來，所謂的正確思維乃是線性的、位階的和二元的。

因此，為了要屠龍改造世界，「鬥士」必須是硬心腸和現實的。他們必須能直視對手的眼睛說：「你是龍，我要殺死你。」或者「我不在乎你的感受，我要勝過你，我必須打敗你。」「鬥士」還必須檢視自己內在不適合現實的特質，並予以斬殺或抑制。

例如，處在「鬥士」模式中的女性主義者，她關切的重要問題是，誰應該為性別歧視負責任。如果是男人，他們便是敵人。如果是父系社會制度，那麼必須將它推翻。或者（對某些社會主義思想的女權運動者而言）如果是資本主義，那麼該項制度和所有的資本家都應被擊退。女性主義者溫柔的慈悲關懷之情，以及她對男人之愛和穿漂亮衣服的渴望，都被視為是必須克服的內在壓力。對戰鬥型的基督徒而言，他們的課題是內在與外在的魔鬼。商人和學生則不僅要在銷售與評分曲線上爭取頂尖的表現，更要克服那只想坐下來休息和享受的懶惰傾向。

「鬥士」和「殉道者」都認為我們應該為自己的逾越份際受苦。保守人士間普遍流傳的感覺是，競賽中的失敗者應該受苦是非常自然的；因此，對他們而言，在經濟競爭中敗陣的窮人和在兩性戰場上失敗的女人，不該擁有與勝利者一樣多的資源，乃是天經地義之事。勝利者因基於他們的優越而獲獎賞也是必要的，因為他們相信，寵愛勝利可以刺激卓越。否則我們將了無生趣，很難有所成就。

自由派人士多半把罪過放在壓迫者的身上，指責後者確實訂定了對己身有利的競賽規則。或者試圖訂定有利的起跑方式，以確保競爭的公平。但是自由派人士還是不敢公開質疑生命本來就是競爭的，是不公平的。

事實上，英雄／惡棍／受害者這種故事情節的信念，乃是文化中的教條，其強度大到足以使事實的證據無效。例如，儘管多數的研究資料支持合作式的學習方法實際上比較有效，但是學術界卻把漸增的競爭與教育品質劃上等號。雖然研究指出最成功的企業建立在員工能互信互助的氛圍上，但是許多經理人還是持續營造強烈競爭的氣氛，來推動員工增強生產力。

這裡要特別注意的是，我們文化中的「鬥士」英雄常常是以白種男人的身分出現。女人則是那個半壁江山之外又附加贈品的待救美女，或者如果她們不守本份逾越了傳統的份際，那麼就會被認為是女巫、妖婦、壞女人，或其他女性專屬的壞角色原型。事實上，最初的「鬥士」原型是以父權的觀點來看待和處理吾人世界的；這個世界被看成是二元對立的——不論是議題、觀念或力量——而且還是階級的，所以它關懷的重點總是何人或何物是比較優越或有價值的。英雄的任務不是打敗他內在與外在低劣的一切，就是使其臣服於自己的意志之下。這個典型的階段不只是性別歧視者，而且還包括種族歧視與階級歧視者。

雖然英雄／惡棍／受害者的情節在我們的文化中擁有極大的影響力，但是身為「鬥士」的我們所面臨的挑戰，則須視我們的想像力，以及肯定其他真理和其他版本的「鬥士」神話的能力而定。持續把生命定義成競賽的邏輯後果，便是世界性的饑荒、環境的蹂躪、種族與兩性的不平等、核子戰爭，以及那些自認是失敗者的才能浪費。幸好，雖然我們的文化被「鬥士」所掌控，但是戰鬥精神依然有其他不同的階段和形式。

「鬥士」旅程的階段

「鬥士」原型的進展程度端視他們從其他原型那兒學習的多寡而定。例如，冒牌「鬥士」（虯髯客之流）其實是「孤兒」以聲張虛勢的匹夫之勇來掩飾害怕的偽裝。在尚未發展自我關懷和自我認同的能力之前，就開始嘗試流浪的鬥士，其戰鬥主要只是為了證明自己的勇氣，除了贏得勝利之外，根本不知為何而戰。當他們找出自己身分和需要的線索時，就可以為自己而戰，當他們發展出關愛別人的能力時，那麼便可以為別人而戰了。

進一步而言，如果「鬥士」跳過「流浪者」的學習課程，他們便會成為非常孤寂的

「鬥士」。如果他們沒有適當學習「殉道者」的教訓，他們將會被此一原型掌握，並成為「鬥士」所奮戰的信仰、事業或團隊的殉道者（同理，如果他們不學習「鬥士」的課題，則會變成權力的操控者）。

將駕馭與關愛統合起來的「鬥士」可以為自己和他人而戰；軍人為他們所愛的人和國家而戰，並使世界更好。政治領袖、社會運動家與滿懷關愛的志工，試圖改善週遭人們的生活。在此我們看到犧牲與駕馭課題是可以結合起來的。兩者中任何一方得到更精湛層次的技巧，便可以使得另一方面的技巧獲致更精湛層次的發展。

就像犧牲一樣，戰鬥有害的負作用是以它比較原始的形貌呈現出來的。當它從這些比較二元和絕對的形式解脫出來時，戰鬥（和犧牲一樣）才會成為健康、有用而正面的人生過程。它是為了保護自己和所愛之人免於受害而採取行動的基本過程。不論是獵殺野獸、上戰場抵抗外侮、把酸雨或核子擴散視為是對人類的威脅等，都需要「鬥士」才能採取強烈的行動來保護我們所有人。

截至目前所探索的每個模式中，我們的英雄各自學會處理某項困難的經驗：「孤兒」處理無力感的問題；「殉道者」處理痛苦的問題；「流浪者」處理寂寞的問題；而眼前的「鬥士」則面對恐懼的問題。因此「鬥士」的不同層次經驗，也和他們學習面對恐懼的效果有關。在初期的階段——斬殺敵人以外別無他途的階段——恐懼無所不在。一個無法籌謀出足夠武器對抗共黨威脅的將軍，只是被自己的恐懼「控制」罷了。他的世界被永恆威脅的觀點所限，認為惡棍毫無理性，而且可能會摧毀掉他，以及他所珍愛的一切。唯一的可能就是殺與被殺。在政治、商業、體育與學校的象徵性競爭看起來比較緩和，但其恐懼也一樣真實；不論是恐懼喪失權位、不夠優秀、不妥、低劣或成為失敗者，其心態都是一致的。

在下一個層次中，惡棍不再被看成是一個必須被打敗或斬殺的人，而是一個可以被轉變成英雄的人物。惡棍被重新定義成一個等待救援的受害者。不論是聖戰型的基督宗教、馬克思主義、女性主義或白手起家的資本家主義，「鬥士」所相信的乃是那能使他們得到某種生命希望與意義，並昂首闊步走出去改變世界的真理。同樣的，在私領域中，「鬥士」背負著皮格梅利恩的愛（Pygmalion）（譯註：希臘神話中愛上自己所雕少女像的賽普勒斯島國王）去改善所愛之人和朋友的生活。

當你渴望創造一個理想而人性的世界時，個別差異的問題是很難面對的。「殉道者」把世界改造得更好的核心方法之一，是放棄自己看來不符合別人要求的一部分。「鬥士」則以改變他人為志業。對於兩者而言，同質性（sameness）被視為是創造慈愛社會的先決條件。我們不是改變自己，就是拋棄或轉變「他們」。

不久前我與一位頗具魅力的基督徒交談，他告訴我有關信仰運動中的典型過程；在獲致成為基督徒的喜悅後，亦即經由教會得到更新與重生的感覺之後，接下來往往便是福音的傳播。最初的信念是，個人只需傳佈耶穌的事跡，便足以拯救他人。但是不僅許多人對「福音」不感興趣，個人的生活也不見得信了主就一帆風順。早先領洗時的幸福感已經消失，生命依然充滿掙扎，同樣波瀾起伏。於是訴諸教條權威的誘惑，以及透過立法與社會壓力欲將自己觀點強加在他人身上的企圖便會浮現。這個衝動所根據的信念是，理想的基督世界不可能在昭彰原罪如此盛行之下出現。因此當宗教轉化無法改變個人的生活時，那麼真正的軍紀服從和訓練就變成必需了。

我懷疑這也是為何俄國與中國的馬克思主義所以會發生的原因。當解脫的真理已被傳佈，而天堂卻仍遙不可及的時候，教條和壓制就成為對治憤世嫉俗和信仰淪喪的藥方。同樣的挫折造就了美國的麥卡錫主義（McCarthyism）。

雖然戰鬥本身不會帶來烏托邦世界，但它確實教導我們如何建構更好的世界。「鬥士」學到了什麼呢?首先，他們學會信任自己相信的理念，並且在面對危險時堅決的實踐它們。此外，要能這麼做，他們必須掌控自己的生命，並為此負責。「孤兒」將自己看成是受害者，「流浪者」則把自己視為局外人。把自己視為文化中沒有權勢的人，個人便毋須為它負責。將自己視為「鬥士」便是宣稱：「我對此地發生之事負有責任，」而且「我必須竭盡所能為自己和他人改善世界」。因此「鬥士」也必須權威的宣稱，他們有權堅持他們為己為人所需的一切。「鬥士」學會信任自己對是非好壞的判斷，而最重要的或許是，發展出為自己所要和所信事物作戰的勇氣，即便這麼做需要冒著失去工作、伴侶、朋友、社會關懷或甚至他們自己生命的危險，也在所不惜。

最後，如果他們不倒退回教條權威去尋求庇護，並成為暴君，那麼他們也將會發展出彈性和謙遜的特質。所有的解脫真理終將宣告失敗。失敗的部分原因在於它們各自只是真理的一部分；我們都像是盲人摸象寓言中的角色一樣，每個人所感覺到的只是一部分，但卻試圖要描繪全部的大象！

英雄最終會學習到的，不是內容本身而是「過程」。這個過程從覺察到痛苦開始，接著是訴說故事，並且對自己和他人承認有痛苦的存在。然後找出痛苦的原因，並採取適當的方法使它消失。英雄會以一生持續不斷屠龍的信念，來取代斬殺一隻龍便解決所有問題的想法。他明白了屠龍愈多，信心愈增，而暴力愈減的道理。

誠如我們所見的，內容的本身也改變了。鬥劍比賽被足球賽取代。我個人則認為戰爭被武器的展示與儲備取代。幾年前大肆抨擊男人需為性別歧視負責的女人，現在則以相當無聊且無趣的語氣說道：「哦！少來這套！」對自我的暴力也不再那麼多了。「鬥士」愈強壯愈有信心，他或她就愈不需要使用暴力，對別人和自己也會愈變愈溫柔。最後，他們無需把別人視為惡棍、反對者或潛在的敵人，而是把他們看成是和自己一樣的英雄。

戰鬥：男與女

男人和女人對「鬥士」原型的經驗極為不同。因為男人出生就被社會具體的教化成為「鬥士」，因此他們的課題便在於是否能發展他們的其他面向，或者甚至在他們的這項原型經驗中更加深化成長，只要他們能圓滿的解決「孤兒」、「流浪者」與「殉道者」的兩難困局。對於女人而言，她們的議題則在於是否膽敢進入男人文化的競賽中，如果可以進入的話，那麼就要看她們是否能學習傳達己意，表達自己的智慧。再者，因為女人通常是在「殉道者」階段後進入「鬥士」層級，所以她們往往是進入了更高、更複雜的層級。

像是哈利根（Betty Harragan）所寫的《母親從未教妳的遊戲：女人的合作遊戲精神》（*Games Mother Never Taught You: Corporate Gamesmanship for Women*）一書，便是向婦女解說男性文化的遊戲規則，大體上可以說，「鬥士」的意識構成了我們的文化，雖然它只是父權的文化。這類書籍教導女性學習男人的遊戲規則進入競賽之中，而如雪佛（Anne Wilson Schaef）所寫的《婦女的現實：白種男性社會中浮現的女性系統》（*Women's Reality:*

The Emerging Female System in a White Male Society）或吉琳根所撰的那本《不同的聲音：心理學理論與女性發展》等書籍，分別從界定一個浮現的女性文化，以及女性道德發展階段的角度，更進一步挑戰男性文化「才是」真實的觀念。在每個案例中定義的男性文化，都是我所謂的戰鬥模式。

英雄／惡棍／受害者的情節基本上便是以大男人的方式來賦予世界意義。因此，當女性最初面對它時，便會有某種疏離感。這很自然地源自男性文化的排他性。事實上，軍隊與美式足球——是把此一神話以它最原始而基本之形式戲劇化的機構——向來被定義成男性專屬的領域。雖然已有婦女在軍中服役（職業美式足球界則尚未有女性），但是婦女和社會整體都還不把戰鬥精神視為是婦女氣質的屬性。

但我不認為這種疏離感意味著婦女不能或不應學習戰鬥行徑。婦女需要學習爭鬥，為自己和他人而戰，是這個原型模式教導她們如何做到這點。由於它被界定成男性專有，所以戰鬥的原型已成為女性的新界域。對她們以及所有的「鬥士」而言，真正的議題是要學習凡事發自內心，並為她們真正相信和關心的事物而戰。由於男人是如此強烈的被社會教化成為「鬥士」，不僅使他們忽略了其他面向的發展，同時也滋養了一種似是而非的看法，把戰場或競爭本身視為是理所當然的事。

競爭對男人似乎是如此的重要，因為它界定了他男性的身分：獵人角色的男性一生就是這樣生活在虛假的戰場上。在我們的文化中，駕馭和養育被界定成相反對立的事。女人負責養育，而男人負責駕馭。女性恐懼成就、力量與駕馭，正是因為尊崇這些特質的男性世界，造成了她們的痛苦；不僅因為它不尊重女性，更因為它往往不尊重關愛。

女人會被男人的世界攻擊，是因為她們在當中看不到愛。事實上，男人常常忘了戰鬥和競爭的目的是為了改善世界。另一方面，男人也對女人的世界感到驚懼，因為他們看到其中的犧牲，以及被吞噬的恐懼。因為女人在支配之前比較易於開展關愛和犧牲的特質，所以她們會對殺戮與攻擊他人——所有會傷害他人的戰爭面向——感到哀悼。因此女人往往只因為要解救別人，而易於陷入爭鬥之中。十九世紀的改革運動，婦女投入了極大的能量，而今日她們則對環保及和平運動俾益良多。相反地，許多男人在他們仍然處於自戀的「孤兒」階段時，便過早地進入戰鬥狀態，而只有在日後才會看見關心別人的重要性。

當支配與關愛分離，它就成了意志與控制。這是男人戰鬥行為最危險之處。在李關（Ursula Le Guin）的小說《地海巫師》（*A Wizard of Earthsea*）中，一個學魔法的年輕孩子雀鷹（Sparrowhawk），為了炫耀自己而對世界施展可惡的邪咒，於是遭致死亡。他的原罪就是典型的男性驕傲；由於自我中心之故，儘管明知會威脅世界的平衡，並為每個人帶來不可預測的災禍，卻仍然只為了榮耀自我而施展強力的魔法。然而，因為太過於要

已，他曾嘗試借錢未果，而藥店老闆也不肯降價出售。漢斯應該偷藥嗎?作者柯伯格辯稱，在道德發展的最高階級中，人們應該從普遍的宇宙道德原則來論證解決這個問題；具體而言，他們將會爭論財產權與人命間孰輕孰重的問題，如果生命比較重要，則漢斯應該偷藥，如果財產權比較重要，他就不應觸法，應讓太太死去。現在我們注意到這個道德論理不僅是位階的——那種價值比較重要——而且還是二元對立的。事實上，這等於是一種趕盡殺絕的道德論理。願最優的價值勝出。

吉琳根注意到婦女很少達到柯伯格的最高層次。再者，從道德發展的觀點而言，婦女似乎會問更多的訊息（漢斯真的有向藥商解釋他太太快死了嗎?有人試圖找鄰居商量或籌募款項嗎？）以避開問題，或者乾脆惹毛發問者自顧自地說：「他根本不該偷藥，也不該讓他太太死去。」吉琳根了解柯伯格形塑問題的方式，以及後來的道德發展評量標準，都是依據男性化的思維。婦女思考道德問題的方式不同，因此她們會詢問另一個問題：以「漢斯應該『如何』偷藥？」來取代「漢斯『應該』偷藥嗎？」的問題，婦女會認定挽救漢斯太太性命的行動是必要的。她們的問題設計是用來決定最有效的行動。

撇開女人反應的現實性和說故事的特質（如果他偷藥就有可能被關；因此，如果她又病了，誰可以再為她偷藥呢?）不談，她們看問題的方式確實不同。她們不會把世界看成位階式的階梯，而是把世界看成人人互相關聯的網圈。因此，她們不會把多數問題的基礎界定成兩人、兩國或兩個價值之間不可妥協的差異，而是把問題視為源自人類連結網的破裂。當網破裂時的解決方法就是溝通：有人和鄰居商量過嗎？他向藥店老闆解釋清楚了嗎？另一種方式就是批判問題本身，這是什麼世界，老闆有藥而任令女人死去？

在《婦女的現實》一書中，雪佛也在她稱為「白種男人系統」及「女性系統」的協商模式之間，看到類似的不同。在白種男人的系統中，老練世故的協商者明白所面對的情況乃是衝突。目標是為自己和己方爭取最大的利益。要達到這個目標，你必須提出高於實際所需的要求，以逼近極限的方式打牌，然後不斷的「出牌」直到獲得接近你所要的為止。在女性的系統中，協商者基本上被視為是立場一致的。目標是充分發揮想像，以便雙方都能獲得自己最大的利益。所以策略是將你的底牌攤在檯面上，並且清楚地表明你所要的，你為什麼要它的，然後集思廣益地共同尋找出雙贏的辦法。當然，前者就是我們的司法系統，以及多數勞工聯盟協商的基礎。後者則是調停的基礎。

雖然用「女性系統」協商的以女性居多，但是也有許多男人在他們從較原始的我／他模式來了解「鬥士」的內涵，轉變到較成熟的問題解決方法（如認知與情感的整合）時，也會同樣學習採取這種方式。當吉琳根長時間追溯男女兩性道德理性的發展，並且穿透理解真實的許多層次時，她發現雖然男女在語言及隱喻的使用上仍有顯著差異，但當隨著各自思維的日益複雜精微，他們彼此便愈來愈相似。

我了解，雖然強調合作與聯繫網絡使女人停留在「殉道者」的心態中太久，但是女人往往能保持用關聯性的思維來看待世界——特別在界定她們到底要什麼的時候——即是當她們選擇從關聯網絡中獨立出來，去尋找自己並屠龍的時候也是如此。儘管她們的修辭和基本的信念系統，或許與「鬥士」及「流浪者」的我／他心態有所衝突，但是還是會和男性經過相同的發展階段。於是她們會快速動作，去調和自己的信念系統，以及因自我急速發展而帶動的行動之間的落差。因此，她們很快地重新定義戰鬥精神，並且學習用溝通的方式取代屠龍及鬥爭來影響世界。

今日婦女的自我肯定所面臨的最重大挑戰，並非進入男人界定的競爭，而是以自己的聲音和智慧來表達自己的意願。男人已經適當地在這個世界中宣告了他們的真理，但是婦女聲音的壓抑卻造成文化的危險偏斜。

進一步而言，男性戰鬥聲音的過度強化，會使他們在其他領域的發展遲緩，並使他們和文化停留在比一般人更原始的思維與肯定層次上。然而，我被迫注意到，並沒有太多男人能看到自己這種虛假的男性作風是有其局限的，而且對自己的人生無益。對於這樣的男士而言，他們的課題和婦女的類似：挑戰是清楚的說出那些尚未被整體文化認同和陳述的聲音，以及那可能會使週遭保守人士困惑、疏離和混亂的聲音。我們已經看到，男性可能避免「殉道者」的課題，也因此要邁入較精微、複雜和具連屬性的戰鬥層次，是有極大困難的。許多人要有危機才能催動他們改變——例如心臟病、胃潰瘍，或者體認到他們禁慾式掙扎的代價，就是失去妻子、小孩或愛人。這種危機通常也伴隨著當事人覺察到愛自己和愛他人的需要。對於其他男人而言，從英雄／惡棍／受害者的模式進入英雄／英雄／英雄的模式，只要他們能完全的經驗「鬥士」的心態便可以，他們內在的成長需求會促使他們向前發展。

屠龍之餘

無論如何，對男女英雄而言，「鬥士」的情節都是逐漸從英雄／惡棍／受害者演變為英雄／英雄／英雄的。雖然現在「鬥士」只是眾多真理之一，這並不表示我們不能對理想、人物、主義與信仰有所承諾。即使在現實的世界中，「鬥士」以全心擁抱他們自己的理解。如果他人堅持看似反命題的道理，也可以不被看成是敵人，而是以潛在的朋友來歡迎他。他們會說：「這是我的真理。我會盡可能完整的解釋給你聽，你也可以說明你的道理。」於是英雄的工作便是去「連結」，而非屠殺或改變他人。

在司法的歷史中，我們看見從獨裁者制定處罰的方式，演變到我們有官司輸贏的司法系統，再演進到雙方皆非惡棍、創造雙贏的調解制度。

舊有的衝突方法是粗魯、暴力和原始的。它們逐漸增多溫柔和彈性。我們已從兩人互相屠殺，進化到以辯論定輸贏；最後，兩者可以在具備足夠自信的情況下，把運用他們的差異看成是找出更恰當更完整真理的方式。他們彼此腦力激盪，並且分享從交換中學習得到的東西。

我曾幻想過美蘇兩國談判代表共聚一堂的場景。想像蘇聯代表開始驕傲地解釋他們在提供人民經濟平等方面有重大成就，但是卻擔心此舉的代價是政治上的壓抑和乏味的生活。美國代表回應說，他們也覺得自己只是部分成功。雖然美國擁有個人自由和大量而多樣的刺激，但是貧富卻依然保持巨大懸殊。兩大強權接著集思廣益地分享他們的部分真理，並試圖發展出一個擷取兩大系統精華的計劃來。

當然，我的夢想並非今日的現實。當人們產生恐懼時，這樣的交換永遠不可能發生，同樣的情況在國家間、父母和孩子間、以及男女間亦然。

在發展過程中面對自己最害怕的恐龍——不論是殺死它或只是面對它，與它對話——所得到的禮物便是「勇氣」，以及從害怕的束縛中解脫出來的自由。在最好的情況下，「鬥士」歷經長期的試煉終於學會和他的恐懼做朋友。我們不再因害怕而動彈不得，也不會變成和匈奴國王阿提拉（Atilla the Hun）一樣莽猛地四處征伐，或者被困鎖在偏執簡化的解決問題模式中，或者甚至將它壓抑下來，英雄終於明白恐懼總是成長的邀約。

關於英雄針對他的恐懼發展出正面關係這點，我最喜歡的例子來自葛莉芬（Susan Griffin）的《女人和自然》（*Women and Nature*）這本書。葛莉芬描寫了「一位本質極為邪惡的老婦人。」她會對著鏡子問問題。當她問鏡子為什麼她如此怕黑，鏡子回答說：「妳有理由害怕。因為妳太小了，可能會被吞噬掉。」老婦人下決心讓自己變大不致被吞噬。但是後來她發現自己害怕變得如此高大，鏡子對她解釋說：「妳毋須懷疑自己的樣子。你要隱藏起來可真不容易！」於是老婦人就不再躲藏。當下一個恐懼來襲時，鏡子告訴她，你的恐懼是「因為……沒有人看到妳所見的，也沒有人可以告訴妳所見是否為真。」於是她決定信任自己。

許多年後，她意識到自己害怕過生日，鏡子便告訴她：「妳一直想做某些事，但卻因為害怕而拖延，妳知道時間飛逝不再。」老婦人立即離開鏡子去「捉住時間」。

> 後來，她和鏡子成了好朋友，當她的恐懼成真時，鏡子總會憐憫地為她哭泣。最後，她自己的鏡影問她：「你還害怕什麼?」老婦人回說：「我仍然害怕死亡和改變。」鏡子同意說：「是的，它們的確令人害怕。死亡是緊閉的門，」

鏡子神采奕奕地說，「而改變則是敞開的門。」是的，「但恐懼卻是鑰匙，」這個古怪的老婦人說，「而我們仍然擁有害怕。」她笑了。

當「鬥士」變得比較不那麼害怕，他們的思想會放鬆，並且會對複雜的事象開放；於是英雄／惡棍／受害者公式的局限性便顯而易見。魯賓（Tom Robbin）的小說佳作《牛仔女也得獎》（*Even Cowgirls Get the Blues*）說明了這點。茹柏羅絲農場中的牛仔女們和大西部的牛仔一樣好勇鬥狠，行事趕盡殺絕。為了拯救棲息在茹柏羅絲農場的蒼鷹群和大自然，牛仔女們打算和美國政府派遣來象徵父權文明，要獵殺蒼鷹蹂躪大自然的吉人（G-men）一決生死。在最後一刻，牛仔女的領袖看見大女神（Great Goddess）顯靈，要所有的牛仔女都逃離戰場，因為事實擺在眼前，這是一場實力懸殊的戰爭，牛仔女無法戰勝吉人。但她也質疑整個惡棍與英雄概念。她說，女人的敵人非男人，正如黑人的敵人非白人一樣。敵人是「二元心靈的暴君。」

這個想法突破了牛仔女平日所持的英雄／惡棍／受害者世界觀。她們注意到這個戰爭對抗的不是人，而是一個抽象的觀念，這樣的戰場需要的是一個不同的戰場。答案不是去屠龍，而是創造新穎的東西——在這個案例中，需要的是用新的方法想問題，並以新的思考方式去尋求答案。此外，當思考變得更複雜時，整體的角色就被重新界定了。

當惡棍不再被視為是需被宰殺的恐龍，而是「二元心靈的暴君」時，英雄要怎麼做呢？暴力或強迫改變都不適合。我們反而需要有足夠的想像力，以不強加好壞對錯觀念在別人身上的方式，來處理差異的存在。

以較複雜而富想像力的方式思考解決衝突的動機，有許多不同的來源。有時候當我們把惡棍視為巨大得難以被打倒的時候，挑戰便被加諸在我們身上。或許這就是為何女人特別不喜歡戰鬥：因為男人的身體比較強壯。甘地不用傳統武力抗爭的方式，而採取更複雜成功的方式去解放印度，因為英國擁有極為強大的軍事優勢。戰鬥不太可能是在戰場上獲勝的可行辦法。

局外人幾乎都會了解，掌權者總是有意無意地在操縱競爭。平權法案在正常運作狀況下的意義是，那些被視為有價值的女性與少數族裔，被期待要按照白種男人依自身想法所制定的模式而活。最後，這些被競爭排斥的，卻對此競爭模式失去信心——儘管總是有幾個象徵性的人物能脫穎而出。不僅女人和少數族裔都對這種趕盡殺絕的制度喪失信心。就連白種男人也如此。此情況的發生不只因為當今的問題已嚴重到令白種男人也難以應付的地步，而是對暴力解決的方式束手無策，同時也因為先前那些等待救援的少女已經重新界定了自己，走上自己的旅程了。

形塑艾文（John Irving）小說《新罕布什旅館》（*Hotel New Hampshire*）故事主人翁的

重大經驗之一，是他姊姊被輪姦的事件。當時還是青少年的他無力保護姊姊，事後他勤練舉重。下決心要變得強壯來保護她。但是多年後，當他遇見輪姦的首謀份子時，卻不知該怎麼做，部分原因是他不知道姊姊佛蘭妮希望他怎麼做。在憤怒的那一刻，他舉起先前攻擊姊姊的壞蛋契普竇夫，但最後卻也只能將他放下來罷了。

他這麼做是因為，他認為佛蘭妮不是等待被救援的傳統少女，而是個伙伴，她本身就是英雄。所以無需救她，而是當「她」自己去向契普竇夫報復時給予支持。他明白，這是她的故事、她的悲劇，也終究是她的戰爭，而不是他的。

他學到的教訓是——即使在事發當時，報復也不是答案。報復不能使痛苦消失，反而永遠留下無力感，和不能保護他所愛之人的罪責——這是天生被訓練要通過保護者角色，來贏取尊嚴和認同的男人最艱難的功課。他解釋道：「在我的餘生中，我都會覺得好像還是在紐約第七大道上，把契普竇夫抓得離地好幾吋一樣。我除了放下他之外，實在別無選擇；這與他也著實毫無關聯。」——在契普竇夫這個案例中，我們只能永遠的舉起他，再把他放下而已。艾文的英雄氣慨從戰鬥行為轉移到更具生產力的模式上，他把生命奉獻在照顧父親，支持太太的強暴及婚暴收容所，以及扶養佛蘭妮的子女上面。對於許多男人而言，學習養育與關愛，以致能獲得比較不受文化典型男性意象限制的認同，會使得邁向較複雜多元的戰鬥方式成為可能，並提供了成為魔法師的先決條件。

對「鬥士」而言，勇氣與技巧的失敗，也可能導致超越與靈性臣服的契機。在《搜尋》（*The Search*）一書中，湯姆布朗二世寫道，他只帶了幾件衣服和一把刀，就進入森林一年不出。他的印地安老師「獵狼」（Stalking Wolf）教導他如何成為一個覓食者，為度過這一年做準備。他不僅設法讓自己存活——甚至在非常嚴寒的冬天裡——而且也要徹底地去享受這段時光。

讓他收穫最多的經驗，是在快結束一年長期禁食期間發生的。禁食十二天之後，正準備開禁時，奇怪的事情發生了。他所有的捕獵技巧都不管用了。再過七天，他想追蹤捕捉的動物都無法到手，他害怕自己將會餓死。已經非常孱弱的他，眼看伸手就可以捕殺的一隻小動物，卻眼冒金星，雙手僵固無法動彈。到此地步，他只有放下對生命的執著，他說：

> 有某種事物，某種非己身的力量，掌控了我的四肢。是嗎?也許現在是我意識的深層控制了我的身體，是它在認識，它所了解的遠非我邏輯訓練的意識所能企及。我對此毫無懼怕之意。我必須做的是，等待並向四周的大地臣服；向那個原本的我，一直以來的我臣服——它絕非征服的先驅者。我無需放棄，只是臣服。與週遭萬物的精神同體脈動。雖與土地不同，卻也是它的一部分。臣

服，臣服。變成……你是它，它是你，我們都渾然同體。就如同螞蟻與飛鳥一樣。就像葉樹和枯枝一樣。就像大地一樣。

向他自己和全體覺知的臣服經驗，為他帶來絕妙的喜悅。緊接著，一隻鹿幾乎是自主的朝他走了過來。他殺了它，並帶著感恩的心情吃了一頓饗宴。

這放下執著的一刻並非都是如此超脫的。有時是無力感、心臟病、失去所愛之人或悲劇事件催動了它，我們別無選擇只好接受它。有時只是性格的成熟，以及對「鬥士」技術全然無法有效對抗死亡的體認，才會使得「鬥士」願意向更廣大的生命「臣服」。

「鬥士」變得精疲力竭的原因是，他們的生活不是與他人對抗，就是與自己認為不具價值的內在對抗。我看過許多男女最後終於明白，這些鬥爭是如何在殺死他們自己——他們的靈魂，他們的心，有時也包括他們的身體（女性比男性命長的原因或許是女人比較少在生活中戰鬥）。曾經為自己擁有掌握生命及創造事物能力，而感到驕傲豐盈的「鬥士」，日後便會開始感到疲憊枯竭。在看到自己所使用的所有策略，只不過造成自己對咖啡因、藥物與酒精的不斷上癮，或因恐懼失敗而力爭上游之後，便開始有所轉變。在後一種情況中，追求成就的健康欲望，已經成為執著和上癮的行為。他們所需要的是承認自己的身為凡人的脆弱，以及他們有對愛、他人、精神和肉體支持和滋養的需要。

「鬥士」首先以證明自己優越的方式來培養信心，因為當別人還消極地等待救援時，「鬥士」已比多數人有能力掌控自己的生命，並實現事情。可是當控制失靈時，他不得不絕望的承認，基本上自己和他人並無不同，這是他得到的贈禮之一。我們都在同一艘船上，而且最終都是互相依靠的：我們需要別人，需要大地，需要神。

「鬥士」愛人

當「鬥士」放下了控制——如同《搜尋》一書中湯姆布朗的作為一般——他們就超越了有上下之別的人生觀。想要高人一等的唯一理由，是認為平凡是不好的。我們前面談過，不特別或不異於常人被等同於「孤兒」的無能，因此對「鬥士」而言便是一種侮蔑。在體認到與大地合一，以及與他人互為依靠的過程中，他們開始尊榮那些能掌握自己生命，以及放下控制或為此掙扎過的人。當英雄放棄了要比別人優越的需要時，他們就不必隨時要證明自己，且可以單純的做「自己」，至少偶爾可以如此。

古老的英雄神話末尾，在鬥士面對自己的恐懼屠龍後，必然會返鄉完婚，這具有相當重要的象徵意義。這場戰爭的獎賞是英雄最終成了愛人。沒有自我肯定和人我界限設定的技巧，便不可能有真正同輩之愛的關係。否則便只有一人征服，而另一人讓步。這些技巧可以創造出與他人、機構或普遍的世界的正向關係，而且最終才可能去關愛和品味人生本身。

文學中許多偉大的相戀愛人，都是從彼此吵嘴開始，例如莎士比亞《無事自擾》（*Much Ado About Nothing*）中的碧翠茜（Beatrice）和班迪克（Benedict），以及珍．奧斯汀《傲慢與偏見》（*Pride and Prejudice*）中的達西（Darcy）和伊莉莎白都是如此。他們每人都具有長處、自尊和果決的條件，讓他們肯定的調和出彼此都滿意的關係。健康的親密關係需要每天每小時不斷的肯定自己、自己要的東西，以及去觀照衝突的欲望如何能融合共創彼此豐富人生的意願。

商場以及與朋友的相處也是一樣。如果你發明一個較好的捕鼠器，但卻無法行銷它，那麼你只擁有方程式的一部分而已。把自己份內的工作做好，只是邁向工作滿足的一步罷了。下一步是去看到，你因為你的工作而廣受欣賞、尊重與回饋，而這需要你具備與世界對話和影響它的能力，也就是搭建起與他人和機構的橋樑。

開始幾次，「鬥士」難免會為了達到自己的目的而過度斬殺，因此無法得到太好的結果。然而在下個階段中，他們學會運用比較細膩的政治手腕，而比較常達到目的。然而他們最後會放棄對結果的控制，並認定自己是生命之舞的一部分。自我肯定的過程遂成為它自身的獎賞，因為它每天使他們變得更是他自己。

於是奇蹟開始發生了。通常在他們放棄對某個特定結果的執著後，他們將操控別人或讓他人滿足自己的欲望放下後，「鬥士」會發現結果比他自己所敢想望的還要更好。就在這個觀點上，佛教的不執著以及基督宗教或猶太教中超越自我的神秘信念，才變得有意義，也才對英雄有所助益。

證明自己有能力保護自己，並為他們想要事物而戰的「鬥士」，往往得到他人的尊敬和自重。他們可以協調出一個對自己、愛人、朋友、同事或組織真誠的方式。生命到此境地，就不再如從前一那樣痛苦了。「鬥士」現在準備好放下他們的手臂成為愛人，去品味他們自創的世界，並且尊榮愛護自己、他人和大地。

當我們最初經驗「鬥士」原型的力量時，我們舉起手臂防衛自己，並為自己所要的事物而戰。當我們更完整地學習了「鬥士」的功課後，所有的這一切似乎都遠離我們，我們可以像我最近看到的車尾標語一樣堅稱：「手臂是用來擁抱的。」

5

殉道者

The Martyr

也許血肉之衣
不過是件當人瀕死時
漸漸寬鬆的舊袍子，
或許我們會把它丟棄
或把它送給精神貧窮的人，
那些尚不了解裸體好處的人？

——鍾格，〈生命是不癒之疾嗎？〉

殉道者原型的基本情節是由農業文明宗教的古老犧牲儀式所奠立的。因為如此，所以這個儀式所要訴說的訊息，乃是自然從春天滋長、夏天成熟、秋天收藏，到冬天凋敝的循環不息。以古老的酒神祭為例，其中包括肢解酒神軀體分灑各處，直到絲毫不剩為止。所有農業宗教的基本常識就是，死亡與犧牲是再生的先決條件。此乃自然與精神世界的基本法則。

當「孤兒」尋求從痛苦中解脫，「殉道者」卻擁抱它，相信它可以帶來救贖。前面我們討論過的醜小鴨變天鵝情節、羅曼蒂克的戀愛故事、歌德式小說、聖徒行傳，以及其他類似的掌故等，都是此一信念戲劇化與強化的結果。世界主要的宗教也是如此。誠如歐契斯（Carol Ochs）在《上帝性別背後》（*Behind the Sex of God*）中所辯稱的，猶太教和基督宗教的核心故事，亞伯拉罕願意犧牲以撒，以及天父願意犧牲耶穌便是殉道療癒力量的戲劇化！

如果你非常疼愛孩子，那麼犧牲孩子便是終極的犧牲，甚至比自己的死亡更重大。從隱喻的觀點看，甘願犧牲自己「孩子」的可能代表的意義是，超越「孤兒」自我中心的自戀心態，我們不僅要在容易的時刻付出與關愛，甚至在付出有如犧牲自己的困難時刻亦復如此。

雖然對犧牲與殉道的公評近來多屬負面意見，但是世界上卻沒有不以某種形式相信犧牲的人。此一信念的基礎是：「我不是世上唯一的人。」有時我選擇做某事，並非因為我想要，而是因為它對別人有益，或者我相信它是正確的事。為了與他人親密互動，某些犧牲是必要的。

犧牲即是捨棄自我

除了人類對苦難根本厭惡之外，我們對殉道行為的不信任還有兩個理由。我們在週遭所見的殉道行為，多數仍在非常原始的發展層次，實際上是虛假的殉道。美國媽咪和猶太母親刻板角色所誇張反映的，乃是過早被賦予「殉道者」角色的破壞性影響；她們不被允許去發現自我，或為自己所需而戰。結果是痛苦、操縱以及普遍的罪惡感和「病態」（dis-ease）。

婦女對於犧牲的光環特別質疑，因為她們所做遠超過她們應該做的份量，甚至排擠了她們生命其他領域的成長。在歷史的某個時刻，文化的工作被撕裂開來。男人被認定應在有「叢林」之喻的市場中競爭，而且在必要時要為保護家庭和土地而戰鬥。女人則被認定應在家庭中營造出關愛柔和的世界。讓家庭成為避開暴風雨的私人聖所，需要有人犧牲才行，除了養育子女之外，還需要別的犧牲。因為男人從關愛的世界中出走並選擇征服的世界，所以女人被認定應該為兩性提供照料。

一直到晚近為止，女人在這個架構中所做的犧牲都被認為是對兩性的救贖之舉。當然，這樣的安排使女人自覺無用，因為犧牲不只是成為女人必要發展的功課之一，而是決定她全部的生命。再者，愛情和犧牲的神話一直把女人「拖」（keep）在傳統有限的角色上。結果婦女運動在修辭上對犧牲一詞不甚尊敬；然而殉道卻是該運動中主要的特色，就像其他許多革命運動一樣。

例如，全國婦女協會（NOW）的總裁司密爾（Eleanor Smeal）在（一九八三年三月十八日）《辛辛那提詢問報》（*Cincinnati Enquirer*）的訪問稿中說，她了解婦女運動的工作人員，因為她也是其中一員，「我知道為什麼她們在累得半死想把電話筒丟掉時，還要再打第十萬通電話。我了解忠誠。我知道這個運動過去和現在都是她們的生命。這個運動的『精髓』就是人們的在乎。當人們不再在乎時，婦女運動亦將停止。」該份報導的記者寫道，這位女士「永遠疲累的聲音觸動了人們的心弦。」

我們在此看到的婦女犧牲，乃是比較男性典型的「殉道者」模式，為了國家、公司或理由，不眠不休地工作，並且不惜以個人的健康或幸福為代價。當然，婦女也會有經驗到男人相同問題的危險，也就是為了某個理由或抽象的概念而付出，卻沒有特別注意到她們的行為對個人的衝擊。例如，父母為了提供孩子美好的將來而晝夜不分的工作，但是卻從未真正了解自己的孩子；政客為「人民」工作，但是卻藐視沒有權勢關係的百姓。

對於我們文化中的婦女而言，犧牲本身就等於價值。不僅為某人或某事犧牲具有救贖之意，即便是苦難本身，特別是為愛而遭逢的苦難，更具有贖罪的效力。傳統的文學作品一直鼓勵這種態度。例如，英國《坎特伯里故事集》（*Canterbury Tales*）中「周舍充滿耐心的葛麗絲特」，便被描繪成一位完美的中世紀妻子。即使當丈夫冷落她、娶進新歡，並假裝殺了她的小孩時，葛麗絲特仍然持續的愛著他的領主（丈夫）。在整個過程中，她耐心的侍候著他。最後丈夫終於看到她的價值，認定她才是理想的妻子、趕走新歡、找回孩子，從此過著幸福美滿的生活。

但是對許多現實生活中的人而言，犧牲並未帶來這本小說中所描述的回報。妻子也許不斷的犧牲，想要贏得丈夫或孩子的愛及肯定，但卻發現更被視為理所當然。雇員可能為公司放棄週末及夜晚的休假卻得不到回饋。事實上，人們往往在看到「殉道者」為他人犧牲自己時，卻假定他們沒有自尊心，並且因此看扁他們。

許多教徒試圖表現得非常「好」，以便取悅上帝。他們認為如果他們這麼做，便可以不必受到其他人在生活中經驗到的試煉與痛苦。但如果事與願違，他們可能會大為幻滅，失去他們信心，宣稱上帝已死，或者會變本加厲的努力，企圖改變他人的信仰，要將內外的原罪完全清除，希望藉此為他們自己找到人生苦難的豁免權。「殉道者」已經了解到，人生需要做的不止是消極的等待救援而已。他們相信只有苦難與艱辛工作才能得救。基於這種原始的方式，「殉道者」非常努力的去取悅上帝、雇主和伴侶。他們想要的是愛與尊嚴。為了贏得亟需之物，他們有意無意的做此嘗試。當他們有這種想法時，他們就不會認為人只要活著就值得被愛，所以他們便討價還價。當代電影「阿瑪迪斯」（Amedeus）以極端病態的方式說明了這個傾向。電影中的主角沙里耶律兒時與上帝議價說，只要上帝讓他成為偉大的作曲家，他願意勤勉、順服和貞潔。他果然成為一位很好的作曲家，對自己和上帝都很滿意，直到他遇見莫札特為止。莫札特叛逆、傲慢、放蕩，又絕不貞潔，然而當他在創作上卻下筆成章，毋須更動分毫。沙里耶律最後認定，上帝把默默無聞的莫札特變成神聖的樂器，而不是有德行的沙里耶律。這樣的不義巨大得讓沙里耶律無法承受，於是他向莫札特和上帝宣戰。

這個多數人殉難的初階心態，其實是虛假的殉難。行動是犧牲的，形式也正確無誤，但是目標與「孤兒」的一樣，就是要找到被拯救的方法。在這個模式中，「殉道者」不僅因為想要贏取上帝和他人的認可，而多數時間卻覺得自己被剝削，和沙里耶律一樣，他們往往也十分憤怒。其他人遵循他們訂定的遊戲規則，是很重要的一件事，因為除非其他人遵照同樣的遊戲規則，否則他們無法相信犧牲會有回饋。他們需要未婚懷孕婦女受苦（因此他們可能會禁止墮胎），否則他們的貞潔會比較沒有價值；他們需要領救濟金的人受處分，否則他們辛勞的工作便不具意義。和沙里耶律一樣，他們最憤怒的是那些嘲弄規矩卻輝煌騰達的人。不讓這種人長久得意，就成為他們的工作。在這個層次上，他們需要看見別人受罰，才會相信他們的良善可以帶來豁免。

更糟的是，殉道通常被用來掩飾怯懦。「殉道者」可以躲在這個善良無私面具背後，以逃避認識自我或採取立場的探索旅程。婚姻關係中傳統性別角色的主要訴求在於，伴侶毋需自我認識。再者，由於角色被文化如此細膩完整的塑造，因此真正的親密與相知便沒有必要。這一切都非常美好而安全，只是對個體發展卻是致命的傷害。

殉道對女人是陷阱的原因在於，它讓婦女在個人成長及對世界做出有意義貢獻的議題上脫節。當婦女害怕自己不夠好，或者文化會因為她們膽敢宣布進行英雄之旅而加以懲罰時，她們在自我犧牲這個明顯的美德下尋求庇護。

如果女人在事業上有了麻煩，例如，她害怕失敗，或她很難適應男性職場中的「鬥士」文化，或者她因為在事業外還要兼顧所有家務而精疲力竭，那麼她便可以選擇看似無瑕的逃避，決定辭職回家照顧孩子。當然在某些情況下，決定留在家中照顧小孩、老人或身體虛弱者是恰當的，但是因為害怕失敗、不能肯定自己在職場上的需要與價值，或者不能堅持配偶及家人應分擔家務，而把他們當作藉口，則是不誠實的事。同樣的，當今華盛頓特區的每個男人辭退高官時的藉口，他們都宣稱想要回歸私人生活，能與家人有更多共處時光。雖然這些案例中有些可能是真的，但是這種「強調家庭溫暖」（mom and apple pie）的說辭，使他毋須表白離職的真正原因也一樣真實，不論是因為他們對白宮政策不同意，對某個狀況嗤之以鼻，或者無法聲稱公職人員也有權利享受家居生活。

具有轉化力量的犧牲

犧牲並非永遠可以被當成操縱上帝和他人的方式，叫他們給你想要的事物，或者被當作是逃避挑戰、冒險和痛苦的方式；它也可以被自由的認定是真愛與關懷的表達。在較高的層次上，「殉道者」並不試圖以交易的方式解決自我，而是相信犧牲自己可以解救他人。這是基督犧牲救人故事的意旨所在。因為神是如此的愛世人，所以神子耶穌以最殘酷的方式犧牲，為世人贖罪並打開天堂之門。同樣的，發覺生命痛苦毫無意義的當代存在主義支持者，往往會投身社會運動，並擱置欲望的立即滿足，而致力於把世界變得更好。同樣的生命衝動也可以在父母的身上看到，他們對改善自己的生活不抱希望，但是卻會為為子女營造更好的生活而犧牲。

即使自我犧牲也決心關愛他人，乃是選擇生命而非絕望。這也是人類著力幾千年的主要精神課題；誠如我們所見，這也是基督宗教、猶太教，以及許多左派人物與自由派政治的本質。

我最近和一位朋友談起這本書，他說對他而言英雄是忍受生活試煉和苦難的人。當我進一步追問時，他說他還有其他深意。他繼續說道，英雄不只忍受痛苦，他們也保持對生命的熱愛、勇氣，以及關愛他人的能力。不論他們遭受多少痛苦，他們絕不會把它轉嫁給他人。他們吞下痛苦並宣稱：苦難到此為止。

對某些人而言，以關愛為名從無故受苦到犧牲的轉變，讓他們感到驕傲與自尊，同時也是脫離「孤兒」階段的轉捩點。女人可能會對自己或他人解釋說，她不會墮胎、不會把孩子交給托嬰中心，也不會忽略丈夫自私的去追求事業；她的丈夫也可能解釋說，他不會像其他人一樣繞著太太團團轉，不會做奸商，也不會忽略孩子，儘管如此他會失去許多玩樂和賺錢的機會。

在原始的「殉道者」道德中，母親為子女犧牲是本份。她們的女兒也會繼續為她們的孩子犧牲。父親和兒子在接到徵召時，則應自願為國捐軀。每個人都會為神而犧牲自己，或者更精確的說，他們犧牲自己那些有罪或錯誤的部分以成全善。除了犧牲之外別無其他。它本身成為目的，也因此無法為社會帶來進步。事實上，這種犧牲為世界累積的痛苦更增添一筆。

這就是小說家海勒（Joseph Heller）的小說《第二十二條軍規》（*Catch*－22）所描述的情況。主角尤杉霖（Yossarian）逐漸明白他所生活的社會系統（二次世界大戰的陸軍）完全被苦難所籠罩，而每個受傷的人又再去傷害別人：「有時總要有人出來做點事。每個受害者都是囚徒，每個囚徒都是受害者，有時總得有人站出來打破這個危及所有人，由繼承的習慣所形成的差勁鎖鏈。」雖然他被告知所執行的轟炸任務是為了解救家園與國家，但是卻逐漸了解此一任務是解救米羅麥德賓德（Minderbinder）公司的跨國利益。所以他停止飛行。尤杉霖知道他並不一定能自由，因為陸軍可用軍法辦他。然而，出更多飛行任務造成的無意義痛苦不再，他的拒絕具有正面的效應。至少，他依據自己的價值生活，並重建完整的人格。在最好的情況下，其他隊友也可能拒絕進行更多的轟炸任務。屆時痛苦的鎖鏈或許可以被打破。

尤杉霖了解到，他被迫所做的犧牲不僅不具有轉化的功能，反而對自己和他人具有強烈的破壞作用。只要他繼續執行轟炸任務，他便是與屠殺雙方無辜百姓的勢力妥協。說「不」的選擇也是犧牲——也許是光榮解職，返鄉後贏得尊敬和就業機會；然而說「不」的這個犧牲是具有轉化功能的，因為他針對情境的實際需要，做出合宜而勇敢的反應。

真誠奉獻生命以使世界更好的偉大政治，和宗教殉道者的犧牲，便是這種具轉化功能的犧牲。人們捨己救人的行為也同樣高貴；例如，幾年前在暴風雪中墜落波多馬克河（Potomac）的飛機，有位乘客待在河裏幫忙救出多名同行乘客的義行便是。他最後由於過度疲累、失溫和溺水而死去。

我們不止在捨己救人的義行上看到這種高貴的犧牲，同時也在一生從事助人工作者的身上看到。我想到的著名例子是印度的德雷莎修女（Mother Teresa），還有我們社會中許多只因關懷他人，而從事薪水及升遷回饋極少而工作的人們。他們或許在日間托兒所工作，或在老人之家照顧老者，或在社區組織工作上著力，或在其他許多地方幫助人們改善生活。雖然絕少有人知道他們是誰，但是他們每天都在盡力把世界變得更好。

雖然回報不一定能變成具體的財富或權勢，但是真誠的犧牲卻具有轉化的功能，不會造成的傷害。我們怎樣知道自己的付出是否合宜呢？當你覺得這麼做與自己的認同相符，並得到自我的成長時，便是合宜的付出。**我們終究必得從自己所願犧牲的事物來了解自己**。偉大的殉道者如馬丁路德・金恩博士（Martin Luther King）等人，他們對自己以及他們願意犧牲的主義和原則，是如此的信任，而不願毫無作為的苟且偷生。德雷莎修女也一樣，她與遊民和瀕死者一起工作，因為這才是真正的她。對大多數的我們而言，決定何時以及如何犧牲，可以幫助我們學習認識自己。

犧牲與認同

就像各種技能一樣，犧牲的能力總是需要某些良好的調整。犧牲些許睡眠安慰做惡夢的孩子是一回事，母親為孩子犧牲一輩子則是大不相同的事。父親為了養家而犧牲今天想去釣魚的計劃是一回事，他為家計從事自己痛恨的工作四十年，也是截然不同的事。當然需要做出這類極端犧牲的時空與情境是存在的，當它們確有必要時（通常很少有），其犧牲是高貴的。但是通常如此重大的犧牲，如果不是怯懦的結果，便是無法分辨是非，混淆了必要的犧牲與危及殉道者本人及其週遭人物生命安危的差異。

付出與不健康的「縱容」（例如為他人的依賴或不負責任撐腰）之間只有一線之隔。有時我們的付出，一直在幫助那些把我們的贈禮與能量，用來持續他們毀滅性模式的人。這種行為在幫助成癮的共生關係中再明顯不過了；在此一關係中，某人似乎完全無我地幫助他人，但是事實上卻使對方養成像藥品成癮或其他自我毀滅性行為的致命習慣。此外，父母在子女早該自立時，還長期在財務上支持他們，也是同類例證中較不極端的形式。縱容行為在家庭主婦身上重複出現的情境則十分明顯，她把家裏的一切料理好，以便她的丈夫可以繼續專心的工作。

有個簡單的測驗方法可以決定個人究竟是付出還是縱容；如果我們付出時有被利用

的感覺或自鳴得意的認為高人一等，那麼就應該注意是怎麼回事了。**健康的付出會讓施者與受者皆同感尊重**。假如殉道者不能體認到，其他有能力的成人能夠照顧他們自己，那麼他們便會使對方感到自己無用的。要不是他們利用付出讓自己覺得高人一等，便是在遮掩自己亟需矯正的缺失。他們會在不斷使他人依賴的過程中獲取既得利益，並在被他人需要和自己覺得是重要人物的過程中得到滿足。最後，如果殉道者覺得施比受更偉大的話，則很可能會有不當的施與，也會拒絕收到的禮物，所以他們總是有受騙的感覺。

在最好的情況下，我們不會因為他人而犧牲自己；我們幫助他人，也同時在決定的過程中鍛鍊和鑄造自己。我們為了某事而犧牲部分我們能夠成就的事，並因此而割捨了一個自我和認同。如果我到商店去，買了朋友愛莉沙和我都會買給兩人各一份的東西時，這是付出但卻不是犧牲。但如果我的錢只夠買一個時，怎麼辦？於是我便面臨了一個困難的抉擇。我會犧牲自己的欲望而買給她嗎？或者我會買給自己？不論如何，我都必須捨棄其中之一，不是取悅自己就是取悅朋友。在金錢、物質和時間都缺乏的情況下做選擇，可以幫助釐清此刻對我最重要的事物為何，也因此更加了解自己。就這個意義而言，如果我誠實的選擇，而不是因為我應該這麼做，那麼無論我選擇那一項都是贏家。

我們文化中有關犧牲的許多概念都令人感到困惑，我們的語言與注意力都集中在事物的外在形式上。讓我們看看兩個為撫養兒女而放棄自己事業的母親。表面上兩人都為盡母職而犧牲。但是當我們深入探討，將發現兩人的過程是非常不同的。

蘇珊娜是個統計工作者。她熱愛工作，且正逐漸發展出她的專業技巧和信譽。當她發現自己懷孕時，她感到非常痛苦，因為她深信母親必須守著家中的孩子；但她真的很想工作。最後她決定選擇孩子的幸福優於自己，便待在家裡，但卻一直盼望重回工作的那天到來。

麥德琳則是位相當出色的新聞記者。當她決定放下這份蒸蒸日上的事業回家照顧兒子時，人們都感到十分驚訝。事實的真相是，她覺得自己已經從新聞事業「結業」了，截至目前為止她已學到那兒所能學的一切。依她過去觀察事情的觀點而言，她已發展出她的「陽剛」面，現在是發展其「陰柔」與哺育面的時候了。她知道自己過去相當強悍。現在她要學習溫柔些。幾年後當她再回去工作時，她所報導的故事更添深度，而她的強悍也摻雜了更完滿的人性與更深刻的慈悲。

在這裡我們清楚的看到，麥德琳相對無痛的犧牲，是如何與她的個體化過程配合無間。蘇珊娜也是一樣。她因為相信與孩子待在家中比自己擁有事業更重要，所以她的路程比較艱辛。假如她把這項抉擇看成是她自己的責任，那麼這也可能成為她生命中的一大步。或者如果她後來發現這不是自由的選擇，而只是被制約的產物，那麼她仍將有所學習，並且可以重新選擇。但是如果她在兩種情況下皆不願為其選擇與後果負責，那麼她有可能因為更痛苦和責怪丈夫（其實她可以叫丈夫表明立場支持她的新選擇）或孩子而毀滅了自己和家人。於是雙方都付出代價。

適度的犧牲偶爾會使「殉道者」對自己的工作價值與奉獻，以及和他人相處的價值與承諾有更深的了解，從而使他們更能表現自己。相反的，不適當的犧牲會使他們失去與自己的聯繫，以及享受愛與親密關係的能力。結果可能會出現某種異位的經驗，也就是用他人的身分來替代自己。於是狀況便很危急了，別人要依據他的期望來生活。

例如，為孩子犧牲的父母幾乎總是要求回饋，孩子要竭其一生的奮鬥成功、善盡本份和關心父母，以證明父母的犧牲是有代價的。於是孩子不被允許做他們自己。但是如果父母的付出是適度的，能夠反思自己的需要並予以滿足，那麼他們便不會要求回報，如此他們無疑地也會欣賞孩子對他們的愛和感恩。

記得不久前報上有一則令我深受感動的故事。有父母失去了他們的幼子。在接受訪問時，他們強調的不是喪親的巨痛，而是對能與幼子共度十六年時光的感恩。他們毋需看著他長大成功，以便覺得他們的努力和相當大的犧牲有了「回饋」。養育的經驗本身就是最佳的回報。

類似的情況發生在我最近與一位從事按摩治療工作朋友的談話中。她說她察覺自己不斷向人們暗示，希望人們稱讚她很棒，以表示對自己的工作表現激賞。她覺得自己為工作付出甚鉅，所以希望能得到費用以外的回饋。後來她發覺自己熱愛的是這份工作。那是她竭心盡力投入的工作，按摩工作本身便是回饋。後來她更發覺自己絕對有權利要求得到他人的稱讚。隨著自信漸增，週遭的人對她的激賞也隨處可見。原來是擔心不被關懷的原始恐懼，才使得她試圖控制努力的成果。當她對自己和世界的信仰增強後，她既可以為付出而付出，也同時知道她可以擁有自己所需的一切：足夠的金錢、朋友、愛和欣賞。

當我們觀看世界曾有像耶穌或甘地這些影響深遠的殉道者時，就不難理解為何某些人會視犧牲為光榮之事了。然而，在更複雜的分析層次上，我們卻不必認定因為有他們的範例，全世界都需要為此殉道。世上有許多不同的使命，也有許多不同的道路。對耶穌而言，自由地為愛而死是生命的完成。對另一個人而言，殉道可能只是對生命嚴苛考驗的逃避。**智慧萌芽於我們開始有能力分辨何者是具有轉化功能的犧牲，何者是因為我們太軟弱或缺乏想像力，而無法想出更愉悅生活的方式，只是為犧牲而犧牲。**

有些犧牲是生命的必然。每個嬰兒的誕生必定伴隨著痛苦。對母親而言，這是妊娠之苦；對於孩子而言，則要歷經產道折磨之旅來到一個陌生的世界。若不離開童年則不可能成人，若非死亡也無法離開世界。對人、信念和工作有所承諾的代價，就是失去選擇其他可能的自由。誠如歌星賈普林（Janice Joplin）在「我和鮑比麥基」（Me and Bobby McGee）這首歌中所唱的：「**自由就是再也沒什麼可以損失的了。**」唯一能完全自由的方法就是不做承諾，但也就一無所有。

潛藏在許多禁慾主義背後的信念是，只要我們不是真的活著，就不會死亡。美麗、肉慾與熱情都遭到懷疑，因為它們以俗豔裹住我們，誘使我們遠離上帝的永恆之美。因此，**禁慾者以及所有害怕徹底經驗生命的同儕，便無法全然接受生命，同時也使我們遠離它的賜福。**人類心靈深處的恐懼是，我們會為享樂付出極大的代價。這在新教的基本教義派及天主教信仰中明顯可見，他們深信肉慾享樂可能會招致永恆的天譴。

我們向來被教導要對他人有所回饋，並以既定的方式回饋。我們無法全然地接受他人的給予，因為我們把付出看成是美德，而把接受看成是自私與孤兒般的行為。也由於我們的自尊是從高尚的利他行為而來，因此我們無法覺察到自己每天都在大量的接受。**要善於付出，也要善於接受，兩者缺一不可**。

一旦我們在某種情境或關係中把自己看成是個付出者，那麼我們便可能會忽略自己同時也接受了許多。這種情形在父母身上最為真切。記得某天已經超過我對女兒所能付出的極限。我完成當天特別繁重的工作後返家，簡單弄了點東西給她吃，匆忙帶她和她的朋友趕去上體操課。上課地點很遠不適宜返家再來，於是我饑疲交加的等了一個半小時，而當她課後鬼混不馬上出現時，我還得緊忍著脾氣不發作。匆忙回家後幫她洗澡，穿好睡衣上床，讀床邊故事。而我仍然沒有時間吃飯，或換下工作時穿的衣服。

後來她以相當可憐的聲音要求我唱歌伴她入睡，我極不悅的說：「我累了。有時候你也要為我設想。」當她轉身入睡前，伸出小手觸摸我的臉頰說：「媽咪，我永遠都想著妳的。」她的聲音中充滿了愛，我覺得她完全了解我、愛著我。這份禮物與我帶她去上課和為她做晚餐的價值是同等的。但是如果我執著於母職是犧牲的觀念，那麼我將無法聽到她的愛以及她簡單真誠的告白。我仍將覺得自己被掏空，而不是突然間如此充實。

在撫養她的過程中，我也和自己內在的那個小女孩重新連結，有機會再度學習遊戲，以及經驗每天的喜悅和愛。當我讓那種感覺完全進入自己時，我知道她帶給我的至少不會比我跟她分享的少。人際關係絕少是單向的；治療師向患者學習，老師向學生學習，傳教士向教友學習。如果能量並非雙向對流，那麼必定有問題。如果付出與接受之間能夠暢通無礙的進行，那麼雙方得到的都比付出的多，因為此一過程強化並豐富了交換的能量。當然，學習適當的付出或犧牲與學打棒球一樣困難。剛開始學習時總難免笨拙，讓人們誤以為我們要得到某種回饋。或者，像為家庭而放棄事業的母親，以及為了養家而待在自己厭惡工作領域的父親一樣，會過度使力。但是當我們逐漸純熟後，我們的投接球就會和職業球員那般自然的收放自如。一切看來都那麼容易，投球、接球，然後再投出去罷了。

我們最初的犧牲似乎是從我們身上擰出來的，彷彿放棄了自己重要的部分。後來我們才明白，放棄自己重要的部分是絕不恰當的。我們適合犧牲的事物，應該是那些我們已準備好釋出的東西。對多數人而言犧牲是痛苦的，因為他們總覺得，如果事情後續還有發展，他們必須要加以操控。如果他們認為當球投至一壘後，必須再把球從一壘傳回來，那麼他們可能要極度失望了。不過球遲早會從三壘或左外野傳回來。事實上，他們若是不對回饋的形式抱持特殊成見，而能確信自己終能得到他們所需的事物時，那麼他們會發現自己滿手都是球。

我們愈是能用這種自由的方式付出，我們得到愈多，因為自然厭惡虛空，它會充實我們。換言之，除非我們誤解犧牲，把虛空的狀態當成是靜止之物而非過程中的某個階段，它確實會充實我們。否則我們便會使我們要的東西空虛、枯竭。

當我們學會施受並行，我們便能進入施與受的流動中，那是愛的本質互惠。以這種方式互惠，則能量的流動不是單向的而是雙向的。**我給你，你也給我，我們都充分接收了能量。**耶穌說：「愛鄰人如同自己。」然而犧牲已被誤解為愛鄰人「而非」愛自己。

要使犧牲或其他事物具有轉化功能，就必須接納外物。這是為何基督在上十字架前，要他的門徒以「記住我」為由聚餐慶祝。這也是為何希伯來人享受逾越節特餐，以慶祝出埃及記的原由。吃是接受贈禮的強力象徵，因為不被接受的不是真正的禮物。

像付出一樣，接受也需要某些技巧和花些心思。有些人儘管週遭滿是贈禮，但卻加以推拒，因為他們不知道自己有接受的意願。他們想到的只是，因為有人送他們東西，他們必須接受，所以忽視它的存在會覺得安全些。成熟世故的接受方式涉及選擇的嚴峻課題，以及為選擇特定對象、排除其他對象的決定負責。是的，我願意和你而不是他結婚。是的，我願意和你而不是他一起工作。

有時候我們無法接受贈禮，是因為我們擔心必須回饋。這種契約式的贈與往往是一種操縱。雖然我們可以憑直覺拒絕那些附帶有不合理期望的贈與，但是也必須警覺，有時我們只是把我們的恐懼投射到贈與者身上。

當我們能將自己的期望明白的告訴愛人時，親密關係中的溝通會大有進展。因為幾乎每個人都會贈與他人自己想要的東西，而不了解他人所要的可能是非常不一樣的東西，因此針對這類期望交換意見是非常有幫助的。我曾經與一位覺得我並不真愛他的男士有段關係，他認為我不愛他是因為我不會為他做縫襯衫釦子這類小事。當他告訴我這點時，我很生氣，因為我覺得他是個男性沙文主義者。後來我明白他並不是要我成為傳統的女性，而是他以為愛就是要以替對方做些生活小事的方式表達。但是我心目中愛的表達就是要說「我愛你」，並且分享心中的秘密，所以也覺得他不愛我，而未察覺到他是以替我歸還過期圖書的方式來表達他的愛。要能夠比翼雙飛，就必須要學習彼此付出的語言。

承諾

對許多人而言，即使只是想到要對某人做出重大承諾，就會驚恐異常。例如，與此人結婚雖然不錯，但是萬一有更好的人出現怎麼辦？或者萬一他離我而去怎麼辦？萬一他事業失敗怎麼辦？萬一她變成她母親的模樣怎麼辦？萬一她得了癌症，而我必須照顧她怎麼辦？**承諾就是在未知中承擔風險**。不過不止如此。誠如阿爾比（Edward Albee）的小說《誰怕吳爾芙》（*Who's Afraid of Virginia Woof?*）中，喬治暗示瑪莎所說的：「是的，這樣就夠了。」這是以真實有缺憾的人來替代完美伴侶理想的寫照。當我們真誠自由而清楚的知道自己在這麼做時，結果將會是具有轉化功能的。如果承諾是雙向互惠的，那麼這將創造出親密歡樂的神奇關係來。如果承諾不是雙向的，它仍然可能帶來個人的轉化，因為通過承諾我們可以學習到完全摯愛的技巧，而不會對此經驗畏縮不前。而且我們還可以從失去至愛中學習如何生存。

我們與生命的關係也是一樣。承諾妥善經營此生，意味要拋棄世界理應如此的僵硬想法，只是愛它本然的樣貌。這當然並不表示我們不再認真改善世界或經營關係。它的意思是，我們可以放棄失望的理想主義者立場，而讓我們自己了解，能生存在這個世界上是多麼幸福的一件事。讓一切盡入我心。這也意味著我們必須放棄貧瘠的概念，不要認為沒有足夠的地方讓我們去逛，或我不滿足，你不滿足，世界也不滿足。

捨棄的能力

當我們學會適當而技巧的付出和接受時，結果將妙不可言。幾年前我有機會參加一項「美國原住民捨棄儀式」，使我了解放棄身外之物，以及贈與他人需要事物的過程，能夠如此神奇而無痛的匯聚在一起。我們在儀式前被告知要帶回對自己有價值（不必然具有金錢價值），以及我們心理上已準備捨棄和向前邁進的事物。我們要將它放在祭壇上。然後我們走過祭壇，取走那個與我們相應的物品。我們在會後的討論中發現，每個人都奇蹟似的收到最適合的禮物。我從這個經驗學到的是，同步現象（synchronicity，有意義的偶合）奇蹟確實存在，而且還是經常發生！

只要我們不囤積，便都能夠滿足。我們的工作是要徹底欣賞珍惜我們真正需要和擁有的事物，同時捨棄我們不再需要的東西。「我們捨棄的能力對宇宙訴說的，乃是我們接受的意願。」我們毋需緊抓事物不放，以防被雨淋濕。只要我們自由的捨棄，我們就能自由的接收到所需之物。

一九七〇年代初期，石油短缺成為威脅。於是汽油被認為是稀有的，儘管供給依然充分，人們卻因為恐懼而囤積。諷刺的是，對不足的恐懼竟是自成的預言。當人們相信物資充足便可自由的分享，於是「就」充足了。一九三三年羅斯福總統所說的話仍然還是真理：「**我們必須恐懼的，只有恐懼本身。**」

我們徹底接受生命的能力，在心理上與我們捨棄生命必需之物的意願有關。換言之，即使明知竭盡所能的愛，會開啟痛苦與哀傷，我們依然無悔；即使冒著失敗、貧窮、沒有報酬或不被欣賞的危險，我們仍舊要忠於職守的為事業奮鬥；最後我們要面對死亡，因為這是生命的代價。

接受死亡

「流浪者」、「鬥士」與「魔法師」逐漸學習到如何成熟的掌控他們的生活與命運。諷刺的是，只有具備了此一掌控能力，英雄才能放下，並學習到殉道的最後一課——接受死亡。死亡是自然的本質。有了秋天的落葉，才有春天的花開。包括人在內的所有動物都靠吃別的生命為生。不論我們怎樣否認，人乃是食物鏈的一環。我們吃植物和動物，然後排泄廢物灌溉土壤，這樣才能有更多的植物滋長。每個生命的呼吸都依賴我們與植物的共生關係，我們互相交換氧氣和二氧化碳。死後我們腐爛的屍身又滋養了泥土。這就是古老農業文明的宗教所要教導我們的。

這個關乎生死以及愛與犧牲的宇宙之舞，與遠離生命的禁慾苦行無關。它所述說的故事乃是愛洛斯（Eros）——熱情。它要我們拋棄失落的恐懼（包括我們對死亡的恐懼），進入生命和生活的狂喜中。美神、愛神和酒神供應我們生命，他們不僅提供世俗的、性愛的和短暫的享樂，同時也提供神聖的、精神的和永恆的歡樂給我們。在這齣生生不息的戲碼中，我們的愛，甚至我們的欲望都是宇宙幻化再生過程中的一部分。諸神並不因我們的必朽而不愛我們，相反的，正因為我們的必朽，所以祂們熱愛我們。

我們的生命是我們對宇宙的貢獻。我們可以自由而充滿愛意的將它交出來，或者我們可以退縮，以為拒絕生命便可逃避死亡。但是沒人能做到。從未好好過活的人，死亡又能壞到那裡去呢！**「殉道者」的最後一課是選擇將生命這份贈禮無條件的交出來，明白生命本身就是回饋，同時記住生命中所有的小死亡與小失落，總是為我們帶來轉化和新生，死亡並非終結，只是進入未知前更戲劇化的通道而已。**

在我們願意將自己交付給生命之前，我們總是會困在殉道的心結中；雖然我們也許能以思辨拒絕犧牲，但是我們將會發現，我們無可避免的會成為自己流浪、戰鬥與幻術的殉道者。愈是自由無畏的付出，愈不會有犧牲的感覺，也愈會覺得只不過是在表達自己罷了。**最終我們學會生命終究是一體的，而將我們結合在一起的乃是愛。**

6

魔法師

The Magician

她吟唱出一方天地，
這方天地由她一手創造。
當她開口吟唱，不論海洋的本來面貌是什麼，
都會成為她所歌誦的面貌，因為她專事創造。
因此，當我們看見她踽踽獨行，
我們了然於心，在她的眼裡，
除了她所歌誦的世界之外，
除了她的讚頌所創造的世界之外，無物存在。

——**史帝文斯，〈奇威島上的秩序觀〉**

每個文化都有個述說創造的故事；一個女神產下了宇宙蛋，或一個神靈唸出魔咒，亮光就出現了。魔法師原型教導我們有關創造和無中生有的能力，並且確認我們的角色是宇宙的共同創造者。不過，我們不會因為這個角色而成為世界上最特殊或獨一無二的人，因為我們不僅與諸神分享此一角色，也和最底層的人性、各種植物、動物、大山、溪流、星辰等萬事萬物分享此一角色。然而，**不論我們如何與宇宙中的各種創造者共生，最終我們還是創造了自己和自己的世界，並且要為我們自己的生命負責**。

在旅程中，當我們踏入魔法師的領域，開始為自己的生命和對這個世界的影響負責之後，我們會發現，魔法師既不是唱一首古調就治好一名垂死病人的術士，也不是調製一盅怪味茶就能決定戰爭勝負的巫婆或隱士，這只是從孤兒眼光中看出去的魔法師。我們會發現，**魔法師不是別人，而是我們自己**。走到這一步，英雄終於相信，宇宙不是一個靜態的東西，它是一個過程，每一分每一秒都在創造的過程。我們每個人都被捲入這場創造，因而，大家都是魔法師。

我們不可能不做魔法師，我們不可能不整修和統籌生命，胡亂過生活。但是，除非我們先放棄孤兒的想法，認為世界上有一個會救我的魔法師，或有個會傷害我的魔法師，我們才能負起創造自己生命的責任，同時，除非我們設法掌握認同和使命的大方向，否則，我們永遠都有誤用能力、造成毀滅的危險。其次，我們還要紓解自己的鬥士情結，不然，我們也會誤用魔法師的優勢去試圖操控別人。妄想省掉探索之旅，直接訴諸法力來解決問題——這個誘人的想法，使得新時代運動（它們大量而有條理地採用魔法師的觀點來看待世界）遭致某些人的惡評——主要是由於部分新時代運動的推廣人士，在尚未完全了解魔法師的精髓之前，就貿然抓住某些魔法師原型的觀念不放。比如說，他們將負責任和指責別人混為一談，往往淪為指責他人應為自己的問題負責任，卻忽略了人只能為自己負責任。某些人只發展到孤兒階段，卻抓住魔法師的想法不放，希望藉此逃避探索之旅。

在徹底解決殉道情結之前，就想要完全體驗魔法師的本領，乃十分困難之事。因為，唯有當我們毫無畏懼地將自己交給宇宙，確信上天已賦與了我們最適當的才情，並且相信我們是上天、別人和自己真正需要的人，這時候，我們才會完整體驗到魔法師的法力。不然，在搞不清自己是誰的情況下，我們只不過是在東施效顰、濫用天賦，扮演一些我們自以為應該的角色。

做為孤兒、流浪者、鬥士和殉道者，我們發現自己所認同的角色，總是把世間想像為充滿了仇恨和危險的地方。然而，做為魔法師，我們將宇宙看成家鄉，一個友善招呼我們的地方，於是，我們又回復了天真者的心情。我們明白，和生命的關係有如與理想中的愛人一般。我們進入關係的時候，雖不免游走在恐懼的邊緣——我安全嗎？我會被愛嗎？這是對的人嗎？我正在犯錯嗎？——然而，透過一點一滴，發現可以放心信任，我們才會放下防衛，共創生命之舞。

魔法師明白，我們不是生命的受害者，我們是上帝綻放的一部分。到此階段，我們終結了鬥士和殉道者二元對立的世界觀，人和宇宙不是對立的。我們明白，每一個人都以原來的面目對這個世界有所貢獻，無需壓抑本性向某些完美的理想臣服，我們可以盡情做自己，愛我們所愛的人與物，從事使我們身心都愉快的工作。

這意味著，我們終於放棄幻想，不再以為生命可以被迫符合人為的腳本，不再將別人捏塑成理想中的完美伴侶、朋友或雇員，甚至不再將自己塑造著去符合想像中應該的模樣。魔法師和流浪者將生命看做一連串發現的冒險之旅，但不同的是，即使有時知其然又不知其所以然，魔法師也會安然過活，為自己創造出的世界負責。

魔法師很堅強，但和鬥士的強悍不同。鬥士們強迫做自己不敢做的事，掙扎著面對許多不尋常的事物。魔法師則發現，在更深的生命層次裡，如果不能跟宇宙一起流動，就不要勉強有所作為，如果違抗它，不論用多大的意志力、技術和勇氣或智慧都不能助他達到目的。在此，他們看到一個新的紀律，那就是清明與果決的意志力，永遠必須與內在最深沈、最明智的本我取得協調一致，才可以有所行動。

在這個層次上，要求停下來與內在真實的自己互相接觸的紀律，魔法師對自己的要求，實不亞於鬥士。但是，魔法師的紀律卻以謙遜的脈絡來運作，走向某種正向的宿命論：不論我們的欲望多麼強烈，不屬於我的，就分毫不取。魔法師知道自己不是宇宙的中心，這份自覺並不會讓他們沮喪，因為，他們知道自己是重要的，他們個別的選擇和行為累積起來，將與萬物共同影響宇宙的造化，同時，和殉道者一樣，他們知道，唯有將自己獨一無二的天賦奉獻給宇宙，才能找到真正的快樂和滿足。

當鬥士還在尋找因果關係的法則時，魔法師已經在練習魔法了。魔法從不按牌理出牌，其中沒有因果法則。我們了解醫師用消炎藥治療發炎，也相信原型的屠龍方式，這是一個因果關係，我們對症下藥。但是，我們卻不太能了解像耶穌這樣子的魔法師，當他們說：「你可以下病床走路了。」這麼簡單的一句話，卻如此深具法力。殉道者、流浪漢和鬥士常常懷疑這種療法，一般人也迴避靈療及信仰療法，歷史上除了少數死後才被傳頌的聖人之外，許多有頭有臉的人都鄙視靈療。

魔法對某些意識層次是危險的，因為，它正好滿足了孤兒的欲望，渴求立即獲得外來的拯救。而殉道者、流浪漢和鬥士卻有不同的學習之道，他們必須接受相關的苦難、追尋和磨鍊，才可以得到最後的療癒。

只有魔法師才懂得，恩寵並不是異常的事件，它是一股可被我們運用的能量。當我們所熟知的技巧、日常解決問題的方法均告失效，我們感到生命力枯竭的時候，只要懂得與宇宙的終極能量取得平衡，就能夠接通這股能量。宗教信徒稱之為與上帝交融無礙。世俗心態較重的人會說，他們只是學著拋開內在的無力感，讓來自外在的能量導引他們。這股能量有許多名稱，在電影「星際大戰」（Star Wars）中，它被叫做「大能」（The Force）。一般人不認為這是什麼神祕或魔法的能量，但有時卻感到確確實實體驗到和宇宙一起流行共舞，每件事都流暢得如有神助。

無論如何，魔法師致力於和超自然及自然世界和諧共存，要做到這一點，他的內在必須平衡而整全。魔法師不但要見習魔法師原型的各項功課，還必須歷練本書所討論過的所有原型。最棘手的是，他必須先解決孤兒的兩難情況，好讓自己信任並且臣服於一個比自己更高的力量，這個力量說：「你將被完成。」當然，魔法師對此的了解有別於孤兒，孤兒認為執行上帝的旨意必須放棄自己，不然就是無知、自私和反叛。但是，一旦我們修煉過許多流浪者的功課，獲得深層的自我認識，就會減少許多二元對立的衝突，我們知道自己是上帝的一部分。又因為知曉自己是上帝的一部分，所以，我們的意願和最深層的美善也正是開展中的上帝的一部分。

當魔法師謙遜自持，明白了我們是偉大的、不斷開展的創造過程中的一小部分，那麼，宣稱自己與上帝共同參贊創造化育，其實是一項了不起的自我肯定。由於沒有一個人是完美的，我們甘冒大風險，不但可能無法改善自己的生命，還會不小心將更多的痛苦和磨難加諸於別人和我們自己的生命。要負起做為宇宙共創者的責任，就等於要為那些顯然出乎意外的結果負責。根據〈創世紀〉的說法，連上帝都在創造宇宙的過程中造出了撒旦，最後只好請祂的兒子出來收拾殘局。這些明顯的錯誤，在創造的過程中是不可避免的。然而，我們可以假設諸神在創造的過程中對一切胸有成竹，但我們卻經常無此能力，因而招引了怪物，我們最終稱之為陰影。

為陰影命名

我們已經明白，要從孤兒及殉道者的被害心態轉向流浪者追尋自我的態度需要英雄們停止怪罪自己，不要繼續自我鞭打，要看出陰影外於自己的東西。不過，弔詭的是，從鬥士轉化為魔法師的心態，卻需要英雄為陰影負起責任——明瞭陰影確確實實是自己的一部分。然而，承認陰影，並非要指責它們、殺死它們或壓抑它們。

魔法師超越二元對立、好壞對錯的僵化觀念，視生命為一個過程。生命中被壓抑、不被允許成長和繁茂的部分，經過矮化扭曲，反而會以消極、或邪惡的形式顯現出來。譬如，被困在早期孤兒情結中的人，很可能會變成習慣性的犯人或受害者，因為他們正向的特質找不到管道發展。以鬥士和殉道者來說，在別人的眼裡，他們某些軟弱或自私的特質特別得到滋長，形成了單向失衡的人格。

這些未發展的特質，可能以相當恐怖的型態支配著我們。比如說，我們的文化才剛剛擺脫貞操文明的枷鎖，開始與性這個長期被壓抑的陰影打交道，於是，性就以一個既誇張又極端強大的形式呈現自己。廣告商讓衣著端莊或半裸的婦女站在商品旁邊做為促銷的工具。性成了廣告商的最愛，除了表露人類長期被壓抑的性需求之外，我們實在很難理解性與商品間的邏輯關係。此外，在今日的社會，性慾更常以扭曲和怪異的能量出現，電影及現實生活中，性總是伴隨著暴力、強姦、致命的吸引力、兒童性侵犯、色情文學和不斷升高的受虐、施虐狂。這些現象，在在述說著文化中陰影的支配與控制，性關係中的一方（或雙方），會以愈來愈微妙、愈來愈普遍的形象出現。

閉鎖在鬥士情結裡的人，對這種兩難情況的解答就是慧劍屠龍——斬除內外在的性慾、全面禁止它。接下來的情況，反而是由於壓抑升高，所以妖龍變得更大，在心中佔據的地盤也越顯著。但是，當我們發展了鬥士和殉道者的心態，我們學習去面對妖龍，承認它的危險——對自己和對別人——但是，我們用肯定它的存在價值、確認它是自己的一部分來轉化這隻怪獸。

暴力大多源自被壓抑、不得伸張的自我。我們學習逆來順受、遷就別人，不宜大力伸張自己的欲望。我們大多數從未被教導承認與伸張自我需要的技巧，結果是情緒不斷累積，變成一顆深藏的定時炸彈。最後它會爆炸——怒氣衝天，並且將此情緒或身體暴力加諸自己或他人。比較弔詭的是，解除暴力的方法不是自我控制和壓抑，而是自我認識和自我表達、自我肯定的技巧。

魔法師了解，自我肯定、把自己的意願投向天地所需的勇氣和膽識，是要在本身未竟整全之前，有所行動。為達此目的，意謂著他們要讓各路鬼靈重見天日。事實上**不論我們喜歡與否，我們都是宇宙的共創者，在生命這條路上，永遠都有風險**。然而，魔法師會為這個過程負責，且基本上採取信任的態度。如果妖龍只是人們自己的陰影，是那些未被承認、未曾活過、未被愛過的部分，那麼轉化它們唯一的方法就是行動，藉由行動將它們帶到光天化日之下。

但是，為了避免將惡靈養得太大而超出控制之外，在行動時，需要小心謹慎的觀察判斷。我在前面提過《地海巫師》這本小說，李關筆下那位血氣方剛、有勇無智的印地安主角雀鷹，相信他有能力召喚死神。他成功了，但也將深鎖在地底力大無窮的惡魔鬆綁，幾乎造成世界的毀滅。幸好，雖然他年輕，也沒有什麼經驗，雀鷹卻明白他必須負起責任，追蹤這個惡魔，面對它並且解除它的武裝。他孤獨地經歷了多年的行旅，最後終於找到了惡魔，面對著它，雀鷹明白，唯一軟化惡魔的方法就是喊出它真正的名字。他鼓足勇氣，站在惡魔的面前，「蓋德，」（也是雀鷹自己真正的名字）他大叫。確認了這個陰影不過是一個陰影，於是，兩者合而為一，威脅就消失了。

李關寫道：「蓋德沒輸也沒贏，他用自己的名字喊出了死亡的陰影，使他自己完整起來：一個認識了整全真實本我的人，不會被來自本我之外的任何力量佔據或利用，也因此得以活出生命的意義，不再是毀滅、痛苦、仇恨或黑暗的奴隸。」在這個勝利之後，雀鷹唱了一首讚美弔詭的聖歌：「**唯有寂靜之中，話語發光；唯有在黑暗中，光亮發光；唯有在死亡中，生命發光：猶如一片虛無的天空，照亮了老鷹的飛翔。**」

魔法師終於了解，個人選擇如何經營他們的生命，可以決定他自己跟宇宙間那個寶貴的平衡關係，究竟因此得到滋養，還是因此受到干擾。在李關所寫「地海三部曲」（Earthsea Trilogy）中的第三部小說《最遠的海岸》（*The Farthest Shore*）中，雀鷹再一次調整了平衡。柯柏，一位偉大的魔法師中邪變成了大魔頭，他決定利用魔法征服死亡，讓人們永生不死。當然，結果反而使得每個人都被死亡的陰影所操縱。雀鷹發現到處都是行屍走肉：疏離、僵硬、上癮，而且沒有人以自己的工作為榮，也沒有人彼此相愛。

他告訴我們，這個問題起因於人們欲求「凌越生命的力量」，他稱之為「貪婪」。他提醒我們，唯一有價值的力量不是「凌越」而是「接受」，允許生命進入的力量。意欲控制生死，以便得到永生，結果是在製造內在的空虛。雀鷹向柯柏解釋道：「所有世界上的歌曲，所有天上的星星，都無法填補你的空虛，」在柯柏「凌越」生死的過程中，他迷失了自己，忘記了自己真正的名字。魔法師則允許生命停駐在自己和他人裡面。

魔法師也是命名者。就一般的狀況來說，要保持心理上及文化上的平衡與穩定，必須在意識範圍之外保留多一點的真實。當個人或社會準備好成長的時候，魔法師的工作，就是用早先被壓抑和否認的元素，祛除不健康的傷痕。如此一來，難免會造成失序和混亂。一九六〇年代就是這樣一個文化重整的時代，面對音樂、性、種族問題，甚至於美國人最引以為傲的和平愛好者、公平社會的形象，許多重要的文化理論家都跌破眼鏡。有時候魔法師會對別人引起的混亂做出回應，但是他們不會也不可能為這些混亂負責。魔法師為新的事實命名，並且照顧或轉化它，來恢復心理或整體社會的平衡。他們也以幫助別人找出自己真實的名字（也就是他們真正的認同）來鼓舞宇宙永續的演進，因為這才是宇宙的開展——人人都愈來愈成為他自己，並且願意為我們共同創造出來的世界負責。這就是為什麼到了七〇年代，主流思想家將注意力集中在意識及個人成長的議題上，以便將新材料與心理現象融合在一起的原因。（不過八〇年代重現的保守主義，可能也有其需要，因為整體社會需要重建文化的平衡，並且提供時間，讓個人有餘裕消化六〇年代的文化變遷、七〇年代的意識層面變化。）

對許多人而言，特別是那些身處或正在邁入鬥士階段的人來說，經常害怕面對真實的命名，他們不敢去認識被否定的文化真實面，或不敢面對我們自己被壓抑的部分特質。因為，對他們來說，將被視為惡棍的妖龍叫出來之後，下一步就是攻擊。誠實只會暴露自己的弱點，讓自己屈居下風。一直以來，人們習慣於將好的一面表現出來，因此，誠實地表現自己，無異於使自己受到威脅。誠實等同於脆弱，它意謂著暴露失敗的一面。可是在魔法師的手中，誠實可以造成轉化。

在芮斯納（Philip Ressner）奇妙的童書《那隻叫傑洛米的青蛙》（*Jerome the Frog*）中，充滿了童心的巫婆告訴傑洛米，她已經把他變成了王子。不過，他外表還是青蛙樣，於是村民半信半疑，常拿一些難題考驗傑洛米。傑洛米幾次成功地達成了任務，最後村民要傑洛米去宰殺口吐火焰、到處毀壞村鎮的妖龍。傑洛米找到了妖龍，拔劍出削之時，妖龍問他為什麼要殺牠。畢竟，口吐火焰、毀壞村莊是他的天性。傑洛米遲疑了，他坐下來和妖龍一起討論，最後他們達到一個共識，那就是妖龍每星期二和星期四來吐火焰，焚化鎮內的垃圾，而其餘的日子就到處吹牛說故事給村民聽。傑洛米並未嘗試改變妖龍，也沒有勸他「變好」，反而更積極地幫助它發揮它的本性，因為，妖龍不但喜歡噴火，還喜歡被讚美、被欣賞。

傑洛米這種非受害者、非惡搞式的問題解決法，前提是先相信沒有人是錯誤的、邪惡的。我們可能在真實的自我被壓抑之下，讓陰影操縱了自己，也有可能只是缺乏了能向社會負責的自我肯定技巧，而胡作非為，如果兩者之一屬實，我們就會為別人和自己出難題。妖龍不是天生有什麼惡性，只是它們的本性必須被發掘、發展、有效的引導。

重要的不只是誠實，還要看環繞著誠實的能量是什麼。如果誠實出自於某種想貶損別人的欲望，就可能造成破壞性的結果，但若讓誠實環擁在愛的懷抱裡，結果便會大大不同。英雄的目的不在屠戮，而是為妖龍的命名——透過溝通重新恢復團結。

朗格爾（Madeleine L. Engle）的兒童故事《門上之風》（*The Wind in the Door*），將上面那個觀點詮釋得淋漓盡致。故事的主角叫梅格（Meg），是一個女性主義家庭中的少女，她的雙親都是屢屢獲獎的物理學者。問題的重點是，她最親愛的弟弟查理士．衛勒司（Charles Wallace）面臨死亡，她母親發現查理體內的法仁多樂（farandolae）出了問題。在人體的細胞內有個擁有DNA和RNA的組織叫做粒線體，沒有它人體無法製造氧氣。梅格的母親斷定這個叫法仁多樂的東西在粒線體內，它供給粒線體以氧氣，正如粒線體供給人體氧氣一樣。

這本小說一再闡述這種生命共生的觀點。外星人和一個小天使來拜訪梅格，告訴梅格說，每一個在宇宙中的東西都同等重要，不因尺寸大小而有分別，重要的是每個東西都互相連結。他們又告訴她，她可以拯救查理士，因為她是一個命名者（Namer）。**命名者就是為東西命名的人，他幫助人們和東西知道自己是誰**。他們又說，梅格的朋友凱文是她的命名者，因為，梅格只要和他在一起，就感覺無比自在、活得最像自己。

而整個問題的來源出自「除名者」（Unnemers）艾契若意（Echthroi），他們掌管宇宙黑洞，製造疏離、絕望和罪行，以阻止人類、星星、樹木等等萬事萬物確認自己的身分，藉此阻絕它們對宇宙的貢獻。經過幾次取名字練習之後，梅格進入粒線體中要和法仁多樂談一談。很不幸，艾契若意已經去過那裡，並且說服法仁多樂不要冒險去旅行尋找自己，還說它們是既存世界中最偉大的東西。不過只要法仁多樂出去旅行，它們就可以跟星星一起唱歌得到生命，如果它們不出門，它們所屬的那一部分組織就會死去。

終於，梅格成功地為法仁多樂族命了名，但是，她同時也明白自己必須面對艾契若意，以便使她自己和法仁多樂得到自由。梅格沒有像鬥士一樣地殺死艾契若意，反而開始一連串的命名，故事的結尾是這樣的：

我抱住你了！我愛你，我呼喚你的名，為你命名，艾契若意。你不是無足輕重的東西，你是……我發現你有名字。做你自己！……艾契若意。你已被命名！我懷抱著你，你不再是無名小卒。你就在這裡，你是充實的。你就是我。你是梅格。

用這個觀點來看世界，英雄的任務是用愛去點燃世界——從愛他們自己開始。他們的任務不是屠龍——內在或外在的妖龍，而是肯定妖龍所提醒我們的一個最深層道理：我們都是一體的。妖龍只是我們的陰影，是我們那尚未命名、還未被愛的部分。

魔法師的宇宙演化論和鬥士的完美主義之間，存在著無可避免的矛盾。我們所身處的文化，不相信過程，也容不下異己。我們都被期望完美，除了完美之外，如果不能完全相同，至少也要讓彼此十分相似。我們都被要求遵循某種道德、成就、智識和身材的標準而活，如果未達此標準，那麼就得懺悔、要更努力、認真讀書、減肥、做運動，或者穿體面一點的衣服，直到符合了理想人物的流行形象為止。於是，我們獨有的特質反而被界定為必須修正的「問題」。如此一來，**魔法師的角色要做的是，去承認那些差異，為它們的存在命名，這些差異，其實正是個人和集體力量的來源**。

這方面最好的英雄實例之一，來自羅賓斯的小說《牛仔女也得獎》裡面的西西．韓秀（Sissy Hankshaw）。西西生下來就有一雙碩大的姆指。其實，每個人都把她當做殘障，但她自己拒絕這種看待事情的態度。然而，當這位亭亭玉立的少女站在鏡前仔細端詳自己，她知道自己生得美，只要她接受整型手術，把姆指變小，就可以過「正常的生活」。當她仔細考慮要不要這樣做的時候，大姆指開始抽搐，並且慫恿她：「如果夠勇敢，就去嘗試另一種層次的生活。」西西放棄了整型手術，反而成了全世界最偉大的搭便車旅行者。她太善於豎起大姆指了，以至於連四線道高速公路上對向行駛的汽車也會回轉來載她。事實上，她把搭便車旅行提升到禪定經驗的層次。

跟所有人一樣，西西也有自我懷疑的時刻，在一次這種低潮下，她結婚，並且拋棄了她的「事業」。有一天，她放掉丈夫寵養的小鳥，丈夫便帶她去看心理醫生，其中一位醫生（跟作者同名）了解西西。他很熱心，向另一位弗洛依德學派的精神科醫生高門（Goldman）解釋，他自己如何被西西成為世界第一的搭便車手所感動，並覺得西西因此而找到生命意義的所在。但是高門醫師完全誤解了，他問羅賓斯醫師，西西是否已經超越了她的痛苦?羅賓斯醫師說，不，超越是階級制度的產物，這種帶有階層高下的思考方式，無法看見西西的天賦價值。羅賓斯醫師繼續說：

> 重點不在超越（transcend）而是轉化（transform）它們，不是鄙視或否認它們——這是超越的盤算方式，而是將它們充分顯露出來、增強它們的真實性、追尋它們的隱藏意義。由於懦弱和盲從，我妄想超越物質世界，卻未能覺察某個獨特而有益的衝動。話說回來，我們可以用透過一種自己認為是非常負責任、具有創意和勇敢的方法，去改變物質實體遇遭的氛圍，以達到轉化的目的。

西西就如此地改變了羅賓斯醫師的生命，他退出醫師的行列，出發去尋找他自己。

從這個觀點看起來，所有的人都是英雄，每個人對人性演化都舉足輕重。我們此生的功課，單單只是要完整認定自己是誰。我們根本毋需花費所有時間或甚至任何時間，證明自己的好。這也就是「黑即美」的論戰，對美國黑人意義重大。也就是為什麼肯定女性特質，對婦女來說具有轉化的功能。這也是為什麼一個具有良好的精神、情緒與身體健康的人，需要學習充分而無條件地愛自己的原因。

造雨師

與其大力掙扎，拒絕無力、寂寞、恐懼或痛苦，魔法師反而接受這些情緒，認定它們是生命組織中的一部分，並敞開自己，去發掘它們帶給我們的功課。上帝這位造物者，向空中吹一口氣，就創造出生命，這乃是一個深刻而生動的創造活動意象，它至少像在暗示我們，創造的行為完全在意識的掌握之中。而許多女神分娩的形像，也許更接近眾人心目中的創造活動的本質。當女神從無之中造出東西時，她的創造物是由身體出生，而非來自心智。用這種方法進行創作時，我們可以用很長的時間用力分娩一些東西，卻不太有把握會生出什麼東西。在我們看起來，不是我們選擇創造某物，反而比較像是它選中了我們，我們會擔心，這個嬰兒會不會是死胎，會不會是畸形。創造的過程中，能確定的事很少。而且一旦過程已啟動，它就會自行運轉，我們只有冒著生命的危險才能阻止它。

生命的最底層是情慾、激情和性能量，創造力來自對這些能量敞開胸懷，並允許創造的過程自然發生。唯有勇於敞開胸懷接受它們，不然創造力不會出現，當然，有時候我們會因而遭逢刻骨銘心的悲劇。換句話說，新生命可能不是愛的結晶，反而比較像是強暴事件的後果。隨之而來那些不請自來、非人所願的痛苦和磨難，很可能就是生活在人格發展停留在原始層次的世界裡，我們每一個人必須要付出的代價。不過，如果我們讓後來的成長得以發生，這些大災難，其實也可以為心靈成長所用，因而最終成為我們的寶藏。

梅．莎東（May Sarton）的小說《喬安娜和尤里西斯》（*Joanna and Ulysses*）中的女主角喬安娜，最後終於明白了這個道理，於是她選擇用生平第一次單獨離家做為慶祝自己三十歲的生日禮物。雖然她希望成為一個藝術家，卻一直當個辦事員，生日那一天，她帶著成為畫家的夢想，離開雅典，來到山多芮尼島（Santorini）。為了如實地畫下她所見的物品，她驚奇地發現，這個過程竟讓自己打破了過去的否認系統，她看見了比意識層面想要看的更多的東西。在山多芮尼島上，她結交了一個小男孩，在小男孩的詢問下，喬安娜說了一個她從未告訴過別人的故事，來回答小男孩的問題。喬安娜說，那時候，她母親是一位頑強的鬥士，不幸被法西斯黨逮捕了，她被強迫眼睜睜地看著兒子被刑求，他們將香煙塞入兒子的耳朵，直到他耳膜破裂，成了聾子。整個過程中，兒子不斷喊叫：「媽媽，不要招供。」然後他們轉而折磨母親，直到死去，她什麼都沒招。

兒子被釋放後，告訴家人這個故事，於是，喬安娜將畫家的夢擺在一旁，專心照顧哥哥和父親。她父親多半時候總是獨自坐在黑暗的房中，而她則做著無聊的工作。他們一起在悲劇下過著麻木的生活，拖著沉重的腳步一天過一天。三十歲那一天她踏上山多芮尼的土地，第一件看到的是一頭傷痕纍纍的驢，背上有層層包袱，還一直被鞭打。這幅景象觸動了她的心弦，她再也無法忍受不人道的景象，忍不住跑過去大叫著要驢主人住手。但主人說，他們太窮了，沒有能耐細心照顧畜牲，他們唯一想做的就是，趁驢子死之前，要牠把貨物馱到山頂。最後，在盛怒之下，她用了一筆荒謬的高價買下驢子，牽著這匹垂死的驢，開始了渡假之旅，她將騾子命名為尤里西斯。

尤里西斯象徵著喬安娜安內在那個挨餓、被忽略、被虐待的藝術家。雖然知道自己有極大的繪畫才華，但是看見自己繪畫的表現天馬行空、荒誕不經，嚇得她不敢說出來，只好暗自竊笑她的陰影竟用如此卑賤的畜牲，做為她內在英雄的象徵，於是她叫牠尤里西斯。

她一邊畫畫，一邊照顧尤里西斯，讓牠逐漸復原。說完故事之後，原本預期小男孩會大受震驚或大為悲傷，哪裡知道這個孩子卻歡歡喜喜地說：「我好敬佩你母親。我好敬佩你哥哥。」男孩點醒她用另一個角度看事情，漸漸地，她想起了母親的熱情，憶起媽媽如何熱愛花朵和自由，以至於為自由而死。事實上，講述自己的故事，又聽見男孩讓人鬆了一口氣的回應，讓她感到宛如「終於走出溼冷陰暗、讓她永無止盡地沈浸在痛苦中的囚牢。」

後來她回到雅典，把尤里西斯藏在地下室。有一天父女倆相對無言，卻被地下室傳來尤里西斯咀嚼繩套的聲音驚破了沉默。自從母親去逝後，第一次父女倆坦誠地了內心的世界。她拿畫給父親看，談她的母親。然後大聲說出來：「爸爸，你把痛苦關在外頭，就等於把萬事萬物都關在外頭！……你沒有看到所有的事情都停止了嗎？我的繪畫變得微不足道，我的生命也如此。我忘了媽媽的樣子。我們把她關在外頭……就好像把生命關在外頭一樣！」

否認痛苦就是將它抓得更緊。唯有通過它、允許它浮現、去感覺它、大聲將它說出來，才能從中學到東西，也才能別開生面，重新感受到歡愉和力量。比起騎馬消失在暮色中那些既冷酷又強悍的硬漢，以及更典型的用鬥爭手法「佔上風」搶得王位、卻從未知曉真實人性的弱點與愛之間的張力的人，能夠擁抱痛苦而重生的英雄，生命會因而更加豐富。

喬安娜誠實而肯定地面對痛苦和歡愉，與此同等重要的是，她對藝術的承諾以及藝術對她的意義。從藝術中，她真的學習觀看事物的真實面貌，因為如果自己不願面對什麼是平衡，或不願聽聽天上星星的歌聲，那麼魔法師又有何法力可以用於平衡世界呢！習慣性的壓抑，除了使我們和生命疏離之外，也讓我們掉入幻象的陷阱中，看不到事物的真實面貌。當喬安娜將自己的畫作和所學到的道理與父親分享時，她已經實現了她的藝術家天賦。藉著表達她自己所發現的道理，喬安娜不但改變了自己的存在，也改變了父親的真實。她不愧是一位魔法師。

魔法師必須用藝術家的眼去看、去聽，用盡心思去了解真相，同時，他們有時候也要像個愚者。古代國王的身邊總有弄臣相伴，他不但時時製造笑料，還要誠實指出國王性格及行為上的弱點，而最重要的是，在維持整個王國的秩序平衡。威勒福特（William Willeford）在《弄臣與他的權柄》（*The Fool and His Scepter*）中寫到：

> 胡言亂語的弄臣，是人與神聖力量關係中的一個原型……。弄臣站在國王身邊，如同國王的倒影，指出國王原本具有的一個特質，這個特質在建設王國時不見了，失去了這個特質，王國和國王都不會完美。

愚者的形象，落實了天真狀態，只有回歸天真狀態，我們才能由鬥士／國王轉化為魔法師。開始人生旅途的時候，我們拋棄了天真、單純的心境，以便贏取面對殘酷世界必備的技能。不論我們是否在意，那份看似愚蠢、凡事相信的天真，雖然被我們拋諸腦後，卻以某些方式與我們長相左右。當然嘍，只要我們愈理智，對那些笨蛋就愈不耐煩，覺得他們既愚蠢又胡說八道。事實上，在理性無法解決兩難問題的時候，也只有天真者的重新現身，才能適時讓我們變成魔法師。

在約瑟夫．海勒（**Joseph Heller**）的小說《第二十二條軍規》（*Catch-22*）中，歐爾（**Orr**）這個人人眼中怪異、只會傻笑兮兮的笨蛋，利用軍中假期，竟然搖著小船划到瑞典當了逃兵去了。當主角尤杉霖（**Yossarian**）聽到這個消息，驚訝得從麻木不仁的狀態中醒了過來，雖然在一般人眼裡這是一個悖逆常理的行為，但是他卻因此打定主意，拒絕再執行任何轟炸任務。

對任何墨守傳統、線性思考及講究因果關係的人來說，魔法師看待世界的觀點簡直荒誕無比，對一般人的心思來說，魔法師跟傻瓜沒有兩樣。沒錯，他們就是傻瓜，在最古典的意義下來說，威勒福特認為，只有充滿智慧的傻瓜才能接引我們通往神聖的力量。當一個人找到這種魔法式的思考時，伴隨而來的常是一聲大笑和豁然開朗的深刻感受。

到了這個時刻，魔法師明白，生命不必如此嚴酷。一方面，當人們與大部分陰影取得連結，他就不必大費周章，把精力花在壓抑和否定自己內在的真實上。再則，他們也不再那麼習於將陰影投射在他人身上，因此，就減少了許多外在的爭鬥。

他們很像德・卡司提雷賀（Claremont De Castillejo）在《了解女人》（*Knowing Woman*）一書中的造雨師。每逢乾旱，印度的一個小村莊會找造雨師來解決問題。造雨師什麼事也不做，他只是來到這個村莊，坐在那裡，然後雨就來了。他們沒有「造」雨，他們只是「讓」雨發生，或者更精確一點兒說，造雨師的內在氛圍肯定並且應允那個可以造雨的氣候在「必要」的情況下出現。也許你認識幾個這樣的人，不是他們使得太陽光照，甘霖普降、或使人在辦公室內努力工作，而是當他們在那裡，事情就搞定了——並且很顯然不費吹灰之力！

做為一個造雨師，需要極強的信心。有時候，經過一番努力，魔法師必須保持警醒，他們不是單獨一人在為調整宇宙的平衡而奮鬥。比如說，布來得利（Marion Zimmer Bradley）的小說《阿法龍的迷霧》（*The Mists of Avalon*）中的英雄莫根妮（Morgaine），終其一生，在高唱天賦男權的亞瑟王朝及圓桌武士時代的英格蘭為反抗基督教貶抑婦女地位，盡全力為維護女神崇拜而奔走。

在接近生命的尾聲，她意識到亞瑟王已經背叛了她和女神，並且擔心婦女將在歷史的戰場上消失。於是，她回到早期接受女祭師訓練，歷史上有名的阿法龍女修道院，在禮拜堂裡看到年輕女孩敬拜聖布里姬（St. Bridget）。雖然她知道教堂內的女神布里姬根本不是基督教聖徒，而只是「愛爾蘭人敬拜的女神」。莫根妮明白：「雖然男人們不這麼想，但是女人知道永生的力量。儘管男人驅逐她，她終將得勝。女神永遠不會從人類的歷史上退出。」莫根妮請求女神原諒她的懷疑及痛苦，她說：「我想我必須相信妳能成就妳自己（譯註：妳就是妳自己，不必是個基督教的聖者）。」現在她終於明白她無法掌握每一件事，所以她可以原諒自己了：「我在阿法龍服事聖母（Mother），直到有一天，我後世的人會將祂迎接到世上來。我沒有失敗，我完成了祂交付的工作。不是祂要求，而是我的驕傲以為我必須做得更多。」

莫根妮明白，自己曾陷入鬥士的自我膨脹中。她毋需包攬全天下的責任，只要做好自己那個小小的部分即可。如此一來，她不再無比重要，她只是世界與她自己命運女神的共創者。

魔法師贏得了對自己、對神、以及對宇宙的信心。這股信心讓他們有時在壞事來臨的時候，可以什麼也不做。大雨之後總會天晴！

「凡祈求的，就得著」

在〈收藏品〉（Collections）這篇文章中，路絲門（Shirley Luthman）假設有一天發現自己得了腦癌做為問題，加以深入的思索。當然，她一定會大嚇一跳，但是，一邊跟著這股驚嚇的感覺走，她一邊強調，除非她能夠專心向內觀照，清楚到底發生了什麼事，否則，她不會採取任何行動。她會問自己，現在是她注定要死的時候嗎？如果不是，那麼這個腫癌到底要告訴她什麼？只有當她清楚何去何從，她才會決定怎麼辦。這有可能意味著決定選擇死亡，也可能代表著選擇接受治療。

在夏莉如此探問的根基處，有一個很強的信念，在吾人存在的某一層面，我們選擇了什麼事情會發生在我們身上——包括選擇我們的疾病和死亡。她說，我們做這些選擇，並不是出於受虐心態，而是因為它們會教一些我們必須學習的功課。因此，**每一件發生在我們身上的事情，我們都必須心懷敬意，就如同我們選擇它成為指導必修課的老師一般**。

如果夏莉仍然停留在孤兒階段，她不可能接受這種想法，因為對她來說，選擇等同於指責：如果我選擇成為一個受虐婦女，這代表著我要為自己的苦難負責。然而，在魔法師的眼裡，陷入指責是搞錯了重點，尋找加害者於事無補。有用的問題不是：「該怪罪誰？」而是：「我從這個經驗中可以學到什麼？」以及「我從這次經驗所學到的智慧，讓我接下來想選擇什麼？」

從魔法師的優位觀點回頭來看，一個女人可能會發現長久以來自己一直在腦中虐待自己，指控自己太胖、太自私、太堅持己見等等。不過要等到無法再忍受某人在情緒及身體上對她施虐後，她才能開始覺悟：「夠了，我也許壞，但是不至於壞到必須任人如此糟塌！」於是她開始求援，掙脫這個關係，終於重建自我尊嚴，也唯有到此地步，她才不會大多數承受著自己的內在凌虐。雖然外在情境很痛苦，但這痛苦也提供一個危機，迫使她選擇成長、做改變，終至減輕她生命中的痛苦。

在《能量與個人力量》（*Energy and Personal Power*）這本書中，有一章夏莉的自傳〈我自己的旅程——新生〉（My Own Journey —— New Life），路絲門告訴我們失去丈夫時的痛。他們夫妻有非常深厚的關係，失去他讓她痛不欲生。有一陣子，雖然她仍相信生命中的一切都是自己所創造的，卻感覺到自己是丈夫死亡中的受害者。後來，她重新面對自己的信念，「雖然一點兒也沒有察覺，但是在意識中某個深藏的層面，我早就知道，我可能會嫁給一個先我而去的男人。」接著她敞開心胸問自己，為什麼做這個選擇，她得到兩個答案：

和丈夫在一起，我們可以達到一個能量意識互相交流的深刻層面，在那裡我們倆人合而為一，卻又不會失去自我認同……，但如果我們的關係繼續在此深度和強度上擴展，我的能力將會用於依附於他的經驗和關係上，而失去對我自己的經驗。這一個經驗教導我，我創造一個形式，一方面保有自我，另一方面讓別人來適應我。我活躍而熱情、與他人建立深度關係的能力，使我深深與自己相連結，我無需依賴一個特殊的人或地方，亦無需依賴任何外在於我的東西。

魔法是根據大宇宙與小宇宙的「同步現象」（synchronicity）而產生的。「同步現象」是榮格（C.G. Jung）創造的新字，它的意思是「有意義的偶合」，或是非因果性的連結。如同鬥士學會了因果關係，魔法師學會「同步現象」。你一定有過在書店中隨手抽出一本從未聽過，卻正是你所需要的書吧?你也一定有過遇見你正想見的人，不是嗎?是巧合嗎?說真的，我生命中有過許多奇蹟式的「偶合」，在此我要分享一個十分平常，幾乎每日都可能發生的偶發意外事件。

有一天早上，我一邊散步，一邊默想要離開一個關係，一邊還提醒自己一個道理，這個道理連我自己都不太相信，卻經常勸告別人。那就是，跟金錢、健康和時間一樣，愛情並不稀罕，只要我們張開雙臂迎接生命，豐富的金錢、財富、時間和愛情也會迎向我們。邊走邊想，心中其實卻感到寂寞，更害怕今後將一個人孤絕一生。此時，一個男人迎向前來，和我交談片刻，隨即離開。這一瞬間，我忽然明白，我確實不要這個特定的人纏在我身邊，但是他和藹可親的出現，卻給了我當時最需要的東西。這個插曲，恰好實現了我的需求正在向我傾訴、另一部分的我卻在抗拒的道理：我永遠會有我自己需要的關係，我不必因為害怕孤單，而執著於一段不適合的關係。

如果不是先前有人提醒過我，衷心期待宇宙會提供我們所需要（甚至我們所想望），乃是天經地義的事，我和這個人或許就會很愉快地聊開了，我也許就會錯過這個禮物——他適時而短暫的出現正是老天給我的啟示。不過，如果我仍然停留在孤兒那個等待救援的階段，我可能會將這種快速的離去當做每個人都會離我而去的徵兆。如果我有殉道者情結，則可能會覺得倒霉，即使一個人在為重大的人生問題傷腦筋時，都有人來向我索討東西。如果是鬥士呢？我會豎起防衛的胄甲，怎麼有陌生人敢在小徑上找我攀談，用心何在！我們隨時都會得到小禮物，只是接應的態度不同罷了。

從某一觀點上看來，孤兒、殉道者和鬥士生活在同一個宇宙中，因為他們都相信世界是有欠缺的。相形之下，魔法師所體驗的世界卻無虞匱乏，它可以滿足世間所有人所有的需要。

反射（mirroring）是「同步現象」的最佳寫照。外在世界反映了我們內心的世界。

我們可以從前面討論受虐婦女的例子上，看見一部分的證明，外在世界演出了內在世界的狀態，以便引起注意。另一個例子是這樣，去年有一天，我正要開車出城，忙了一整個星期，我的心情既驕傲又滿足，因為，我不但有條不紊地將每件事完成，而在開車到機場前，我還有一點時間來個慢跑。我開始在住家附近跑，邊跑邊欣賞自己的步態，在一個星期沒有跑之後，我覺得這樣對自己蠻好的。

忽然一位郵差，很友善地跟我打了一聲招呼，他說：「加油！跑得太慢了，再快一點兒！」唉！我立刻覺得很嘔。雖然我繼續跑步，卻意識到我對這個破壞情趣的傢伙有多火大。當然，我也知道他只是一個少了根筋卻又想示好的人罷了。跑了一圈之後，我回到正在津津有味大嚼午餐便當的他旁邊，停住腳步，告訴他：「我知道你原本想要為我打氣，不過我正以自己最喜歡的速度跑步，你的建議真叫我下不了台。我希望你不要對太太或女友來這一套。」他有點挫敗地回答：「也許這就是為什麼我沒有太太或女友的原因吧！」

跑回來向他抱怨，一方面是把他當做可能的朋友，另一方面是想讓他誠實、示弱地回答我。不過，最重要的還是要看一看這個小事件有否反射我內在的任何情境。回家後，邊換衣服邊回想他的話，我發現過去一個星期中，我在腦中放了一捲錄音帶不斷地告訴自己：「快點！還不夠快。」是的，我沒有注意到腦中的這捲錄音帶，卻注意到他的評語。聽到這段話，並且被激怒，讓我明白不必一直催自己，對我來講，那個進行步調是對的，不必更快也不必批評過去一整個星期的成果。

反射也有反向的運作。經常當我們改變了內在的世界後，外在世界也隨之改變。舉個例來說，將男人看做是可能的救援者或加害者的婦女，往往遇到的正是這兩種類型的男人。想要被拯救的女人，不知道她可以拯救自己。只要她們勇敢地踏上旅程，深入地挖掘出被她自己和文化所隱藏的男性特質（也就是自給自足與勇氣），突然之間，她們會發現，男人只是和她們一樣的人而已，而且還十分善意呢！換句話說，當女人與其內心中的男性做朋友、鼓舞其發展，就好像魔法一般，外在世界也會出現類似的男人——雖然可能會有點時間差。同樣地，只要男人願意和他們自己的直覺、脆弱、對愛和親密關係的渴求連結在一起，他們也會很驚訝地發現，許多有趣又絕對可愛的女人會突然出現在身邊。

當我們還停留在流浪者階段，整個世界充滿了苦痛；進入鬥士狀態，世界奇蹟式地跟著我們一起轉變，必須面對的災難變少了，挑戰卻變多了。到了殉道者階段，我們會發現，自己每一分每一秒都被渴求愛和關心的人包圍。

當一個人述說著每一個人都有求於他的時候，跟他們在一起的時候，要看緊你自己的荷包！當某個人宣稱生命充滿苦難，你可以確定，他們會經歷一次又一次的災難。或者話說回來，有時我們會招惹來自己否認的東西；所以當某個人終日戴著玫瑰色的眼鏡，他是否會招惹出一些在他意識裡日漸滋長的問題？鬥士階段的人，可能會相信世界是個戰場或競技場，他們將其他看待世界的方法都視為逃避或無知。告訴他們有關豐盈、分享和愛只會引起反效果，他們會認為你是傻瓜，因為，他們深信並且時時刻刻活在競技場和戰場上。

通常最難相處的人，就是那個反射我們內在陰影的人。如果我們無法忍受政界的「鷹派」或國防內的將軍們，我們可能發現自己內心中那股激動的感覺，會隨著強裂反對核子威脅的戰鬥舉動而減少。如果我們很看不慣依賴、愛發牢騷的人，恐怕唯有在我們承認自己的依賴及無力感，才能同理我們所不齒的人。當我們擴大行為模式腳本，讓自己更具完整性，就會吸引更有趣的人來到身邊——或者可以了解人們一向是如何地有趣。譬如，許多女人被教化和其他女人比高下，相信其他女人都是來和她競爭的、不值得信任、愛在背後中傷人的。但是，只要她們發展自己女性部分的價值，突然之間，圍繞在她們四周的婦女都奇蹟式地變得既誠實又有姊妹情。如果不是這樣，也可以為自己吸引巫婆般的女人負起責任，自問：「這個現象反映了什麼？」對男女兩性刻版印象的執著，就是反射我們自己尚未完全發展的內在的男性以及女性特質的最佳實例，我們將自己局限在性別認同的陰影中。

有時候，我們不能忍受別人仍在扮演我們剛才超越過的特質。比如說，我們才跳出殉道者的第一階段，常常想要永遠終結犧牲的心態。這時候，看見別人仍然在為他人犧牲自己，會令我們感到非常厭惡和憤怒，不過，此舉也正好促使我們去探索其他更正面的原型。最終，當某一種原型的出現緊緊吸引魔法師的注意時，他們會看出來，而知道自己得更用心去面對它。對原型的出現感到強烈的反感，正是帶領我們深入不同的層次去了解真相的功課。到最後，不論這些經驗和原型是好是壞，只要我們肯咬緊牙關向它學習，所有的原型、所有的生命經驗都會帶給我們寶貴的一課。

如同殉道者學習接受痛苦，流浪者學習接受孤獨，鬥士學習接受恐懼，而魔法師則學習接受愛、信任和歡樂。物以類聚，互相吸引，讓更多的愛、信任和歡樂釋放，它們就會吸引更多。福克斯（Matthew Fox）在《嘻！我們一路欣喜回家！》（*Whee! We, Wee All the Way Home*）一書中說明，終極的禱告是要全盤接受生命：

> 送我唱片的朋友，因為知道我常聽他送的這張唱片而歡喜不已。不論如何，我的快樂正是他送禮物給我的最終目的。造物者沒有什麼不同，我們對受造物的感恩，我們最根本的禱告就是在它們裡面享受和愉快。到達某一個高度，這種愉快被叫做狂喜，這也算禱告。和所有禱告一樣，它接觸到造物者，我們也在

狂喜和感恩的行動中；被造物者感動著。

魔法師的發展過程不盡然只是被動接受，它也攸關請求，有時候甚至是拒絕。聖經中最能與魔法師意識共鳴的，就是馬太福音第七章第七到九節：

你們祈求，就給你們。尋找，就尋見。叩門，就給他們開門。因為凡祈求的，就得著。尋找的，就尋見。叩門的，就給他開門。

椎柏（Margaret Drabble）的小說《黃金國》（*The Realms of Gold*），最能展示魔法師的歷程。回顧著自己的一生，法蘭西絲・溫給（Frances Wingate）謙遜到有點兒懷疑她得到的一切。法蘭西絲有個本領，她信任自己和自己眼光的程度，遠超過一般人，更重要的是她凡事祈求，習慣性地為任何自己所想要的東西開口祈求……而且總是得到回應。她察覺到她從未強求事情發生，它們卻發生了。她是一位考古學家，因為發現了沙漠中的一個古城遺址而成名。事實上，有一天在一個機場內，她直覺地知道這個遺址在何處。當然，這個直覺早就因為她長期研究腓尼基古文明而植根在腦海中了。不過，也唯有直覺閃現，才讓事情發生，她毫不猶疑地遵循這個預感，掘出了遺址。事後她疑惑地寫道：

如果我不想像它，它不會存在。所有她這一生中的事情，都因如此而發生。她想像自己是個好學生，果然成真。想要結婚，也結婚了。想生小孩，就生了幾個小孩。想變得有錢，就變得有錢。希望自由，就得到自由。想找到真愛，就找到真愛。想失去真愛，就失去真愛。那麼，接下來她該想像什麼呢？

這股強大的力量嚇壞了她。她擔心自己是否會想像一些可怕的事，而這些事真的會發生。無論如何，她終於必須與自己面對面，問問她對自己的一生以及對世界的貢獻該負起什麼責任。事實上，法蘭西斯是用一個魔法師的心態，帶著疑惑在回顧自己的一生。各種事情不會如此輕易而偶然地發生，如果她先前沒有學會鬥士的功課，她不會信心滿滿地跟著預感走，也不會組織探險隊，去執行挖掘的工作。同樣的，她也必得有獨立的心境和勇氣，在婦女不被允許拋夫別子經營自己事業的時代，可以嚴肅地面對自己的工作。

她的一生是魔法師意識的一個有趣的例子，而且還十分人性化。她並不「完美」。事實上，她喝酒太多，非常放縱自己。不過這正是重點的一部分：她沒有比別人好，她只是一個魔法師。她會在心裡想像自己想要的東西，不逃避也不否認，然後在單純和放鬆的信任之下去行動，並且等待收穫。比如說，她寄了一張明信片給已經分手的愛人，希望他回到身邊來。超過了預定的時間他還未出現。雖然帶著困惑，她仍然堅信他對她的承諾，他跟她說，如果她求他回來，他就一定會回到她身邊。果然，接到遲到的明信片後，他馬上飛奔到她身邊，她完成了美夢——一份真實而令人滿足的親密關係。

我有一個朋友，最近迷上了「肯定」這個命題。做為一個孤兒，面對無助時，我們學習向老天請求或尋求他人的救助。做為魔法師，我們保留這個重要教誨，但加了一些別的東西——肯定我們當下存在的價值的能力。我們無需為了求取成功，而向老天要求或懇請給予，只需敞開心胸面對它們就行了。每一份我們所能選擇的東西，老早就在宇宙中了：痛苦、孤獨、歡愉、輕鬆和愛。藉由肯定我們已擁有我們想望的東西，就能召來所需要的東西。這位朋友從韋恩斯坦（Marion Weinstein）的書《積極的魔法》（*Positive Magic*）中摘錄了一個肯定「完全快活」的信條給我，並且向我解釋只要肯定，就可以得到財富、完美的愛人或個人真正的事業，但永遠不可以冀求別人的錢財、快樂、丈夫或愛人。也就是說，我不可以將自己的快樂建築在別人的痛苦上。為了幫助我維持這種心境，她提醒我宇宙的豐饒，永遠不要取用別人的東西來滿足自己的需求。

我試著肯定完全的快活，但一開始我覺得非常荒誕不經。首先，用嘴巴唸唸有辭地說：「我肯定完全的快活。」這句話，只有傻瓜才說得出口。其次，我算老幾，有能力肯定快活？肯定智慧、力量和慈悲還有可能。快活，不是太自私了嗎？後來我仔細思考，了解了什麼叫波浪效應。如果我不快活，看起來冷峻陰沉，經常發牢騷，我這些態度當然會感染孩子、丈夫、朋友、學生和許多同事。如果我快活，對他們微笑，我四周的人多半也回以微笑，並且帶著微笑在生活中跟別人互動。快活餵養出更多的快活，所以快活、富裕以及愛會放射出去，嘉惠他人。

「肯定」只是讓人敞開心胸，選擇真、善、美的方法之一，會做這樣選擇的人，就成了造雨師，應允著美好的事物降臨在我們身上，也幫助其他人得到這份福祉。如果成長的真正需求是發展鬥士技巧，我們就會吸引重大的挑戰；如果尚未完成殉道者的功課，我們就會懇求有機會獻出自己的重大天賦，或者學習接受重大的失落。完全的快活永遠帶給我們成長所需的東西。無論如何，只要我們停止對抗生命，敞開自己，允許全幅的人生經驗進駐生活中，則我們此生所需的一切，永遠會包含許多喜悅、富裕和欣欣向榮。

重要的是，**不要忘了自己永遠可以做抉擇，唯有當我們知道自己可以說「不」的時候，向生命說「是」才有意義**。有些時候，我們拒絕接受別人送來的禮物，因為他們的禮物中包裝著操縱我們的意圖，或有包藏了他們誤認為自己應該承擔的義務，或者，他們確實應該送這個禮物，但我們卻不宜接受。

接受這類的禮物，可能造成雙方的傷害，在大家耳熟能詳的《青蛙王子》故事中，小公主的金球掉到池塘底，一隻青蛙出現，說牠可以幫公主撿回金球，但有兩個條件，傷心的小公主只好答應青蛙的要求，應允事成之後和青蛙共吃一盅飯，共睡一個枕頭。青蛙幫公主撿回了金球，雖然公主反悔了，但國王卻逼著小公主謹守諾言嫁給醜怪的青蛙。我兒時看的那個版本，有一般童話故事中的好結局，公主的一個親吻，使青蛙變成王子。但在現實生活中，多少婦女帶著吻出一位王子的美夢，卻一次又一次遭遇夢碎的嘲諷，人們幾乎從未注意到公主所壓抑的厭惡之情，其實，公主感到飽受青蛙的威脅，但整篇故事卻在暗示讀者，一個「合宜的」年輕公主必須壓抑這些感覺。

相形之下，《美女和野獸》雖然故事相近，卻有助於我們進行對比思考。這是一個典型的魔法師故事。雖然也是公主的一個親吻使怪獸變成王子，但兩個劇本中的情境完全不同。野獸非常溫文地對待美女，保持著親切大方的氣度。他每個晚上都向她求婚，但她總是忠於自己的感覺，而一直說不。雖然明知唯有愛才可以解除魔咒，讓牠脫離野獸的外殼回復人身，他還是尊重她的決定。最後當美女決定嫁給他時，她是真心誠意的，她真的愛上了他。也唯有如此，他才得以轉化。

《美女與野獸》提醒我們，我們不但可以改變自己，還可以用尊重對方本性的愛，使別人改變——特別對方願意接受這份愛的時候。《青蛙王子》則大大的不同。青蛙佔了公主的便宜，只因公主欠他一份人情，而公主是個情感尚未成熟的人，她不如「美女」聰明，也無法以青蛙原來的樣子來愛他。我比較能接受柯本希拉（Madonna Kolhbenschlag）在《吻別睡美人》（*Kiss Sleeping Beauty Goodbye*）一文的說法，原來，最原始的《青蛙王子》版本，不是由於公主的一吻使青蛙變成人，其實是被迫結婚的那個晚上，公主承認了自己的嫌惡，氣得抓住這隻小醜怪往火爐一丟。這個故事太叫我興奮了，我真希望公主在丟這隻青蛙的時候，一邊大叫「去你的！」

明智的愛創造轉化

當然，我的確認識一些以他們本來面目被愛，而有所轉變的人。但我也知道，在我們文化中，愛也代表著縱容，允許別人虐待你。我認為我看到更多男人的改變，是由於他們的太太不再接受他們的沙文主義，而非一味地接受。我也看到一些孩子的改變，是由於父母受夠了他們，開始要求他們的行為，要懂得運用一般常識或自己內在的智慧。事實上，我不認為這是非此即彼的問題，我認為愛，明智的愛，有時必須接受轉化之火的粹煉，而不應強化人們內心的獸性和蛙性。將青蛙怒擲火中的舉動，代表了公主的自我尊嚴，她有足夠的自尊，不強迫自己去親吻一隻青蛙——不管她父親怎麼說！也不管她曾經許下什麼承諾！

野獸因美女的愛而蛻變，青蛙卻必須被丟進火裡燒才會改變，這意謂著故事中的兩個女人在全然信任、伸張自己的完整狀態時，就成了魔法師。這跟鬥士的完整狀態有所不同，鬥士的狀態要求人們不計代價信守承諾，而魔法師的完整狀態意謂著全面活出最深層的自己。信守承諾也是魔法師的功課，但他們不會輕言承諾，萬一不小心做了超出能力範圍的承諾，他們也會為自己保留一份再選擇的空間。《美女與野獸》中的美女，遵從自己內在最真實的感受，一夜又一夜地拒絕成為野獸的新娘，她不勉強自己成為偽善的救援者。真正救援野獸的，其實是她的真愛，正如同青蛙在明白公主對它的嫌惡之後，會變得更好。

我很驚訝，由於支持婦女解放，許多人居然誤以為我恨男人。我告訴他們，如果有個男人踩在女人的腳上，最恰當的方法是說：「你踩到我了。」如果他還不挪開，那麼就要不假辭色地說：「拿開你的腳！」只要他挪開，她的腳不再疼痛，他們就可以開始誠心交談。但是，如果男人繼續踩著她的腳不放，她卻誠心或甚至於討好、打情罵俏地（文化鼓勵婦女如此）與他交談，很快地疼痛會變本加厲，然後她就開始恨自己，也懷恨他。這種恨意阻止了愛。與害怕一樣，憤怒也是一個禮物，它教我們必須做一些改變，使自己得以自由，使彼此感到更多的愛意。

為了維護淑女或紳士形象，而否認自己的憤怒，最後會導至潛意識地對雙方關係的妨害。接受自己的憤怒存在，即具有轉化功能，因為它可以帶來真實、開放以及誠實的關係，也因為如此，這種關係才能接受愛。愛特伍德（Margaret Atwood）的小說《歐若蔻夫人》（*Lady Oracle*）裡的主角，在小說裡歷經了好幾世生命，在每一世的角色扮演中，她都有重要的功課要學。一直到她在小說快結束的時候，爆發了自己的憤怒，才成功地營造出所有真實的關係。她誤把一位新聞記者當做丈夫，狠狠地用酒瓶敲了他的腦袋，去醫院探訪他之後，他們便成為要好的朋友。到最後，他竟是唯一完全了解她的人。

今天，男人女人可以為彼此所做的最好的事之一，就是（隱喻地說）拿酒瓶敲一記解放的重擊在對方的腦門上，強迫他（她）們脫去陳腔濫調、令人疲累不堪、老舊陳腐的性別角色，重新尋找做為男性及女性——或做為人——的最真實的意義。如果我們嘗試越過鬥士的功課，直接跳入魔法師的觀點，無可避免地會以為，美女和野獸的轉變可以在不分青紅皂白的判斷下自然發生，如果是這樣，這種判斷裡面其實沒有太多自尊存在。如果獸性是美女接納野獸的唯一理由，我確信，野獸不會因為這份接納而有所轉化。如果是由於美女單純地以為世界是美好的，她平等博愛世上的每樣東西，因而也愛野獸，這也不可能促成野獸的轉化。敞開胸懷與熱愛生命，並不代表你要放棄選擇與誰相伴，或放棄選擇做自己愛做之事的能力。魔法師不情緒化也不羅曼蒂克。**魔法師真正的目標，是發現真實的自己以及他人**。雖然在生命的根部我們因愛而合一，但是在這個真相上面卻有許多不同的層次——有些層面不宜一筆帶過。

每一分每一秒要保持完整的狀態，忠於自己，其實需要無限的勇氣和紀律，沒有完成鬥士階層的功課，我們不可能達到這種心境。我們都曾學習用良好的行為或控制的方法，來掌握情境，但是現在所謂的開放與誠實，卻深刻地呈現出脆弱的自己，這裡面沒有控制和操縱，只有親密和愛意，以及偶爾有魔法轉化的時刻出現。

這就是雪佛（Anne Wilson Schaef）稱為「活在過程中」（living in process）的東西，在每個當下絕對真實地做你自己。這種英雄氣慨，不屬於那些停留在努力證明自己的價值的人，因為，這類人總是將自己繃得比原本的自己更好，也因此永遠都有那麼一點兒不誠實。能夠「在過程中生活」，需要一個不同的世界觀，在這種眼光底下，全世界的人、事、物都是夥伴，因為，每一個人都是人類演化中不可或缺的一份子。

由於婦女原本就非常重視合作和親密關係，而且，在社會化過程中又常被教導要開放、肯定和接納，因此，她們進入魔法師階段，會有如魚得水的熟悉感（當然，她們必先敢於認同鬥士）。

對男人來說，情況就比較複雜也比較曖昧些：男人非常害怕親密關係，又相信自己的優越性，因此，要他們和眾生平等成為伙伴，會讓他們若有所失。他們會不太願意離開鬥士階段，因為這個階段落實了他們的男性雄風。

男人會問：如果不做個獵人，還算個男人嗎？通常，從鬥士成為魔法師的轉化過程中，男人很可能會暫時告別一般傳統的男性氣慨，而集中發展關愛、合作與敏感的面向。如此一來，他們會感到很深沈的失落，為身為男性的意義感到迷惑。這就是為什麼在《搜尋》這本書中，布朗這種拓荒者的男性角色極為重要，他重新定義了何謂獵人，將我們帶回對地球最古老的愛、以自己為榮，但也明瞭，做為一個獵人並不代表有何優越，獵人同時也是獵物。

有些男人開始了解，如果打獵是他們的本性，那麼他們會毫不猶疑地拿起獵槍。如果他們的本性護衛，他們就應該盡力保護侵擾。但是，這些特質並不表示他們不能同時進行養育、對人敏銳或善體人意。用榮格的術語來說，在與其阿尼瑪（anima，即陰柔特質）整合之後，他們必須繞回來，與其更深層的陽剛特質——阿尼姆斯（animus）整合為一，如此，在後續的雌雄同體的階段中，陽剛特質不再是大男人氣慨：一個人可以是男性，卻完全尊重女性，為了人類社群的真實存在，而放棄自以為優越的幻象。大多數如此做的男人都發現，這不是特別困難的事。

同樣的道理，有些女人將撫育與依附的特質暫放一旁，致力於發展獨立與果斷的特質，等到她們確認自己的力量與自主性之後，她們也可能感到某些失落，於是，她們會允許自己與適合她本性的陰性特質再度整合。如此結合起來的女性形象，會比傳統的女性特質有更強大的能力和趣味。

一開始，男女兩性會由對立的角度定義自己的性別角色，因而會壓抑自己身上跟另一性共通的特質。因此，在重新發展當初被遺棄的特質，讓男性中的陰柔特質（anima）及女性中之陽剛特質（animus）得到重整時，將會因為舊有的性別角色的反對而感到窒礙難行。最後，當每個獨立的個體變得愈來愈雌雄同體，兩性的特質獲得互相接納，男性特質（maleness）和女性特質（femaleness）就會獲得新的定義。而且，當英雄愈來愈減少壓抑任何一性的特質，他們會愈來愈清晰、愈來愈均衡，因而擁有更多轉化世界的力量。

渥克（Alice Walker）的小說《紫色姊妹花》（*The Color Purple*）中的秀格（Shug）就是一個很好的例子，她是一位雌雄同體、全然為忠實於自己而活的魔法師。在故事的結尾，她將一個缺少愛或根本沒有愛、不知快樂為何物、充滿父權鬥爭的環境，轉化為真實的社區。她完全沒有計劃去改變什麼，只因她實實在在活出自己——活出她的獨立、果決、溫柔和愛，因而改變了整個社區。賽莉（Celie）這位書中的主角，是一位在性騷擾和虐待中長大的女孩，她被迫嫁給一個並不愛她、只是缺人照顧小孩的男人。他打她，只因為他很嘔，因為她不是秀格，他愛秀格，卻沒有勇氣娶她。賽莉也認識秀格，也知道秀格是個既自由自在又誠實的女人，她從不覺得秀格的存在威脅她，反而從凝視秀格的照片中，得到了生命的勇氣。

早在青少年時期，賽莉就從實踐殉道者精神中學得某個程度的自我尊敬，為了拯救年幼的妹妹免於父親的強暴，她會打扮自己，去吸引父親的注意力。她選擇犧牲自己的身體，以保護妹妹。後來，從秀格身上，她學會了自己站起來。剛開始，秀格因為她嫁給阿伯特（Albert）而討厭她，但是，病中的秀格，由於賽莉的悉心照顧而深受感動，進而愛上她。這種情節與《美女與野獸》類似，賽莉由於秀格的愛，逐漸建立自我的價值，最後兩人變成了情人。秀格幫助賽莉學習重視及珍愛自己的女性特質，並且找到自己的天賦：她會裁縫舒適又完美的手工衣褲。最後，賽莉學會了無依賴的愛，因為她發現自己已有生存的能耐，並且即使秀格離她而去，她也可以歡喜甘願。

阿伯特的命運比較像那隻青蛙。首先，秀格因為他虐待賽莉而質疑他、排斥他。後來，賽莉也站起來反抗他，並且離開他，還咒詛他的作惡多端會報應回到他自己身上。最終，由於他兒子的愛和關心，阿伯特還是得到救贖。

故事的結尾，他們三人——賽莉、秀格和阿伯特——彼此互相關愛。阿伯特放棄他做作的大家長姿態，秀格回去找賽莉。當女人確認了自己的生命，她們會為彼此創造出一個相互滋潤、增強力量的社群。男人也會彼此互尋安慰，最後，男人們也放棄權力的幻影，敞開自己，彼此互相關懷。他們所得到的報償，是共同邁向一個愛的社會。

最後，秀格這位魔法師不但重新定義人的社群，她還重新定義了靈性的真實。父權宗教將上帝這位「父」「高高」放在上面，而人類社會則是梯形的堆積，白種男人在梯子的頂端。秀格告訴賽莉，上帝不是男人，也不是白人。她說上帝是一個「祂」，你毋需與祂和解，也毋需取悅祂。上帝就在萬事萬物裡面，包括賽莉和秀格自己。她撫按著賽莉的大腿，一邊解釋說：

……上帝愛所有的感覺。這是上帝最好的地方。當你知道上帝喜愛它們，你會更享受它們。你可以放鬆一點，順著事情的發展，走著瞧，一邊讚美上帝，喜歡你所愛的。上帝不認為這樣骯髒嗎？我問。不，她說，這是上帝造的。聽著，上帝愛每個你所愛的事物，也愛一大堆你不愛的。不過，更甚的是，上帝喜愛讚美。妳是說上帝愛慕虛榮？我問。不，她回答，不是虛榮，只是要與人分享好事。我想如果你走在一片開滿了紫色花朵的田園裡卻沒有看到它們，那上帝一定會很不高興。如果祂生氣怎麼辦？我問。喔！那就另當別論嘍！人們以為做上帝喜歡的事來取悅祂，以為上帝只在意這一點。但是，任何世間的傻瓜都知道，祂一直試著要取悅我們……是的，賽莉，她說，每件事都需要被愛。我們唱歌、跳舞、化妝、送花都是為了被愛。妳注意到樹一直在盡可能努力，要吸引我們的注意嗎？就只差沒走給我們看了。

你看，秀格如此優雅地為我們解釋了一張新的靈性地圖，魔法師不嘗試取悅上帝，不把上帝放在上面，也不費盡心思學著像祂，沒有這個需要，因為上帝不需要被想像得有多好。只要上帝不高高在上，魔鬼不低伏在下，就沒有什麼特別需要證明和贖罪的事了。人就是人，正如花就是花，絕不會是別的東西。我們的工作是好好活著，全面活出自己，活在與他人、與地球、與上帝的親愛關係之中。

對許多女人和某些男人來說，用女神取代想像中的上帝，比較容易想像出秀格所描繪的宗教典範。因為，女人不會被期待比一般人優越，也不被期望用權力來控制我們，因此，跟天父上帝的形象相較之下，女神的形象比較不會讓人聯想到有審判者的意味。長久以來，男性神的形象一直被用來做為男人宰制的藉口，又因為某些女人體驗到的神性是他者（Other），而非女性，因此，有必要用女神來幫助婦女增強本身的力量。女神跟我們很相近，女神的形象有助於我們理解並珍惜我們內在的神性。有些婦女雖然比較不認同女神的形象，卻會強調上帝的陰柔屬性。

上述的說法，對某些男人也成立，因為他們的認同和女性一樣，以非階級性的合作關係來看待這個世界。用女神或雌雄同體的神來想像上帝，有助於他們肯定自己關愛的能力，而非征服的能力。由於女神經常主管從鬥士到魔法師的轉化，因此，也負責隨之而來的整合──整合「女性」的愛與撫育能力以及「男性」的勇氣與紀律。重要的是，我們必須了解，雖然男人比較偏好鬥士氣質，女人偏向關愛氣質，魔法師卻是一個雌雄同體、整合兩者的人。

走進新世界

跟殉道者、流浪者和鬥士一樣，魔法師也必須一關過一關，體驗許多不同層次的道理。魔法師旅程的第一階段是天真者原型，相應於兒童時期的魔法思考特性而產生。我們的文化不鼓勵魔法式思考，以便形塑較為理性的看待世界方式。然而，一旦旅程開始之後，我們確實需要學習分辨真實與虛構，也需要在真實的體驗中察知自己的虛飾之處，同時，我們還要學著不要指望會有什麼奇蹟式的結局。雖然我們從小不被鼓勵魔法思考，但大多數人都多少會有一些神妙的經驗──超感官的覺知、恩寵時刻、或千鈞一髮離開險地，但是，一般人都將這類時刻區隔在真實生活之外，否認其真實性。事實上，包括同步現象和反射現象在內都不是什麼神奇的法術，它們的運作法則，跟因果律及地心引力一樣可以證明。魔法師只是多學了一些另類的法則，這些法則在我們文化一致認可的因果律之外，也因為如此，魔法師才會用不同的方法來看待世界。

歷史上，只有少數人能從文化當中推進到魔法師階段，但是到了今天，不論是新時代運動、婦女運動或基督宗教及猶太教內的解放運動，都有大量的參與者正在使用魔法師的思考模式。許多不在這些運動中的人，也只是單純在觀念上贊同這種思考。但是許多人必須知道它真正存在，才能轉化到此階段，就好像殉道者無法想像成為一個鬥士，直到她真正看到有人奮不顧身地爭取自己所需，為它而戰，並且贏得最後的勝利，才能明白箇中道理一樣。

但無論如何，除非我們完成了殉道者、流浪者以及鬥士的功課，否則我們不應該使用魔法師的力量。如果沒有將力量平等地用於別人和自己身上、沒有自我尊嚴的堅持、沒有勇氣和紀律肯定自己的真實世界，就難以避免魔法師力量的誤用。它可能被用在逃避痛苦上面，或多管他人閒事而非幫助他人，以及最常見的情形，被用來完成自我中心的目的。這也就是為什麼大多數人都不信任這股力量，即便親自體驗了它，大多數人仍然無法相信它。他們知道，自己會誤用它，這個念頭使人們對之退避三舍。

對大多數的人來說，魔法師狀態的起始階段，會有別於他們自己其他的經驗，而且會有一段時間，對他們看待世界的方式，根本起不了什麼作用。要在生活中遇見一個魔法師，如賽莉和阿伯特遇見秀格，或者要藉由閱讀書籍，才可能吸收到魔法師的世界觀，接下來，魔法師與世界的關聯方式才有可能開始發生作用。下一個步驟，可能是要開始注意生活中一些同步現象的事件，並重新回顧自己的生命，問自己：「這些都是我自己在靈魂深處所做的選擇嗎？我有信心確定這些選擇是正確的嗎？」其結果是要讓自己了解，即使在不知不覺中，我們也一直都是宇宙的共創者。最後的階段，是讓我們活在有自覺的過程中，不論是有意識或無意識的過程，我們都要為它們負責任。這種做法，需要有鬥士的膽量與信心，為妖龍命名並敢於與它面對面。要能負責任並做得漂亮，還需要有殉道者的能力：放下執著、博愛宇宙，進而肯定妖龍只是吾人的陰影。弔詭的是，當魔法師既能控制又能放手的時候，他們就能夠對任何艱難困危保持開放，帶著信心和喜悅，奔赴任何他們必須去和想要去的地方。

這在現實生活中意味著，當他們已經準備好要一份新愛的時候，他們有信心會自己得到。同樣的，當他們已準備好要有一份新工作時，新工作就會出現。他們會住在一個已經準備好隨時可以轉化的國度裡。當他們準備好迎接某一個新東西，他們會觀想那個所要的東西，並且向宇宙祈求，同時他們也明白，如果得不到，是因為在他們內心中更深、更智慧的本我另有所求。如果他們並未得到觀想中的東西，通常是因為他們還正在發展和其他原型的合作技巧，也許他們還需要更肯定自己一些，也許，他們還必須學習更多放下或探索的相關課程。

有時候他們還需不忘互相依賴的道理，他們獲取所需東西的能力，不只要依賴他自己的發展，也要依賴別人的發展。

有人問《夢見黑暗》(*Dreaming the Dark*)的作者史塔霍克(Starhwak)，人的父母是否是自己的選擇，他說：「是的，但有點像訂購日本車，能供選擇的配備十分有限，你可能找不到你真正想要的車型和顏色。」換句話說，外在的世界可不是虛幻的，除非它存在，否則你不可能要到你想要的，要不然，你就得創造它或發明它。

如果你要的東西尚未存在，或剛好庫存不夠，你能做的就是自行發明或等待。有時候，你渴望的伴侶就在身邊，但他或她自己的旅程上，卻尚未走到恰當的位置與你相遇。或許，你所屬的文化裡，沒有一套雇傭的標準適合你的志業。我認識一個婦女，因為覺得生活沒有目標，而找一位靈媒算命，靈媒說，她是個天生的廟祝，然而，她所在的世界卻沒有什麼寺廟，從來沒有人登廣告要找廟祝。這個回答顯然是叫她去蓋一座廟，或重新定義在當今的世界裡做廟祝的意義。在這裡，同步現象可能會幫助她記住某些東西。至少從某些角度看起來，走在時代前端的人，很少不是自成一個小宇宙的。廟祝需要找出自己敬畏的神聖之物，並且好好地保管它們。

明白人必須互相依賴，多少會讓我們感到受限制，因為，目前為止，要走進新世界和新時代，我們真的只能靠我們自己。然而，首先，最重要的是，我們必須知道即便是處於今天的社會，我們的生命卻可以有怎樣的深刻變革。我曾經注意過住在相同國家的人，看起來卻好像住在不同的宇宙當中；有些人的精神生活看起來充滿貧乏、匱缺、寂寞、恐懼和貧窮（富有的人也一樣！），還有醜陋；而有些人則被愛、美和充足以及友情、富饒和快樂包圍。同樣的，有些人還生活在十九世紀，有的人卻生活在二十一世紀。在許多作為和觀點上，我們真的住在不同的世界中。

鬥士會堅信，我們必須強迫人們進駐新世界，但魔法師知道，我們只要提供選項就好。人們本來就會被品質高的生活吸引，留給他們選擇權，他們將會被吸過來。而且，跟以前比起來，此刻所擁有足以讓我們得到完整喜悅的機會，早已遠遠超過從前。現在我們所擁有的早已超過所需，而且當越多的人變得更能自由創造時，那麼一切就會一直愈來愈充足。

史塔頓（Mary Staton）的經典科幻小說《畢耳傳奇錄》（*From the Legend of Biel*），描述一個文明，從來不用戰爭手段，卻逐漸成長，超越了大部分的宇宙文明。它是一個和平、平等以及複雜的文明。其他社群從未被迫加入它，卻一直被好奇驅使，主動向它靠攏。當其他社群走進這個文明的時候，它們發現自己身處一個千房大廳，它們在此體驗到無盡的冒險。經歷這些冒險，使它們逐漸演化，進而發現更深一層的自己。這個過程，使它們從原始的、線性的、二元對立的、階級結構組織以及父權意識，進展到一個更複雜、多向度以及更平等看待世界的方式。當他們到達那個層次以後，它們再也無法想像，要回到過去做事情的方法了；這就好像學會了走路和飛行之後，人很難想像爬行一樣。

魔法師不強迫社會變革，因為他們知道，人們必須踏上自己的旅程，才能活出既人性又和平的世界。另一方面，他們也明白，文化中有許多人為的規矩，延遲了人們的動作，使人們封鎖在不必要的制約之中。魔法師的行動有如一塊磁鐵，吸引並導通正向能量，有助改變。他們有能力如此做，因為他們能夠認出可以讓個人、組織或社群成長的地方，然後，他們會養育這個地方。雖然他們可能是、也可能不是某個特殊政治、宗教或知識運動的領導人，他們的行動卻像一個造雨師，只要有他們在，成長就會發生。

由於我們所相信的世界其實只是一個投射，因此，魔法師反而有能力激起人們的希望，因為魔法師堅信我們有可能建立一個和平、人性、公平和關愛的世界：他們自己已經學會平和、關愛、尊重自己及別人。更進一步來看，他們會吸引他們的同類，因此，在生命的不同領域內，他們總會經驗到和他們自己的真實相同的世界。

他們知道，只要我們敞開心扉，愛就會源源不絕。只要我們不再囤積居奇——才能、觀念、物質產品，我們永遠不虞匱乏。他們知道，我們出於恐懼，才會製造貧乏，如果我們將生命的所有天賦完全交付給宇宙和彼此，我們會找到真正的工作、真正的愛，體驗到我們整全的本性——它永遠都是善的。

於是，魔法師終於從他們實際經歷的生活中，達成相信生命可以是歡樂的、豐饒的。李關的小說《被掠奪者》（*the Dispossessed*）裡的夏維克（Shevek）說：「**你不能製造革命，你只能成為革命本身。**」這真是魔法師意識的最佳寫照。魔法師知道，當你動手做的時候，你的世界就改變了——好似著了魔法一般。

經典中的英雄神話開端，王國是一片焦土。五穀不生、疾病橫行、生育停止，到處充斥著絕望與冷漠。豐饒的生命跡象完全消失。這個窘境是那個無能、罪惡又獨裁的國王造成的。而年輕的挑戰者開始走上英雄的旅程，遭遇恐龍並尋得寶藏。它有可能是金銀珠寶，或是更具象徵意義的東西，比如說聖杯傳奇中的聖杯，或費雪王神話（Fisher King myths）中的聖魚。當英雄勝利返鄉，他（而且，誠如我們所知，傳統上是個男性角色）被加冕為王，但比這個更重要的是，在他回返時，整個王國神奇的轉化了：下雨、五穀繁茂、嬰兒出生、疫病停止、希望充滿人間、人們獲得重生。

英雄不只為了自己的成長和改變而探險，還要協助改變王國。在《英雄：神話／意象／象徵》（*The Hero: Myth/Image/Symbol*）一書中，作者諾門（Dorothy Norman）主張「英雄神話是對人類死裡逃生之探險最鮮活的講述」。坎伯在《千面英雄》中則把英雄定義為「善於因應變化而非既成事物的人；被他殺死的恐龍絕對是保持現狀的怪獸，它是緊抓過去不放的囤積者。」英雄的任務永遠是為垂死的文化注入新生命。

新時代的英雄仍然擁有相同的功能。他和古代英雄在探索與王國的基本「平等」性質上有所不同。現在不再只是一個人——通常是個白種男人——承擔此任務，並把新的真理或真實帶回王國，今天所有人都需要這麼做。**今日的英雄主義要求我們走上自己的旅程，去尋訪真正自我的寶藏，並和全體社群共享，方法是實踐並充分做自己。我**

們若能如此實踐，我們的王國才能轉化。

如果你有看報紙，或許你會注意到世事無甚改變——或者只有變得更壞，而非更好。事實上，類似現今這個社會劇烈變革的時代，世事總是同時變好又變壞。雖然新世界的種子永遠根植在舊世界的廢墟中，但是舊世界仍然是注目的焦點。在這個轉變的時代，王國真的不只一個，而是有無限個。在新的共識產生之前，這仍會是個高度實驗性的時代。

同時，轉化的王國外形和誰當總統或國會通過什麼法案沒有太多關係（雖然這些活動對生活在這個國家中多數人民的生活品質很重要，對生活在貧窮線上的人們更是絕對的關鍵，不論結果是好是壞）。當社會總體試圖以強加他人身上的方式，緊抓住舊方法不放，並把心思放在日漸增加的瑣碎細節時，個別的社會環境如工作場所、鄰里關係、社區組織以及網路等卻正在改變中。比如說，環保、和平及婦女等的政治過程與傳統的政治完全不同；同樣的，福祉運動與另類教育背後的假設，也與過去主流健康醫療和教育的理念，相距十萬八千里。

我們現在在生活的許多種領域中，都有權選擇要居住在怎樣的環境中。當我們從旅途探索中明白自己是誰、自己的想法和感覺，以及價值和信念是什麼的時候，我們開始將自己攤開來接受檢視。當我們如此做時，我們就會吸引希望生活在同樣轉化王國中的人。我們形塑了迷你王國，由想嘗試新生命及成長方式的人組成的社群。這個過程非常神奇，就像古代英雄在旅程結尾之際神奇的轉化了王國一樣。

多數情況下，我們甚至不知道這些適合我們的人、運動和書籍是否存在。它像學習新字一樣。你從來不認識它，但是你學會以後，隨時都會聽到它。事實上，它原本就在那裡，但是當然不是為你存在。你沒有注意到它，是因為它不存在於你的世界裡。同樣，在初期的探索中，我們會感到孤獨和疏離，認定要融入就必須服從我們相信的「真實」。但是我們改變時，真實也會改變。**我們愈有勇氣做自己，就愈有機會活在適合自己的社群中。**

用原型心理學來看待這種成長的另一種方式，就是想像古典英雄的情節；他是孤兒，在家裏被壓迫、不受喜愛，並且離家尋找真正的歸屬。當我們愈做自己，也因此能夠與我們覺得深具緣份的人交往，那麼我們與他人的關係便會更親密，也更滿足。於是，英雄無可避免的孤寂之旅的回報，便是融合——與自己、他人、自然及精神世界融合。在旅程的終點，英雄會覺得自己「在」家了。

這並不表示問題的結束。踏上英雄旅程並不能使我們不用生活；生病、死亡、失望、背棄、甚至失敗都是人類局限的一部分。但只要我們對自己和世界有信心，它們便比較堪忍。此外，由於英雄面對他們的恐懼，所以他們並不會太受制於恐懼。我們可以在不受到我們這樣做是否對、別人是否贊同我、或是否有人會找我麻煩等慣性問題干擾的情況下行動。占波斯基（Gerald Jampolsky）在《無懼的愛》（*Love is Letting Go of Fear*）一書中解釋說，是許多不同層次的恐懼使我們無法去經驗深處的愛。愈能放下恐懼者，愈能融入生命的力量。當我們一直害怕自己不夠好時，我們便無法融入人人本具的基本精神力量之中。

如果我們害怕自然並將它看得比精神層次低，或者認為那裡是充滿毒蛇猛獸，會侵吞我們的險地，那麼我們將無法得到它的滋養。如果我們害怕他人（會反對、嘲笑或傷害我們），那麼我們將無法經驗到彼此間的深愛與許諾。簡言之，因為我們踏上孤寂之旅，所以才能與自己和他人慈愛和諧的相處，所以才能沐浴在時刻圍繞我們四周的愛流中。它來自我們內心、他人以及自然與精神的世界。它無時不在。英雄的任務是要發展出完備的自我，以便接收此能量，而不必害怕在其中迷失了方向，或者被它的力量所淹沒。

在經典的故事情節中，英雄成了國王或皇后。在當今的平等英雄模型中，結局很可能不是如此，而且我們可能也已注意到，自己既無法得到聖杯，也沒找到聖魚。也許成為國王或皇后的意義是我們負起責任——不只是對自己內在的真實負責，也對外在世界反映出此真實的方式負責。我們負起的是王國領導者的責任。這也表示當我們覺得王國成為一片荒原時，便是我們上路繼續探索的時候到了。我們可能變得太舒適而停止成長。

誠如希爾曼（James Hillman）在《修正心理學》（*Re-visioning Psychology*）一書中所解釋的，**我們的探索之旅，特別是與原型的遭逢，是和「打造靈魂」有關的**。我們踏上旅程發展靈魂。在集體的層次上，我們共同創造一個世界的靈魂。我們所居住的整體王國反映出世界靈魂的狀態。不論我們想嘗試以任何其他方式來改變世界，我們的基本責任就是踏上自己的旅程。否則我們非但沒有為世界帶來更多生命，反而變成黑洞般吸食生命的虛空，而且不論我們試圖付出多少，我們還是榨乾了週遭的生命能量，而使我們的世界逐步消褪、缺乏活力。

正如先前所提過的，英雄之旅不是線性而是螺旋狀的路徑。我們在不同深度、廣度和高度的原型顯象中不斷迴旋穿梭。這與去那裡無關，而是豐足與否的試煉。你知道有些人會給我們膚淺的感覺，好像胸無點墨一般。他們的靈魂單薄，好像因為厭食而缺乏養份。探索之旅使我們豐盈，給我們真材實料。凡是經歷過精神之旅者會覺得自己比較偉岸，即使他們身材瘦小纖細。我們感覺到的是他們靈魂的尺寸。

當我們通過這螺旋式的路徑，我們旅程中的「階段」便成為與外在世界互動過程之流的一部分。每次當我們經驗到理想破滅或無力時，我們便施展出從孤兒原型學來的教訓——我們哀傷所失去的，同時也體認到尚不具備處理全然屬於自己事務的知識與技巧，於是我們尋求協助。當我們感到疏離時，我們會專注內省，並自問現在是何身分？我們必須耐心費時的趕上自己不斷變化的身分。

當我們感到受威脅和憤怒時，我們知道自己並沒有完全依據自己所願所信的方式生活。我們於是肯定自己及所抱持的價值，冒險跨越傳統的邊緣去過自己選擇的生活，並承擔此一選擇的後果。當我們因給得太多或不恰當而有覺得無用之感，或因他人的要求而覺得被壓制，那麼就是探討什麼才是自己真正應該付出的時候到了。我們必須問，此生真正要付出的是什麼？何者只是安撫他人罷了？

最後，當我們生起懷疑和害怕之情時，就是我們敞開信仰之心、樂愛擁抱以及肯定匍匐在生命邊緣之陰影的時候了，如此便拓展了我們覺得安全與歡樂的界限。「這是魔法師與天真者結合的方式，也是我們折回生命原點的方式」，唯一的差別只是我們的意識變得更清明，並因此更能比較自由的做選擇罷了。現在伊甸園更完整，不再那樣狹隘。永遠有空間容納更多有關自我與世界的真實進來。

最初的螺旋運轉需要很多時間和精力。它們是辛苦的工作。不過，它有點像騎腳踏車；一旦你抓住竅門，很自然就學會了。當我們了解每個原型賜予的功課時，它們便自然成為我們的一部分。並不是我們就此離開探索之旅，而是它如此融入我們，以至於我們不再察覺到它們的存在。現在我們注意的焦點放在另一個挑戰上，也就是內容及形式都和先前極不相同的英雄之旅。

雖然這裡描述的是典型的英雄之旅，但是它並不一定與特定個人的經驗相符合。儘管這裡所提供的綱要是我們旅程的總圖，但每個人的旅程終究是各個不同的。因為有些地方是沒有地圖能夠指引我們的，這時我們必須完全信任自己的過程。誠如唐璜（Don Juan）在《一個分離的現實》（*A Separate Reality*）中對卡斯奈達（Carlos Casteneda）所解釋的，「不論你選擇的路徑為何，它什麼地方也到不了。」但是，你依所需多次嘗試，想找出一條路來的舉動並不可恥，因為世上的真理檢驗只有一個——能帶給你喜樂的便是。

你的探索不一定與這個模式相符。不論如何，遵循你自己的道路。就某種觀點而言，英雄之旅只是可能的途徑之一。你也許需要先經歷別的探險，或者你可能需要先把英雄氣概當做是你成長的主要焦點來完成，至少目前是如此。曾經有人問我英雄之旅以後如何。當然，這個主題已經超越本書的範圍，不過如果說結果英雄成了國王和皇后，並善盡對自己王國的責任，應是大致不差的說法。或者說他們成為愛人，並在愛神愛芙羅黛蒂（Aplrodite）和性愛之神愛洛斯（Eros）膝前學習。又或者他們以愚者的原型在探索自由與無礙之道。

不論你走在那個旅程上，要絕對信任它，因為原型在此幫助你。敞開心胸讓它們進來。

8

閱讀手冊

How to Use This Book

我若能從萬人的方言並天使的話語，卻沒有愛，
我就成了鳴的鑼，響的鈸一般。
我若有先知講道之能，也明白各樣的奧秘，
各樣的知識，而且有全備的信叫我能夠移山，
卻沒有愛，我就不算什麼。……
如今常存的有信、有望、有愛，
這三樣其中最大的是愛。

——〈哥林多前書〉，13: 1-3, 13

在運用所有的知識時，以倫理、人性及關愛的方式來進行，是極為重要的一件事。本書寫作的目的，是要幫助人們找出許多可能潛藏在他們所謂的「問題」之下的生活模式。因為我們的文化中假設人們應該「正常的」表現——微笑、平衡和快樂，所以人們對糟糕的感覺覺得很糟。首先，除了在生活中遭受痛苦和困惑的煎熬之外，他們還會因為有這些困難而覺得不妥。或者他們至少覺得應該能夠把這些問題處理得更好才對。

當我們將困難看成是人格發展旅程的一部分，那麼某些痛苦可能會減輕。我們可以對這個過程懷著敬意，並以自己是個演進的生命為榮，而不會對自己不滿而擔心是否出了什麼問題。此外，我們若能以敬重自己和經歷的旅程，那麼我們便可以更輕鬆的前進，同時可以在過程中獲得更多的冒險感和刺激感。當個人熬過一段艱難歷程後，把它視為是一場英雄的「試煉之路」，當然比證明是自己一貫的愚蠢，或生命總是可悲不公平要來得有尊嚴。

因此，這些理論應該被謹慎的運用在個人的旅程上，不論是你的或他人的旅程。它們絕對不應該被用來檢查他人的生命，比如說，在旅程中的某個「錯誤」地方加以運用。你最好寧可沒有讀這本書，也不要以此為由打擊自己或他人。

與可能的文化偏見有關的倫理問題十分重要。不少看過本書草稿的同僚與學生，提出探索之旅或許只能期待特權階級做到，但對不幸的弱勢族群則不相干。我對這個看法有所保留。雕琢靈性不僅是富人的禁區。不過，人類發展與階級、種族等問題的關係，確實是相當複雜的。

我認識一些比大多數人擁有更多金錢、特權、教育及事業成就的人，但是他們精神匱乏的程度卻到了毫無進展的地步。所以你在最貧窮、最頹廢的非洲裔或拉丁裔社區，以及印地安保留區中，也必然會發現和別處人們同樣有智慧和人格發展健全的老者與女性。我不只主張個人可以戰勝種種極端不可能的事（或在最好的環境中拒絕成長）；我也認為富足不只是財富與權力的問題。白種中產階級人士似乎只看到我們文化中物質主義的價值，卻對我們其他次文化的價值視而不見，特別是那些物質不發達的文化區。

另一方面，我們也會對非主流文化過於浪漫，因而沒能正視成長的真正障礙；它們是由於貧窮、依賴以及對不尊重個人或文化的社會疏離所造成的。美國原住民是最明顯的例證，所有被壓迫的團體在某種程度上也是如此，不論壓迫的原因是種族、民族、性別、性取向或階級。

壓迫傾向將我們封鎖在「孤兒」的模式中，因為我們愈是感到被壓迫和不公，我們就愈覺得自己被壓迫。當我們愈掩飾這些事實真相時，我們其實既對不起自己，也對不起他人。特別是當我們把每個人都具有公平競爭機會這個社會迷思（或相反的，每個人都可以用抱怨失敗的方式成功）加以內化，或對他人強化這個印象時，我們便使自己和他人無法體認接受壓迫的痛苦。如實地看待這個世界，並悲悼它的不仁，乃是邁上其他道路的先決條件。

同理，我們也無需美化特權；許多上流社會的白種男人因為是以極度自我中心的方式成長，所以他們的發展便停滯在天真者的階段。如果他們不能明白兩種方式皆有其限制，以及他們的優勢是以他人痛苦為代價的，那麼他們也不可能在自己的旅程上走太遠。

在靈性塑造方面沒有真正的階級之分。**人類集體靈魂演化有賴於我們每個人，而且沒有哪個人比別人更重要**。可行的道路很多，但並非每條路都是英雄之路。有些你認識的人可能正在探索他們的黑暗面，這是許多人不會贊同的道路。誰會說他們的靈魂塑造比本書描繪的英雄之路不重要呢？在魔法師之路上旅行，與陰影做某種程度的妥協和予以肯定是必要的。

因此，這些理念絕不應該被用來操控。雖然你的員工在魔法師階段會使你公司的營收增加，但是這並不表示你有權強迫他們成為這個樣態。最近我聽說一個用心良苦的老闆，在職場播放具有昇華作用的錄音帶給員工們聽，以便使他們會昇華地信任宇宙，並且相信自己會繁榮富裕。他不需要如此侵犯別人。他其實可以讓自己成為魔法師，如此就可以吸引到許多和他類似的人。

本書只是描述進程，而非處方。它不應該被用來刻意設計經驗，想以相同的階段幫助人們脫離困境。雖然我相信模式基本上是相通的，但是個人的心靈差異極大，而且他們的自主性與特性需要被尊重。這些模式可以幫助你，是因為一旦你可以辨識出自己或他人經歷的模式時，便可以學習得更快，並且可使經驗變得比較容易，也比較不具威脅性。所有的模式都可以幫助你向前行進，但是它們不應該被看成是規範性的，是個人「必須」通過或永遠不適合的階段。

簡言之，只要你記得重要的是個人的旅程——而非任何關於它的理論，那麼請自由的以各種有創意的方式來運用本書的觀點。它們的用意是讓人們在旅途上舒適，同時提醒我們探索是神聖的。它可以被描繪和鼓勵，但不應該被過度包裝，當然更不應該被控制、強迫和冒進。最好的途徑通常是蜿蜒曲折的，而我們可能會朝與終點落角處相當不同的方向進行。旅行是不講效率的，也不是可以預期或筆直向前的。

原型心理學的生命取向是對每個個體的心靈發展都予以重視。想要把此項發展含藏在某些先入為主的道德觀念、精神健康、良好適應或物質文化的成功之道中，乃是在製造罪惡，是使當前文化更加行屍走肉。並不是說精神健康、道德、成就、物質與社會成功不重要；它們只不過並非絕對價值罷了。它們當然不值得犧牲個體化、個性和獨特靈魂的發展來換取。有時人們需要發狂、貧乏、孤獨或使壞才能發展。雖然當有人因這些方式而受困時，我們伸出援手是重要的，但是最好的協助是幫助他們從每個狀態，學到他們可以學習的教訓，而不是使他們迎合我們認定的方式表現。

雖然個人的特性使得問題變得複雜，但是這並不能使我們免於知識——即使是相當有限的知識——所賦予的責任。一方面，企圖控制或強迫成長是有違倫理的。再者，當我們了解靈魂塑造，以及我們與男女諸神某些互動模式通則的重要性時，我們便有責任以各種我們所能的（正當）方式，來扮演好彼此間發展的產婆角色。

我們有許多組織和個人關係，使人們對其冒險旅程裹足不前。商業透過廣告針對人類的不安全感和害怕來促銷商品。教育工作者、傳道人和心理學家往往沒能教導我們所需的自我發展能力，因為他們需要我們再回去找他們，以保障他們的生計。一種不健康的依附關係一直保存著；愛人、夫妻、朋友還有父母，他們多次阻撓改變和成長，因為他們害怕跟不上我們。

我們必須負責處理自己的某些恐懼，像是害怕如果我們不為產品創造出人為的需要來，將無人會購買它；或是害怕如果他們學會自主，將不會有人需要我的服務，或是害怕如果別人不依賴我們，就表示沒人愛我們。因為我們不能或不願處收拾自己的恐懼，而妨礙了他人的成長是不道德的事。如果我們真的不能提供別人需要的東西，那麼就是我們踏上旅途，弄清自己的生涯方向，以及認識符合自己扮演的愛人、朋友或工作的角色的時候了。

有了知識，創建一個鼓勵發展環境的責任便隨之而來。我們中間的政治界、知識界或組織界領袖們，很容易就了解對組織環境的責任。每個人都對環境的創造有貢獻。領導人無法單獨完成這個工作。至少，如果你在職場、學校或多數的組織環境中，覺得無力影響其基調，你仍然可以在家庭氣氛的創造，以及與工作伙伴和朋友的日常互動上，扮演實質的角色。

人們需要安全而有支持力量的環境，使他們覺得被當做一個獨特的個體尊重，靈性被榮耀，而且不會被當做用過即丟的物品。這些環境也必須提供相當充分的現實挑戰層次，以使讓人們不會感到無聊，或困在他們的模式中，但是也不會挑戰太多到難有所成的地步。此外，人們要在以誠實為榮，期待獎掖正直和果決的地方才能成長。他們需要被適當的關切，不允許從不誠實、操縱、不負責任或消極侵略的行為中卸責。健康的環境包括對有害他人或團體的行為，要關懷但堅定的面對和承擔後果。

最後，人們需要的是可以分享個人成長，以及提供永續教育和討論的環境。誰會眼睜睜看著一個人溺水而不拋出繩子？誰會任由強姦者欺壓女人而不加以干涉和幫助？凡是正直和慈悲的人都不會如此！

人們被自己的無知淹沒，並且也被他們內化了的毀滅性刻板印象及迷思所震攝。如果你是一個治療師，責任並不一定是做一道保護牆。有時人們需要被教育，以學習思考事情的其他觀念和方式。如果老師、領袖和雇主擁有所有的答案，那麼學生、團體成員和員工便永遠不會去學習發現自己的答案。但是，如果任他們獨自一人奮鬥也是不負責任的；他們可能無法勝任該項挑戰。人們需要幫助，而最迫切的需要便是他們的靈魂能被肯定和榮耀。

如果你覺得自己已經進展到想要利用這些觀念來助人（而非在有需要時只能退出），特別是如果這些觀點與你的工作有關，你或許會對以下為專業人員所寫的簡短建議感興趣。

給專業人員的建議

如果你從事的是助人的專業，你可以利用此本書做為診斷的工具，幫助你確認你的案主、教區居民或學生們目前的狀況，並且形塑一個合宜的干預法，來提昇他們的成長與效率。它也可以做為不同思想派別的橋樑；比如說，政治上的保守人士傾向將窮人想像為「流浪者」（也就是不把他們當惡棍的時候），因此便認為最好的方法就是不理他們。自由派人士比較會把窮人視為「確實」需要幫助的「孤兒」。兩者在特定情況下，都有可能是對的。任務是要依據不同個人與團體的真正狀況，找出那一個途徑才是他們需要的。這樣的認知對那些最終可使人們成為具生產力、快樂而富裕之公民的政策，具有澄清作用。

信仰發展的不同途徑，亦各自適用於不同的階段。雖然告訴「孤兒」一心祈禱信仰耶穌是有用的方式，但是對剛剛踏入流浪者階段的人來說，鼓勵精神鍛鍊（如冥想、讀經或齋戒）或努力工作得其所欲，會是比較正確的作法。除非個人已具備某種自律和自我肯定的程度，談論當下豐盈的思想才比較有意義。

雖然讓人們對你講述他們在某個階段的故事，是非常有用的方法，但是他們在不同時候強調的部分，正好揭露了他們擅長的技巧。比如說，人們頭一次述說他們的故事時，可能會強調他們的受害經驗；然後他們會著重孤立的感覺；再接下來他們會談到他們的成就，以及個中的掙扎。於是，同樣的這些個人——經過幾年的治療分析——可能會專注在自己的天賦上，而且慶幸自己一向是如此的幸運。

人們在每個階段都需要被鼓勵去完整地經驗自己的情感，並從中學習到必修的功課。然則情感的本身是會改變的，即使是對生命中相同事件的感受亦然。許多不容易面對和接受痛苦、悲哀和恐懼的人，會驚訝的發現他們要完全去經驗喜悅也同樣困難。

我們在現代文化中遇到問題，因為我們的心從與靈魂結合的狀態中割裂出來。要重新與靈魂聯繫，我們需要清除那些阻絕溝通、老舊、抑制和壓縮的種種感覺。雪佛（Anne Schaef）創立的「過程治療」（process therapy），是我所知最能有效幫助人們除去障礙的清滌治療形式；它能使人們從自己的存有向真理開放。它如果結合身體方面的運作，釋放出累積體內的情緒，甚至會有更大的功效。有些人學習經由冥想，分析自己的夢境，或利用藝術治療來聆聽自己的聲音。形式可以不同，但目標是一致的，亦即與內在的存有聯繫起來。其他不如我們文化中多數受傷害那樣深重的人，只要在指導下學會專注於意念、身體和夢境的技巧就行了。

對人們處理特殊的原型模式而言，不同的治療形式是最好的。比如說，進入鬥士階段的人必須學習果斷的技巧，以及其他以行為為基礎的策略，以便學習如何在世間有效的行動。他們也需要處理自己的憤怒。「流浪者」從分析和情緒清滌的策略受益，不僅除去舊模式，也找出他們真正的自己。

準備進入魔法師階段的人，可能被理性分析的治療方式牽制，看清魔法師對超越的真實、直觀以及另類真實的興趣，如果不是全然瘋狂的話，也是一種逃避的作法。要對這樣的團體發揮效用，治療者必須自己也是魔法師，否則便無法在這個過程中提供協助。引導的想像、解夢、冥想，以及其他能幫助案主直接接觸到發自自己靈魂深處聲音的技術，乃是此處的關鍵之鑰。在這個發展點上，人們開始有意識地負起對自己進化的責任來，而要做到這點則需要直接接觸到來自存有深處的信息。

儀式的創造在此也很有助益。我們多數人的生命價值，被個人和制度化的儀式、習慣以及傳統不合時宜、未經檢驗的做事方法所貶抑。個人或團體從靈魂深處自發地發展出當前需要的儀式，將有助於把我們的意識心朝活出靈魂目的的方向調整。這類儀式包括精神的慶典，或在職場及家庭中的互動關係，以及我們每天早上起來或下班回家所做的事。我們回家的儀式是否匆匆忙忙，對孩子吼叫，或擁抱他們並坐下了解他們一天發生的事；是否胡亂湊出晚餐，或是把燒飯當成是一種很有感覺的過程；或是否花點時間讓自己專注，還是調杯烈酒讓自己安定下來，都會有很不一樣的效果。所有這些都是儀式化的習慣，代表著我們日常的生活品質，正如我們發明及修持的宗教儀式一樣明確。

當人們試著要體現魔法師的原型時，他們便已經準備好有意識地承擔生命的責任，也就是有意識的選擇自己的習慣和儀式。

幸運的是，不論老師或治療師都有吸引同類人的傾向，而通常我們最善於幫助別人度過我們剛經歷的階段。**注意你吸引的人是誰，以及他們的議題是什麼，乃是辨識你將要完成的階段的好方法。事實上，我們無可避免的會教導我們正在學習的東西。**

老師、雇主及團體領導者可以運用他們對這些原型模式的知識，以使教室、職場及組織的效率更高。比如說，「孤兒」需要有規則、秩序、結構以及被人關心的感覺。他們也需要嚴格踐履這些規則與責任。團體的情境對他們是有益的，他們可以因為關懷他人（或只因為同儕的壓力）而變得有責任感。

養成負責習慣的人，以及不計代價實踐諾言的人，已經證明自己是可以被信任的。然而他們可能會成為「殉道者」，除非他們被鼓勵成為更具自主性的人，而且對學習、組織與團體能做出最原始的貢獻。「殉道者」需要被鼓勵成朝更有野心的方向發展，並嘗試爬上成功的階梯。（對於長期困陷在忠誠、痛苦而不滿足的雇員或俱樂部成員，或負責誠懇但卻沒有創意的學生等角色上的婦女而言，這點特別重要，因為沒有人會對她們有更高的期望。）

另一方面，「流浪者」不應被壓迫進入團隊工作中。他們需要空間去發現自己的職業興趣或鑽研自己感興趣的事物。一旦他們發現真正令他們興奮的事物，讓他們戰鬥起來──把他們的觀念銷售（或傳授）給他人──是有益的。

雖然「鬥士」對冒險和競爭積極反應（這可能使其他階段的人卻步），但是如果不用別的方法做事，他們可能會在某個點上能量消耗殆盡。處在「鬥士」階段初期者的能量，可以集中起來對抗一個共同的敵人或競爭者。這使得他們不致將怒氣宣洩在彼此身上。但是，後期這個團體可從學習傾聽技巧、調解方法以及其他合作解決問題的策略上獲益；也可以從學習與同事分享感覺、恐懼、脆弱及想法上獲益。如果你能使他們成為誠實的人，既堅持自己的信念又能尊重別人，那麼你的生意、組織或班級將會無往不利。也正是在這點上，非階級式的組織和另類結構才能有效發揮功能。

最後，如果你想要你的組織、生意或班級變得神奇，請鼓勵所有成員傾聽內心中，對他們及這個團體應該怎麼做的聲音，然後你會對結果大吃一驚。當每個人都能自由地與他人分享智慧和洞見時，每個人變得清明、快樂、聰明和富足的程度，將遠超過自己所能想像。

此外，如果我們在養育孩子時察覺到這些原型，那麼就可以在所有相關的學習功課上提早鼓勵發展。目前我們的社會用二元對立的方式形塑問題（依賴對抗控制，撫育對抗自主自由），並對比較原始的殉道者、流浪者以及鬥士的原型模式，只提供文化的形象，這種作法實際上癱瘓了人的發展。尤有甚者，我們沒有告訴孩子他們可以成為魔法師。除了逃亡故事一類的小說外，他們完全看不到魔法師，大人還得非常痛苦地向他們解釋這些是杜撰而非真實的人物。把具有比較高度發展和精緻原型模式的形象與故事介紹給孩子們，可以幫助他們少浪費時間。我猜測下一代無需再經過每個原型內的各個階段。他們可以從我們的旅程獲益，而且可以在進入更清明、更健康的世界時，有個好的開始。

由於這項旅程不是線性的，我們「可以」同時發展所有的技巧。內在英雄不僅只是個「魔法師」，而是一個徹底學會本書所描述各種原型功課的人。每個階段的終極禮物，使英雄能以關愛的關係與所有的事物相處。當我們經驗每個原型的教訓時，我們便在這方面學習到許多可以幫助我們的技巧：例如，恭敬的要求自己想從上帝、彼此和自然世界得到的事物；以彼此的佈施及對予宙的施與，做為我們願意接受的表白；抉擇並尊重自己，在我們做到這點以前，愛人如己只是空話；為我們自己、所愛之人，生命物種以及地球而戰，以對抗任何減損或威脅生命活力的人與事。最後，當我們學會肯定並慶賀我們所有的一切，以及我們每天所賦予的，學會愛自己、彼此、地球、上帝，以及宇宙的生命潛能時，我們便邁入了新的紀元。

回應《內在英雄》第一版讀者的要求，下面的練習是為了再次幫助讀者接觸埋藏在內心的英雄，並將我們在不同深度與複雜度的層次與原型互動的成果擷取下來。因為許多練習是日記型的設計，因此在開始前最好先準備好日記或筆記。在筆記本中寫下問題的答案，並且記下你更具體驗性練習的經驗。如果你不喜歡用文字表達，那麼用繪畫的方式或動作也可以；錄在卡帶上、直接講述給朋友聽，或者任何你使用起來最自然的工具都可以。

其他練習的設計是與朋友或值得信賴的人分享的。最理想的是兩、三個人一起做練習，互相分享。如果找不到同志，與尚未完成他（她）自己練習的人分享也是好的。有些人選擇與治療師、牧師、教長或其他專業人士分享，而不是朋友。如果你實在不願分享，那麼就獨自完成筆記練習、白日夢、夢幻、冥想，以及所有自己可以單獨實行的活動。你或者可以和許多小孩子一樣，跟想像力豐富的朋友分享你的練習。

最好至少有三十分鐘的時間，你可以在一個既舒適又不被干擾的地方做白日夢，進行冥想和夢幻之旅。坐臥在一張舒適的椅子上。也許你喜歡安靜的音樂背景，也許你只要純然的安靜。花點時間深緩的呼吸，從腳趾頭開始直到頭頂，一寸一寸的放鬆身體緊張的部位。當你完全放鬆時，開始引導自己進入練習中所提示的白日夢、夢幻或冥想中。做這些練習時，你只要熟記重點，就可以盡情創造。間歇的休息是好的，因為你絕對有許多細節需要填充。完成這些練習後，用幾分鐘時間讓自己完全輕鬆，然後再重回日常活動中。

多數的活動練習（不論是獨自、找朋友或在團體中練習）是為適用各層次的人所設計的。不過，每段練習都包括一項進階的活動練習，這是為那些全部六個原型已發展到相當程度，而且目前發展的原型也達到相當高層次的人所設計的。

有些讀者已經在課堂或小組中討論過《內在英雄》這本書的材料，也許會覺得團體練習的效果較好。其他讀者也許想要組成內在英雄的支持團體，由三到七人組成誓言支持對方的小團體。下面的練習可以做為這些團體的基本經驗要素。如果你要組織一個內在英雄支持團體，最好邀請你喜歡的人。告訴他（她）你的構想，以及還有哪些人你想邀請。說清楚你是單獨領導，還是期待輪流領導（每個人負責一次聚會）或分享領導（由某些或全體成員分享責任，使團體保持健全和按計劃進行）。有效的團體成員守則見附錄(二)。

無論你是獨自一人，或是跟朋友、專業人員和團體一起練習，目標都是要幫你獲得《內在英雄》這本書中所描繪六個原型的寶藏。請自由調整練習，或補充替代也行。做那些引起你興趣的練習。重點不在完全跟從指示，而是要能接觸到你自己的內在英雄。

天真者

日記練習

一、列出你依賴與信任的人與事──那些通常不會讓你失望的人與事。這個名單可以包括提供我們日常服務，卻被視為理所當然的人（比如說，郵務服務及準時送信的郵差）、朋友、工作伙伴、家人，以及其他與你親近的人。

二、你在哪裡和跟誰在一起感到最安全？

三、你在何時何地最被信任和可靠？

四、回想一下你過去生活中感覺最美好的時刻。對來自快樂家庭的人來說，這個時刻可以包括他們早期的童年生活。它也可以包括你和愛人共處的時光。或者它也可能是一個治療的情境，或個人特別安全的成長經驗。或者它是一段與好友分享的時光，新工作的興奮，或者只是在自己喜歡的地方獨處。描寫一個或幾個你生命中類似這樣的事件。

白日夢之一：小憩時光

想像你是一個年輕的小孩──比如說是幼稚園年紀──準備要小憩一下。你也許正在畫畫塗鴉，或正在玩耍──直到老師堅持你非躺下不可。跟多數的小孩一樣，你想抗拒不睡，於是開始天馬行空地胡思亂想，你想長大以後，要做什麼，成為什麼。把自己當做一個年輕小孩，不要擔心不可能或不適合，盡情享受這份幻想。如果你想要夢想逃家加入馬戲團，就放任自己這樣做，但確實要做得愈精細、愈五彩繽紛才好。

白日夢之二：完美的童年

在白日夢中讓自己經驗到一個完美的童年，在那時你擁有一切你需要的事物：愛、財富、安全感、刺激，以及各種可能促使你成長的鼓勵。讓自己有時間處理自己的感覺。無論你真實的童年如何，你隨時可以在想像的生活中給自己一個完美的童年。

夢幻：我的避風港

想像你自己在時空中穿梭，乘坐任何你喜歡的交通工具——馬匹、駱駝、汽車、太空船等。想像你自己正在四處旅行。注意環境和你自己，看看你的穿著與長相（你可以把自己想成任何形式）。你的目的地是一個絕對安全和無憂無慮的地方。當你到達那裡，看看這個安全的地方是什麼樣子。注意（在夢幻中）它的感覺與味道，以及那裡的聲音。注意自己是否獨自一人，或有其他人或動物。如果有其他人，是誰？花幾分鐘好好享受一下那裡的氣氛。當你準備離開時，按照來時的路回去。

一旦找到你自己的安全所在，隨時都可以回到那裡去。剛開始你只有在感到孤單時才會去那裡。一陣子後，當你可以愈容易熟練的到達那裡時，只要你覺得遭受威脅，都可以隨時到那裡去。

冥想：創造之美

冥思創造之美。敞開自己，回想山中溪水、翱翔飛鳥和天真小孩的神奇。一項接一項的回想，專注在你認為美麗、具啟發性與歡樂的事物上。

活動

一、和別人分享以上的練習。

二、通常我們都假設別人應該是公平、仁慈、能幹和大方的。可是一旦發現他們不是如此，我們就非常失望。把我們的注意力轉放在人生的光明面上，遠離人生的失望，不再把正面的事物視為理所當然。因此，你要感激那些為了推銷物品，而向你展露笑容的推銷員；也應感激服務你的服務生，將工作做好的工作伙伴，以及對你支持的配偶。強調正面的行為不但鼓勵對方，也讓你自己更專注於生活的積極面。

三、以同樣的精神，記得感謝自己做對的事、有能力做的事，以及以仁慈之心做的事。感謝你自己比計劃中更早完成工作。但搞砸了也不要貶低你自己。感謝你自己的好心。徹底想通下次怎樣才會更好，然後感謝自己能花時間思考改進的事宜。

四、到動物園或公園、放風箏、吹肥皂泡、買冰淇淋吃、唱兒歌、玩可笑的遊戲、開玩笑惡作劇，並且在那些能使自己愉快憶起兒時天真景況的事情上縱情一番。

五、和你的同伴做一次信任散步。閉上眼睛讓你的同伴拉著你的手走路。牽手的人要確定你不跌倒、不碰撞任何東西，他要保障你的安全不受傷害。領導者也可以創造一些愉快的經驗，比如說放一朵玫瑰花在你手上，叫你嗅聞花香。設計這種經驗是為來增強安全感和支持感的。

六、玩遊戲，比如「芝麻開門」、「西門說」（Simon Says）或任何領導者說什麼，其餘的人就做什麼的遊戲，領導者最重要的工作是帶出信任感。

進階練習

想像你居住在一個完美的世界裡。那裡所有的困難、魔鬼和痛苦都是幻象——是人類創造出來增加生活中戲劇性和娛樂性的東西。如果你願意，可以選擇回伊甸園。在那裡每個人、每件事都是安全而值得信任的。但這並不是說你可以走在一部汽車前面，或從懸崖跳下去。即使在伊甸園內，一些自然的法則也必須遵守。這是說你選擇用更深層的運作方式，去了解每個人內心中渴望做好和被愛的想法。因此，請以一天時間練習不用任何人事的外表去評斷他們。用深層的愛去連結，而不是只看外表作為去評斷人事。看看一天下來會有什麼發現。

日記練習

一、列出曾經背叛你、遺棄你、虐待你、讓你失望，或傷害過你的人與事（信念、主張、組織或團體機構等）。

二、在何處與何人在一起，你覺得特別有力量？描述那個情境以及你的感覺。

三、列出他們覺得你曾背叛、遺棄、虐待、令他們失望過，以及傷害過的人的名單。你同意他們的看法嗎？

四、你曾在何時何處背叛、遺棄、虐待、使自己失望過，以及傷害過你自己？比如說，你曾何時背棄自己的理想價值過活？你何時曾選擇違背內心的意願？你何時曾真正需要，卻不情願接受幫助？你何時曾用毒品、酒精、關係和食物等事物來傷害自己？

五、你對什麼上癮著迷？任何使我們從不愉快的情境、知覺和情緒轉移的行為，都可能會使人上癮或迷戀，特別是我們如果對該情緒不太能控制的話，更是如此。很多人都知道毒品與酒精的成癮，也有人察覺自己有食物癮和關係癮。但是，購物、擔心、長舌、工作過度、做義工和靜坐冥想等，只要是不自覺地被用來逃避痛苦、憂鬱和憤怒，都有可能是一種上癮或著魔的行為。列出任何你覺得有上癮或可能著魔的行為。

六、你曾於何時何地向外求援？結果如何？

七、逐項列舉你感到不安全或不公平的世界。注意那些危及你個人幸福及整體社會的事例。

白日夢：解救

允許自己沉浸在解救的幻想中，不論它是「有一天我的王子（或公主）會來解救我」或是對完美的治療師、偉大的老闆，以及拯救危機的政治領袖的夢想。允許自己去感受被這個關愛、慈悲和有能的人照顧。接著想像自己就是這個人。這種感覺如何？

夢幻．重新看待過去

想像有一道巨大的彩虹，進入完全放鬆的你所在的安靜房間。你是如此輕鬆，輕得像羽毛一樣，你開始漂浮進入每一道彩光之中，然後你整個人沐浴在紅光中，接著是橘光、黃光、綠光、藍光，最後是紫光中。這道彩虹將你輕柔地安置在一朵白雲裡，你乘著它穿越時空遨遊四方。回到你生命中感到被遺棄、凌虐、背叛、傷害的事件中。好像看電影似地讓自己抽離這個景象，但請認同故事中的主角（你），並且同情劇中的自己（如此會引出淚水或宣洩出共鳴的情緒）。

當你完成時，想像你被賦予力量去重拍這部影片，並且改寫劇本。這使你可以用你想拍的方式進行。改變任何你想改變的部分：你的行為、他人的行為等。儘管想像有一個救援者來搭救你。不斷重拍這部影片直到你滿意為止。然後到儲存影片的地方，將舊影片丟掉，換上新的版本。回程通過雲層和彩虹時，允許各種色彩穿越你的身體，治療你早期記憶中殘存的痛苦。當你通過紫光、藍光、綠光、橘光和紅光時，徹底讓這些光治癒你。

一旦完成這個練習，記住隨時都可以回來重看這部新影片。有時候忍不住想要回顧早先那部充滿痛苦的版本，告訴自己已被新版本取代了。就看新影片吧！不斷重複回憶舊傷痛，只會增強對世界的負面信念。拍攝新「影片」有助我們創造替代的精神電路，也因此重建對世界的新信念。也許你想為不同的記憶重複做同樣的練習，但一個星期最好不要超過兩次。

冥想：把生命交付給至高

回想自己的無力感——所有你嘗試都失敗的事，別人拖垮你或自己拖垮自己的時候。讓你自己真的感覺到、體認到脆弱和無助的銘心之痛。然後想像宇宙中存在著某個更高深的力量。讓自己朝這個令人滿足的形象敞開。如果想像的是令你滿足的老人，那麼就讓他呈現。如果你比較喜歡沒有性別的人物，那麼就想像它是一股能量，如大自然、類似演進的科學力量，或任何你覺得信任的東西。有些人甚至喜歡把這個力量，想像成他們自己內心中比較高深的自己。

把這個比較高深的力量，想像成具有超乎人類的智慧。因此，如果你有任何抗拒這個力量的憤怒出現，就讓憤怒消失，因為你知道自己不明白這些事件背後更深入的理由。最後，要去體認這個大能更大的智慧和力量，允許自己將掌控生命的力量交到他（或她，或它）的手中，並且充分了解自己正安住在一個比平常意識自我更高、更聰慧、更有力量的存在的照顧中。

活動

一、與另一個人或團體分享上述的練習。

二、孤兒的感覺來襲時就需要解救。有許多與我們習慣問題有關，以及自我遺棄有關的支持團體存在；包括十二步驟團體（如匿名戒酒會、大人小孩戒酒協會、飲食協會、情緒處理協會、父母協會等）、女性意識處理團體、男性團體，以及許多治療團體等。對這些團體加以研判，找出適合你需要的團體。加入適當的團體，讓你接受互相的幫助，我們每個人都值得走出苦難。

三、十二步驟原本是為酒精上癮者設計的治療課程，但後來廣泛地被應用在處理與無力感相關的課題上，功效顯著。附錄㈢中列有這十二個步驟。第一個步驟承認自己無法克服酒精，描述你的無力感。如果沒有任何信仰，那麼就冥想上述那個更高、更有智慧的內在力量來幫助你。如果這位大能者不是個「他」，用適當的形容詞取代「他」。然後跟著指示逐步地做。第十二個步驟向有同樣需要的人伸出援手。如果你被遺棄無助的孤兒感非常強烈，在可能的範圍下，最好尋求團體的支持。

四、為了要認真處理你的無力感和受害感覺，最根本的方法還是實際去體驗表達你的痛苦、失望和憤怒的感覺。最有效的方法之一，就是直接發洩。找一個隱閉、安全的地方，單純地讓這些情緒宣洩出來。有時候只安靜地允許自己深呼吸（我們習慣屏住呼吸來壓抑情緒），就可以跟各種情緒連結。自由地大聲哭泣、喊叫、用力打枕頭或床褥。只要不傷害自己或別人，盡量將積壓的情緒宣洩出來。不論時間多久，讓痛苦的情緒出來。如果第一種情緒引發了其他多種的情緒，允許自己也經驗這些情緒。（注意：要確定陪伴你做情緒宣洩練習的人，不是引起你痛苦的人。）

五、用藝術的形式表達你的痛苦和憤怒：寫詩、寫歌、畫圖、編織、雕塑、舞蹈、一本編排完善的日記本，或任何你自然創造出來的創意表現。

六、角色扮演——跟著你的團體、另外一個人或單獨對著鏡子——任何方法讓你面對曾經傷害過你，或讓你摔倒的人。試著用不指責的方法告訴他你的感覺（不是「你好壞……」，而是「當你……我覺得……」）。讓你自己從個人或團體中的成員得到回饋，或注意觀察鏡中人的態度。繼續角色扮演直到你對自己所說的話語，以及如何呈現你自己感到滿意為止。然後也許你會想實際面對傷害你的人。（注意：要適當而直接地面對傷害你的人，最好花時間利用第三個活動練習，充分表達你的痛苦之後，再花時間做角色扮演的練習。）

七、這個練習最好只在前面幾項活動進行後才實行。如此本活動才不會是埋藏你痛苦的練習。在你表達痛苦，又能找到解決你痛苦情境的建設性方法後，最後的這個練習所提供的，是最極致的情緒宣洩方法。

現在用講述滑稽故事或鄉野軼事的態度，將那個造成你痛苦或受害的事件告訴你的朋友、團體、日記或鏡中的自己。如果做不到，可能你尚未完全紓解你的痛苦，再回到前項活動做練習。如果還蠻容易就做到，讓自己開懷大笑，邊說邊享受這個故事的荒謬。幽默的本質往往在反映人性中容易迷失，又極其脆弱的荒謬。嘲笑自己是在這個困難的世界中，學習讓自己有時可以犯錯，或可以脆弱的方法之一。

進階練習

回到現實生活中，注意有時你是否想拒絕看見別人的痛苦——例如你用指責的態度面對別人的苦境。如果你真的如此作，這個信息告訴你，你仍然有點壓抑自己內在的孤兒情結。再往內心深處走，看看什麼東西投射在此人身上，使你不容易接納他（她）。

唯有當你能夠溫柔地對待這個人，或這類型人的時候，才表示你適當地體認到自己內在的孤兒。（注意：這並不是說你不可以適度地和此人保持距離，不代表你有幫助他（或她）的義務，也不表示你在面對他（她）的苦境時，非要有同理心或慈悲心不可。你永遠可以決定是否有必要或適合去幫助他。）

流浪者

日記練習

一、你在何時何地感覺與人疏離而寂寞？盡可能仔細描述這種狀況，試著去了解這些狀況的那個部分讓你感到被隔絕。

二、你在何時、何地、與何人在一起時，會隱藏或縮小你的真面目？何事使你猶疑或害怕別人知道你？請你想像一下，在那些地方、那個時刻或和那些人在一起，會讓別人知道你是什麼樣的人，結果會怎樣？

三、你如何探索這個世界？你的選項是什麼？你旅行、讀書或做研究嗎？你喜歡「閱讀」他人嗎？你想學什麼？

四、在你目前的生活中，有什麼人或機構是因為你要做真正的自己而想離開的？如果有，這些機構和人是誰？他們如何限制你、傷害你！

五、我們常常因為認識了不適合我們的事物，才發現那些是我們原本想要的事物。

所以，你現在知道那些選擇是錯誤的嗎？盡量將它們列出來，然後盡量列出相反或替代的事物來。比如說，你列出吸毒是不對的，那麼也許無毒的生活就是你要的。如果去歐洲旅行是不對的，則留在家裡、去非洲或其他地方就是對的選擇。當你完成第二份名單時，盡可能核對那些看起來相反、替代或適合你的東西。有些感覺不十分確定的，再試試其他的替代方案，雖然有些看起來是不尋常或荒謬的——看看能否找出一個合適的。如果你無法相當輕易找出適合的替代事物，就不要再找了。相反的，去認識這可能是你生命中有疑問的部分。或者有時候，我們需要的是沒有任何替代物，只要輕鬆的放下，如此反而能為自己創造出更多的空間，與更開闊的生命。

六、重新列出一張你所認識的自己——你喜歡什麼？何事讓你高興？你最期待與渴望的是什麼等等。

七、注意你在做日記練習時指認的上癮行為和著魔的態度。許多時候，上癮及著魔行為是我們逃避功課的象徵性暗示。比如說，酒精或毒品上癮者的功課，是要走一趟精神成長之旅，並且藉由與酒神戴奧尼索斯的巧妙結合，進入生命中尋找健康的方法，讓生命臻於顛峰狀態。例如，長跑、冥想、儀式、舞蹈或擊鼓等皆是。工作狂的功課是，告訴自己停止過度工作，多享受一點空間、時間，以便找出自己真正的天職。愛和關係上癮症的人要融合性愛之神愛洛斯，以及他的母親戀愛之神愛芙羅黛蒂的本質，變成愛的傳道者，並且讓愛在世間暢行無阻。但是他們最重要的功課是愛他（她）自己。慣性的長舌人所要踏上的旅程，是去尋找表達他（她）內心深處的真實，並且在這個尋訪的過程中，練習真誠地傾聽別人。輕鬆對待你自己的上癮和著魔行為，看看能否找到任何召喚你的暗示。

八、列出一張你想做事情的清單。挑出一、兩個你精心計劃的焦點。想像它們完成的後果。

九、你相信人可以是特殊、獨立而重要的嗎？如果你不相信，要不要改變一下去相信它。

白日夢之一：我的完美生命

想像你將來有完美的一天、一小時或一星期，你所做的每件事都是你的最愛。想像你所處的環境、擺設、同伴和活動。想像你長的樣子、穿著、感覺。盡可能精確，感官知覺愈多愈好。（它看起來像什麼，感覺如何，嘗起來什麼味道，聞起來像什麼？聲音呢？等等。）

白日夢之二：二十世紀的探險

想像你是一個整裝待發去探險的摩登武士。雖然摩登武士通常不穿戴盔甲、刀劍和盾牌，也無需騎上駿馬，但新式的裝備還是需要的。沒錯，有少數人公開承認他們在找尋聖杯。無論如何在你本質上必須了解自己正是那個穿了時裝在找尋聖杯的武士，所以讓你無拘無束地想像如何武裝自己。你拿什麼當盾牌？什麼當武器？穿什麼樣的盔甲？比如說，你可能用某種特殊的裝扮做為盔甲，或者你可以在情緒上封閉起來武裝自己。你的武器可能是言辭，也可能是法律和規矩，或者你傾向用爆炸性的情緒來武裝自己。你的盾牌可能是某些社會規範或你的工作，它們確保你的身分地位，並且使你不受攻擊。有些人甚至利用疾病做為盾牌或自衛的機制，拒絕別人對他（她）的要求。

你那匹忠心耿耿的駿馬是什麼？在你的探險中是什麼在支持你？也許你的答案沒有什麼想像力——一部車子、飛機或摩托車。你的回答也可能是哲學的形式；你可能依賴某個特別的信念系統或事業途徑來走你的人生道路。

你所尋找的聖杯是什麼？想像它的樣子。是財富嗎？成功嗎？內在的平安嗎？更強的認同感和使命感嗎？對你來說，聖杯會為你帶來什麼？盡情想像聖杯的內容。讓你自己看到它、聽到它、感覺它、嘗它、聞它——用最感官的層次去認識你的聖杯。這麼一來，也許你會發誓要更忠誠地對待你的冒險，去尋找你真正所渴求的聖杯。

夢幻：探險的召喚

想像在某個你正準備去上班的早上，你忽然經驗到一個「探險的召喚」。也許是一個年老的武士，手上拿著聖杯出現在你眼前，除你之外沒有人看到他。也許你聽到上帝的聲音對你說話。也許你經驗到某種動物的召喚（它可能是你的圖騰動物）、某個人（他可能是你旅程中的導師或指導者）或任何東西。不論是什麼東西召喚你，讓你自己想像已離開每日的現實，進入一個夢幻的世界，那裡的精神與圖騰動物，恐龍和聖杯都是真實的。你可以看得見，也可以聽得到它們。讓召喚你的事物或人引導你，你只管跟隨著他（它）。注意你被召喚到達的地方：群山、海岸、地底、森林、城堡、外太空或任何時空地點。全神貫注在這個旅程中，確定你自己身在其中。盡情享樂、去經驗它、接觸它，但是當你回來時，記住別帶任何東西回來，將它們全部留在那裡。

冥想：聆聽諸神的呼喚

把個人的病態徵兆（肉體和精神的疾病或限制、上癮和迷戀）以及生活中的悲劇事件（死亡、遺棄與不幸），看做來自諸神的呼喚，是很好的一種反應方式。花幾分鐘安靜的冥思，向你的疾病、悲劇事件或其他生活中的傷害敞開，向內觀想它們，想像它們可能是來自眾神的恩典。懇求他或她回答你，為你提供智慧之路，找出深層的自己與認同。

活動

一、與朋友或團體分享上述的練習。

二、回到日記練習第八條那些你還未擁有的渴望。允許自己開始進行其中的某些項目。開始你一直想要的旅程。登記最吸引你的課程。試著用新的互動方法和別人交往。

三、開始將不再適合你的一些事物、人或活動從生活中剔除。為真正令你感到滿足的東西、愛人、朋友、工作和嗜好多留些空間。

四、讓自己多認識自己。你可能想要養成記日記習慣，想參加個人及團體的成長工作坊，想養成散步的習慣，想練習打坐，或者想爭取一個自我沉思的安靜時刻。做一些心理測驗可能有助於你了解自己的心理類型偏好和工作興趣等。

五、與同伴玩鏡子遊戲。首先，面對面站著，你的朋友好像鏡子似地反射你的動作，盡可能像你做的一樣（不要跟他／她做鬼臉，動作也不要太快，讓朋友跟得上），然後再角色互換。

六、這一次你做鏡子，用聲音回應你的朋友。試著告訴朋友你在鏡中看到他或她的正面形象，愈多愈好。內容包括他（她）的身體、情緒、精神層面的品質或行為，以及他（她）與別人互動的關係。也可以包括你想像中他（她）渴望追求的欲望，特別是有關他（她）所探索的生命課題。你的朋友可以用認同、感激或詢問來回應，但不可以否認或用任何自我批評的語言回答你。讓你的朋友回答你，然後換角色。讓朋友說出你的正面形象。

七、盡可能決定你現在想要的事物，並與朋友或團體分享。請他們和你一起動腦，想出獲得它的方法。抗拒任何想說「但是」的意圖，完全接受他們的建議和構想。把任何你想實現的想法付諸實踐。

進階練習

這個練習是為那些想在這此生中更深入了解自己的使命感、身分和需要的人而設計的。默想以下的簡單事實，如果我們每個人做真正屬於自己份內的事，那麼就沒有人需要辛苦工作。如果我們融入內在最深的智慧，那麼我們將知道什麼是我們最該做的事，什麼是屬於別人的工作（不管他們有否實踐它們）。我們不可以和不忠於自己內在自我的人妥協，因為——不論他們如何掙扎去做其他的功課——他們不可能做出屬於自己的獨特貢獻。我們只能實踐自己的部分，如果這個觀點引起你的共鳴，選擇某一段時間承諾你願做此實驗——至少一天或一星期。在這段時間內，每做一件事，你就停下來自問：「這是我該做的事嗎？」如果是，就繼續做。如果不是，那麼就抗拒那個想行動的欲望。或者如果你確知是誰的工作，你可以溫柔地提醒他們這個機會。

鬥士

日記練習

一、簡列你生活上的近程目標。你想達到什麼目的？實際上需要那些事物才能達到此一目標？

二、是什麼東西或人物讓你覺得像敵人、障礙或使你無法完成目標的恐龍？記下它（他）。你要如何克服這些阻礙、敵人和恐龍？什麼策略可強化你向成功邁進？

三、你內心是否會拒絕肯定自己的意志、價值和欲望，或者不願努力爭取生命中你要的東西？如果有，這些內在恐龍和阻礙的特性是什麼？你有什麼策略可以殺死或馴服它們？

四、你在何種情況下掙扎及抗爭？感覺如何？你受到挑戰還是威脅？或者是你其他的內在情緒在影響你？

五、你曾經試圖自己去解救什麼嗎？是他人還是自己的一部分？為什麼需要拯救它？

六、你願意為誰及為何而戰？你比較容易為自己而戰，還是為別人？

白日夢：贏得勝利

想像一個你非常想要的寶物。可能是一個物品、人物、榮譽、地位或任何吸引你的事物。想像你在競賽中用盡所有可能的火力要贏得勝利。你所使用的火力可以是槍砲、坦克車、手榴彈、文字和政治的影響力，以及讓別人有罪惡感等。不論用什麼工具，想像你為了勝利奮戰不懈。如果你對這種沒有底線的戰爭感到不舒服，記住這不是真實只是白日夢。當你達到目標，讓自己充分享受它，並且讓自己在整個過程中的感受釋放出來。

夢幻：面對恐龍

回到你在流浪者夢幻中找到的英雄國土：探險的召喚。最好沿著你先前往返的路徑再重新經歷一次，除非你感到另一個召喚路徑比那條更特別。在這塊土地上你要面對恐龍，但是首先要知道自己有什麼武器和盾牌，穿了什麼樣的防衛盔甲。花點時間鼓動起你的勇氣與決心。

當你準備好之後，注意就在前方不遠處的恐龍。把它的外表——大小、形狀和顏色——記下來。當它接近時，注意他的聲音、味道與感覺，特別是它的某些弱點。然後結合你所有的力氣與技巧，一舉屠殺它或馴服它。不用急慢慢來。恐龍保護著寶物，所以馴服或殺死它之後，仔細瞧瞧寶藏的所在。它可能是傳統的珠寶、黃金，但有時是非常不同的東西。不論它是什麼，你可以將它帶回到你真實的生活中。如果你未能以滿意的方法屠龍，再找一天重來。繼續不斷嘗試，直到你對夢幻中的成績覺得滿意為止。

冥想：反錯為正

用點時間冥想重大的社會問題，如核戰的威脅、環境的破壞、世界的饑荒、種族隔閡或任何你眼中嚴重的問題。接下來再冥想居住的社區、與你有關的組織，以及家庭和朋友們的問題。然後問自己三個問題：(1)如果你有能力可以幫助他們解決問題，你會做嗎？(2)有你可以幫得上忙的事情嗎？(3)如果有，想像一個可以實行的策略。

活動

一、跟朋友或團體分享上述的練習。

二、在自己的身體中感覺鬥士的姿勢，用身體的方式來表現鬥士精神是有益的。試試競爭的運動，如網球、足球、棒球、壘球、摔跤、排球或徑賽，來鍛練你的勇氣、自信和成就感。用比賽的態度來看待你平日的運動——慢跑、健身操或瑜珈——設定目標，創造成績；或練習如柔道、空手道或合氣道等的武術。

三、自我改造是鬥士精神不可或缺的品質。為你生命中的某個領域定下明確的實踐目標和計劃。它可能是個節食計劃、事業發展計劃，或是為了打破壞習慣而定的律己訓練計劃。如果可能，列出朋友、技能或團體幫助追蹤你的進度。

四、跟朋友、家人或團體玩西洋棋等益智遊戲。閱讀一些可增進你在家庭或職場中贏得目標之技巧（運動、軍事行動、事業發展、政治策略等）的書籍。

五、發展自我肯定的習慣。注意你有多常不按自己的本意、信念和價值說話或行動。與朋友或在團體中利用角色扮演的機會，熟練你的自我肯定技術。記得與他人的眼神接觸要柔和，採取一個強而有力的身體姿勢，並且盡可能簡潔而直接的說出你想從別人那兒獲得的東西。如果你不能肯定自己，那麼參加一個自我肯定的訓練團體。

六、針對一段特定期間——也許是一個星期——不讓任何人挑剔你或歸罪於你，如果你被錯開一張罰單，據理力爭不要付錢。有人挑你毛病，起來為自己辯護。如果看見有人被侮辱、被傷害，不要視而不見，採取行動。如果很安全，你就直接干預，如果不安全，就想辦法找到解決問題的人員。寫封信給民意代表。組織鄰居或工作伙伴一起矯正社區或職場中的錯誤。從小而容易達成的目標開始，再進入需要多些勇氣和冒險的工作。列出可以成為你助力的朋友或團體，他們也許只單純地幫忙追蹤進度，或者可以實際參與你的工作。

進階練習

確認某人是你生命中的對手或敵人。原則上，最好此人是你尚不知如何有效面對的人。請朋友或團體幫助你強化這個人的存在，充分去經驗此人的思想、觀點和感覺。然後很清楚地向他（她）表明你的立場、感覺、思想，最重要的是，你想跟他（她）迸裂出怎樣的火花。然後在朋友或團體的腦力激盪下，想出一個雙贏而非妥協的方法。

當雙方都願意向內深入覺察自己真正的欲望和需要時，真正的雙贏才會產生。例如，南恩是一位新上任的主管，她急於想要證明自己的能力。辦公室內那個力爭升遷的漢克則備感威脅，於是他以攻訐南恩的方式來突顯自己。南恩的支持團體幫助她找出漢克聽得進去的語言，還幫助她找到恰當的策略與漢克合作，使兩人的心結因此打開。南恩試著用這些腦力激盪的結果與漢克工作，漢克也接受了。與其互相競爭，不如發揮同舟共濟的力量為共同的團隊目標而努力。這種關係意謂著漢克幫助南恩學習了公司內部的竅門，同時也在工作議題上據理力爭，這表示漢克尊敬南恩的工作能力。而南恩則秉持對資深同仁的尊敬，繼續在議題上和漢克交換意見。此處的雙贏使得雙方都得到比私下勾心鬥角，毫無專業精神地破壞團隊士氣的衝突更多的利益。

練習在一星期中每次衝突出現時，實踐真正的雙贏溝通（不是妥協）。

殉道者

日記練習

一、在這一生中你付出了多少關心和責任？照顧了誰？你是真誠的為某些人負責嗎？是誰？你曾經選擇付出或照顧某人嗎？是誰？你曾有過別人開口向你要你就給的經驗嗎？

二、小時候大人如何教導你關心和犧牲的意義？你現在從雙親、孩子、朋友、伴侶、工作同仁以及大部分的文化中得到的訊息是什麼？針對關心和犧牲，你會給朋友怎樣的訊息？

三、你曾經做出的犧牲，有傷害到自己和別人的嗎？其中有讓你覺得舒服、轉化及澄清的經驗嗎？請描述在何種情況下你做了怎樣的犧牲，造成了怎樣的結果。

四、誰值得你犧牲？什麼事值得你犧牲？對你來說，多少犧牲是適當的？在何種情況之下，你覺得犧牲是必然的？

五、你能堅持拒絕不適合你的要求嗎？你能堅持在不貶低自己又不叫人有罪惡感的情況下，選擇付出或犧牲負責嗎？你有否在付出的方式上做些改變？是什麼？

六、當他人提供（沒有附帶條件的）給你真正想要或需要的東西時，你能接受別人的贈禮或犧牲嗎？你能夠謝絕你不要、不適合和有附帶條件的禮物和犧牲嗎？你是否曾改變回應別人給你禮物或犧牲的態度？是什麼？

白日夢：分享

想像你有無限的資源可以分享：時間、金錢和智慧。你毋需工作，所以你所有的時間都在世界各地幫助需要你的人。想像你和他人交往的情境，你所提供的幫助，以及人們對你慷慨的感激。

夢幻：奉獻才華

利用已經駕輕就熟的方法，回到你在流浪者及鬥士的夢幻中已經發現的英雄王國。你這次在那裡覺得十分自在安全，因為畢竟你已將恐龍殺死或馴服了。花點時間四處看看，注意整個王國以及你自己的服飾、表情和態度有沒有改變。這一次你要和一個智慧老人見面。敞開胸懷去尋找他或她。保持警覺看他長得如何、聲音如何、味道如何、感覺如何？這位長者堅定的告訴你，你擁有造福全世界的重要特殊才能。他或她會用某種方式告訴妳——也許是用話語、象徵、禮物或其他方式——什麼是你需要付出的。當你完全了解這些信息時，請你以來時的方式回到現實生活中。

冥想：我的犧牲對象

和鬥士一樣，冥想你關心的重大問題——全世界、國家、社區、相關的組織、愛人等。如果這些問題會因為你的重大犧牲——你的生命、時間或財產——而獲得解決，你願意做這個犧牲嗎？嚴肅考慮你被要求的犧牲是否合宜。如果你覺得這些犧牲確定可以達到轉化及正面的效果，你願意犧牲嗎？

活動

一、與一個朋友或團體分享你上面所做的練習。

二、組織一個類似本書第五章中介紹的「付出」儀式。

三、積極加入教堂、廟宇、慈善團體或任何經由奉獻改善世界的組織。

四、練習開口向別人要求你要的東西，準備好別人可能的拒絕。你可以向朋友或團體要求你想得到東西的方式，做為分享這個練習的開始。同時列出支持者與支持團體的名單，以弄清什麼是自己需要的，並且學習以非操縱的清晰方式詢問。

五、練習為你的付出和犧牲負責。只有在你覺得適當，並且確實對事情有所助益的時候，才付出犧牲。這代表當別人對你做不當要求的時候，你要學會拒絕的技巧。同時也要學習真誠，以及無條件伸出援手的技巧。再一次，希望你可以順利與朋友或團體分享你們共同的經驗，也邀請他們支援，幫助你在更廣大的世界中展現新的行為態度。

進階練習

獨自一人或跟朋友和團體嚴肅的思考，你是否願意為更大的社會福祉做出貢獻。讓自己明白你關心這個議題，直到願意為它付出時間、金錢。如果答案是肯定的，那麼為自己列出可以實施的計劃及自己的需要。

魔法師

日記練習

一、簡短描繪你目前的生活以及你如何以天生的智慧創造此生。如果你不喜歡生命中的某個品質，描述它會浮現出最好的良善面。

二、你的陰影是什麼?你可以從別人令你抓狂的特質得到線索。你可以用什麼方法開始把這些陰影整合到你的心靈中?

三、你一生中何時經歷過同步現象(非因果關係而是有意義的偶合)?你覺得這些事情的意義為何?你是否曾願意和別人談論這些事件?如果沒有,為什麼?

四、描述你生命中曾有你希望發生的事,或毫不勉強就發生的經驗。你自己怎麼解釋這樣的事件?你感覺如何?

五、你所愛的人和事物為何?何事叫你心動?你自己和他人有那一部分是你不喜愛的?你願意打破這個限制嗎?

六、如果每分每秒你都能夠完全真誠而實在地的面對自己最深沉的感覺和期望，你會採取和現在不同的行動嗎？

七、如果你可以完全真誠地對待你自己此生的夢想，並且忠誠地對待你四周的人，你會怎麼做？

白日夢：創造自己的生命

想像你有一根魔杖，可以為自己和別人變出世界上任何你們想要的東西。想像你已變出這個東西，讓這個戲碼在想像的意念中漂浮。停在夢想的意念中，讓自己體驗這個神奇的魔法。花點時間享受整個過程——品嘗魔法的成功，也哀悼失敗的法術。

夢幻：得到魔力

再一次經由平常的途徑回到英雄的國土內。注意四周的環境和你自己。自從上次你離開它後，這片國土和你自己有任何改變嗎？你這次將拜望一位傳授魔法給你的偉大魔法師。你一定要學習這套法術，因為你將被派去拯救一個遭受男巫下蠱成為荒原的地方：那裡五穀不生、沒有新生的嬰兒、人們感到疏離而沮喪、經濟也非常蕭條。

讓你的想像力無拘無束地奔馳。想像魔法師居住的城堡、高塔或茅草屋。想像他（她）的長相。想像魔法師教你的法術。最後，當你經歷荒原國土的旅程時，讓你的幻想開闊的馳騁，並且注意自己的法術如何成功地化解巫婆的惡咒。讓自己感受最初許多的失敗和挫折感，也享受最終的勝利。然後，從你來時的途徑，再回到現實的生活中。

冥想：創造生命

想像你完全忠實於你內在的欲望。在冥想的過程中創造一個可以吸引所有你要東西的磁場。當你放下所有執著及膚淺欲望，騰出空間讓深層的渴望進來時，讓自己保持專注。當你愈忠實的面對內在的渴望時，想像你行動和表現的變化，以及在過程中所吸引的事物。如果你在過程中產生害怕、絕望或憤世嫉俗之情，讓它們過去，以便讓自己感受到比較真實的能力增強。敞開心胸在你所做的每件事情上得到宇宙力量的支持。最後，觀想你對四周的人開始有正面的影響力，並且在回到平常的意識前，問自己是否「不論好壞，都願意隨時隨地完全真誠對待自己那最深刻、最明智的自我。」

活動

一、跟一位朋友或團體分享上述的經驗。

二、盡可能清晰而詳細地創造一個你想要呈現的生命景象。與團體分享這個願景。請他們完全支持你的想像。如果不可以，找出原因並做若干調整，看看朋友們是否支持。當每個人都願意為這個願景背書時，邀請團體中每個成員強烈地想像你已實現這個願望。萬一宇宙準備比你想像更好的東西給你，在你強烈地想像自己想要的東西時，最好說「賜予我某物，或更好的東西。」同時感謝自己在某個程度上，已經把該影像呈現出來了。

三、對你希望生命中展現的事物，保持清楚的影像。以具體的形式——圖畫、象徵或隱喻——代表它，以及在心中想像它，會使它更為真實。然後開始每天感激你得以想像出該影像。不必擔心生活中沒有實質的徵兆出現。肯定你已獲得自己想要的東西，你便指引著潛意識開始為你吸引該影像。

四、邀請朋友或團體幫助你處理深埋陰影中的問題。用觀察你嫌惡的他人特質確認自己的陰影部分後，開始敞開心胸去欣賞這些特質，想像他人能跳脫這些特質。然後有意識地將愛送給你討厭的人，以及你自己的這個陰影。對見證及讚賞將來的轉化，抱持開放的態度。與別人交換這個經驗。

五、開始聆聽你內在的對話。如果你注意到自己經常批判自己、別人或各種事物，請停止如此做，將批判改為正面的肯定。比如說，你常想：「我永遠找不到我愛的人；因為我太矮、太胖又不聰明」。現在把句子變成：「我的心理與身體都很有吸引力，我會吸引跟我一樣有吸引力的人。」讓自己充分感受負面評語的感覺，以及後來自我肯定時的感覺。如果剛開始還懷疑肯定自己的語句，花點時間直到你找到一個確實讓你感到舒服的說法。比如說，「我吃少量的健康食品，也讀一些好書，所以我會吸引關心身體健康和愛智的人們。」

六、在你以魔法師膨脹自我（ego）或逃避其他的旅程時，允許朋友或團體向你做出正面的挑戰。仔細聆聽他們的挑戰，並評估他們的看法是否正確。永遠準備臣服於更偉大的智慧，但卻絕對毋需離開自己的力量。

進階練習

為你在生命下一階段的世界中，充分發揮能力與創造力的許諾，創造一個慶祝的儀式。你也許想要單獨進行這個儀式，但是比較理想的方式是有他人的參與。因為一方面集體儀式比較有力量；再者，團體儀式可以刺激別人支持你新的存在方式。信任自己的直覺，它會告訴你儀式該如何進行。沒有任何規則。做你自己認為是對的事。

自我測驗：發現主導你生命的原型

從0至4計分，指出下列敘述反應你態度的頻率；從不＝0；很少＝1；偶爾＝2；經常＝3；總是＝4。做完測驗後，參照下頁把敘述歸類成原型表。合計每個類型的總分。九分以上表示該原型正積極影響著你的生命；十五分以上表示非常積極的影響。

1. ____ 小心謹慎是重要的。別人一有機會就欺騙你。
2. ____ 我發現只要我改變態度，四周的環境也隨之改變。
3. ____ 目前我最重要的功課是認同的問題，我還不清楚我是誰。
4. ____ 我努力證明我自己，並且向成功邁進。
5. ____ 世界是美好的，我既安全又被照顧。
6. ____ 我感到非常孤單，但它也帶給我獨立自主的滿足感。

7. ______ 最重要的事是愛。

8. ______ 我常感到對別人失望，也常感到被出賣。

9. ______ 所有看起來是問題的，其實都是幻覺。我可以肯定上帝的愛以及宇宙的完美，並且再次明白所有一切都是美好的。

10. ______ 我非常具有競爭性，而且享受勝利。

11. ______ 日子十分艱難，但我已學會克服它。

12. ______ 我從討厭別人的部分發現了自己的陰暗面。

13. ______ 我用毒品或酒精振奮精神，並因此感到好些。（或用購物、工作或瘋狂的行動紓解問題的壓力。）

14. ______ 我期望每一個我認識的人都值得信任。

15. ______ 遇見挑戰，我堅持己見，如有必要我用抗爭來護衛自己。

16. ______ 目前我有一份新的工作／我用新的態度對待我的工作／我正在從事一項新的研究。

17. ______ 我期望被愛以及被照顧。

18. ______ 我強烈地護衛我所信仰的主義／理想／價值，並且反對錯誤和有害的東西。

19. ______ 我通常給多於取。

20. 我真正渴望的是某個人來照顧我，但沒有任何一個人願意／能夠真正照顧我。

21. 當我被出賣或不公平對待時，我會以牙還牙。

22. 我喜歡旅行／讀書／研究，因為如此我認識了自己和世界。

23. 世界是完美的，我看不見、找不到也從不說撒旦的事。

24. 當我創造某些新事物的時候，覺得更靠近自己。

25. 我想要改變自己的生活以便在世上留下痕跡。

26. 當我冷靜並且做著自己，好像別人也比較安靜了。

27. 只要其他人也都看到光亮，他們就能夠和我一樣有個美妙的生命。

28. 自從我改變了，我的世界也大大地改變了。幾年前，我無法想像生活會變得如此美好。

29. 我覺得我比別人優秀：我比較聰明、有比較高的學歷、強壯些、更有紀律、工作勤勞、有更高的價值觀、或者我的性別、我的種族、膚色的遺傳、我的階級、我的成就以及我的信仰都比別人好。

30. 悲劇（意外、疾病）常常發生在我及我認識的人身上。

31. 我工作很努力，但並不期望得到適當的報酬或讚賞。

32. 只要我能中頭獎，所有問題都可以解決。

33. ＿＿ 我覺得自己很好，並且感謝上蒼賜我這一生。

34. ＿＿ 我希望多被人欣賞。

35. ＿＿ 我願意做任何老天要我做的事，我願意盡可能奉獻我自己。

36. ＿＿ 為了維護我個人的自由，有時候我故意破壞或避開和別人的親密關係。

天真者	孤兒	流浪者
5. ＿＿	1. ＿＿	3. ＿＿
9. ＿＿	8. ＿＿	6. ＿＿
14. ＿＿	13. ＿＿	11. ＿＿
17. ＿＿	20. ＿＿	16. ＿＿
23. ＿＿	30. ＿＿	22. ＿＿
27. ＿＿	32. ＿＿	36. ＿＿
總分 ＿＿	總分 ＿＿	總分 ＿＿

鬥士

4. ____
10. ____
15. ____
18. ____
25. ____
29. ____
總分 ____

殉道者

7. ____
19. ____
21. ____
31. ____
34. ____
35. ____
總分 ____

魔法師

2. ____
12. ____
24. ____
26. ____
28. ____
33. ____
總分 ____

將總分計在座標圖上，以檢測各系型在你生命中的相對重要關係。

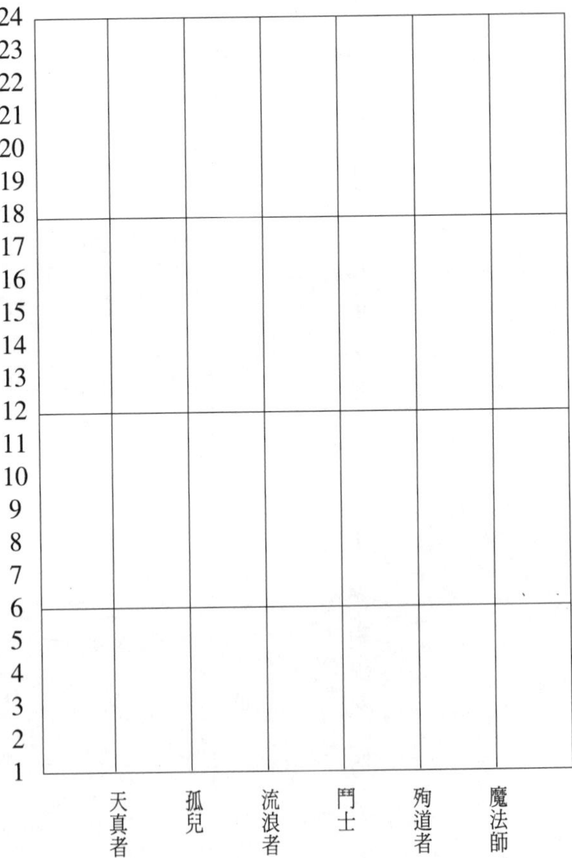
24
23
22
21
20
19
18
17
16
15
14
13
12
11
10
9
8
7
6
5
4
3
2
1
天真者
孤兒
流浪者
鬥士
殉道者
魔法師

「內在英雄」團體成員指導原則

一、為你自己的生命旅程負完全的責任。別人只能引導支持你，唯有你才能找到自己的聖杯，自己的真實。

二、不論這個團體有無領導人，為了促進團體有效及健全的發展，請分享領導的責任。重點在於幫助維護團體的功能，注意團體的運作過程，不傷害團體內各成員的健全互動關係。

三、尊重你自己以及他人的成長過程。允許別的成員有他自己不同的位置，也允許不同的真實存在。記住，不論真實是什麼，它都超越我們主觀的現實。我們都在瞎子摸象，每個人都分別觸摸到不同的部位，我們需要的是全部的真相，而不是以偏概全的部分。

四、使用「我」的陳述。(「當我說……，我覺得……。」而不是「這是錯的／笨的，」

或更糟的，「你這個笨蛋……。」）

五、多注意別人美好的感覺和反應。這並不是表示我們應該要避免衝突。然而這可能表示，當你與他人分享一種對方可能認為具有敵意的觀點時，記得要向他人再次表達你的尊敬、關心或甚至情感。或者就是要機敏圓潤的意思。如果因為別人說了或做了什麼令你感到受傷、抓狂或感到憤怒時，請直接把這種感受告訴他們，但也盡可能用同理的了解態度。永遠不要在背後談論團體中的成員。如果有人惹了你，請在團體中提出來。

六、有時你真的講不出機敏圓潤的話語，因為也許你正在用一種新的方法來表達你自己——比如說，你正在用憤怒與惡毒的語言嘗試突破你的家庭禁忌。請將此情況告訴你的團體，以免團體成員被你的行為「掃」到。

七、不要只跟領導人（如果有的話）交談，和團體中的每一個人交談。在團體中如果你感覺到某個人需要被安慰、支持、肯定、挑戰或鼓勵，請真誠地出來幫助他（她）或真誠地反對他（她）。

八、嘗試為自己的需要負責任。不要假設其他的人（包括領導者在內）知道你的需要。說出你的需要和欲望，但也明白不一定能得到所有的要求（雖然要求增加了成功的機會）。

九、所有參與者都是平等的。雖然你的團體有一位指定的領導者，你仍要帶著你所有的智慧參與。不要貶低自己的能力，等待別人告訴你應該知道和看到的事物。

十、為團體的決定負責。如果團體已決定了某些你不想做的事，你要為自己的沈默（如果你沒有開口）負責，或如果你已據理力爭而得不到回響，表示你的說服力不夠。簡單的說，在決策過程中你要為自己負責任，不要事後抱怨。盡可能以說服力及建設性的態度，把你的意見提到團體內來討論。

十一、為你的參與或不參與負責任。參與與否是你自己的決定。發揮創造能力去調整活動或工作，以適合你自己的格調、喜好和需要。當你有需要時，請求別人協助你。

十二、保持與你內在深層智慧的接觸，聆聽它是否要你留在這個團體裡。如果你相信你應該，那麼盡可能全心全意地投入。如果不是，跟隨你的心聲到別處去。

匿名戒酒會的十二步驟

一、我們承認我們曾經無法抗拒酒精——也就是說我們的生活曾經一塌糊塗。

二、我們相信有一個比我們自己更偉大的力量能夠拯救我們，使我們神智清醒。

三、決定將自己的意志和生命交到上帝手中，「有如我們了解祂一般」。

四、為自己列出一張探索與無懼的道德清單。

五、向上帝、自己及他人承認我仍有性格上的缺點。

六、完全準備好讓上帝將這些缺點清除。

七、謙虛地請求祂帶走我們的缺點。

八、列出所有我們曾經傷害過的人，並且準備好誠心與他們修好。

九、只要有可能，請直接和他們修好，但不勉強，一有傷害出現，馬上停止。

十、繼續列製道德清單，發現錯誤馬上承認它。

十一、透過禱告與冥想增進和上帝的連結，直到我們了解祂為止，只祈求了解祂的旨意，並請求祂的大能實現。

十二、經過這幾個步驟的練習，我們獲致精神的覺醒，我們試圖將此信息帶給酒鬼們，並且將此原則實踐在所有的事務上。

參考書目

Re-Visioning Psychology, by James Hillman. Copyright© 1975 by James Hillman. Reprinted by permission of Harper & Row, Publishers, Inc. *The Complete Poems and Plays, 1909-1950*, by T. S. Eliot. Copyright© 1971 by Esme Valerie Eliot. Reprinted by permission of Harcourt Brace Jovanovich, Inc. *The Search*, by Tom Brown, Jr., with William Owen. Copyright© 1980 by Tom Brown, Jr., and William Owen. Reprinted by permission of Prentice-Hall, Inc. *At the Edge of the Body*, by Erica Jong. Copyright© 1979 Erica Jong. Reprinted by permission of the Sterling Lord Agency, Inc. *The Collected Poems of Wallace Stevens*, by Wallace Stevens. Copyright© 1954 by Wallace Stevens. Reprinted by permission of Alfred A. Knopf, Inc. *The Wind in the Door*, by Medeleine L'Engle. Copyright© 1973 by Crosswicks, Ltd. Reprinted by permission of Farrar, Straus and Giroux, Inc. *The Fool and His Scepter*, by William Willeford. Copyright© 1969 by William Willeford. Reprinted by permission of Northwestern University Press. *The Mists of Avalon*, by Marion Zimmer Bradley. Copyright© 1983 by Marion Zimmer Bradley. Reprinted by permission of the author. *Energy and Personal Power*, by Shirley Gehrke Luthman. Copyright© 1982 by Shirley Gehrke Luthman. Reprinted by permission of Mehetabel and Co. *Whee! We, Wee all the Way Home*, by Matthew Fox. Copyright© 1981 by Bear and Company, Inc. Reprinted by permission of Bear & Co. *The Realms of Gold*, by Margaret Drabble. Copyright© 1976 by Margaret Drabble. Reprinted by permission of Alfred A. Knopf, Inc. *The Color Purple*, by Alice Walker. Copyright© 1982 by Alice Walker. Reprinted by permission of Harcourt Brace Jovanovich, Inc. *Women and Nature*, by Susan Griffin. Copyright© 1978 by Susan Griffin. Reprinted by permission of Harper & Row, Publishers, Inc. *The New English Bible*, Copyright© 1961, 1970 by the Delegates of the Oxford University Press and the Syndics of the Cambridge University Press. Used with permission.

內容簡介

英雄自日常生活的世界外出冒險，遭遇奇幻的力量，贏得決定性的勝利；並自神秘的歷險帶著給同胞恩賜的力量回來。

——坎伯

在許多原型式的個人或文化的英雄神話中，的確都在闡述這種真、善、美的真諦，教導我們寶貴的文化啟示與美妙的心靈本質。然而，在具有「反英雄」特質的現代社會中，許多人卻不再仰望、追隨英雄的腳步，反而瘋狂沉溺於金錢、權力、地位、享樂等等的行為追逐之中，透顯出人心的空虛與追求生命格局的困窘。

本書被譽為榮格心理學派的現代經典，作者卡蘿．皮爾森博士觀察現代社會種種光怪陸離的現象，認為許多人其實都是在尋找個人生活的意義，以便讓自己活得富足、有力而真實。因此，她廣泛汲取榮格心理學、坎伯神話學、新時代運動、女性主義理論中的許多深刻洞見，以及自身在生活中的日常體驗，將英雄歷險的原型過程從古典的故事，轉變成生活中人人可以開展書寫的當代傳奇，為大眾舖陳出一條喚醒個人內在沉睡英雄的心靈探索之道。

在尋找內在英雄的旅程中，存在於我們內心的「原型」，就是幫助我們的「神話地圖」。它由「天真者」的全然信任開始，慢慢步入「孤兒」對安全感的渴求，「殉道者」的自我犧牲，「流浪者」的探索，「鬥士」的競爭與勝利，最後是「魔法師」的本真與整全合一。英雄之旅以循環或迴旋式的推進，突顯人生在種種二元對立的衝突情境中，可藉由不斷的對話而深化或豐富其內涵，展現生命發展在層次或場域上的無盡攀升。

我們有理由相信，當我們自己在生活中活出內在的英雄時，將揮灑出一幅壯麗絢爛的生命圖像。

作者

卡蘿．皮爾森（Carol S. Pearson）

卡蘿．皮爾森博士（Dr. Carol S. Pearson）是系列論述原型暢銷書的作者，其中《喚醒內在英雄》（*Awakening the Heroes Within*）一書大為著名。她同時負責一個研究機構——「原型研究與應用中心」（CASA），也在《內在利基：成功商業實務指南》（*The Inner Edge: A Resource for Enlightened Business Practice*）擔任資深編輯。並從事個人與團體諮商工作，以幫助人們在工作及私人生活中，進行他們的英雄旅程。

譯者

徐慎恕

東海大學歷史系畢業。親子教育諮商員，目前從事演說，推廣家庭教育，帶領小團體互助成長，推動婦女改造運動。

朱侃如

中興大學外文系學士，美國天普大學新聞碩士。譯有《神話》、《女性主義》、《坎坎伯生活美學》（以上皆為立緒文化公司出版）等書。

龔卓軍

國立台灣大學哲學研究所博士，曾任輔仁大學應用心理系兼任講師、《張老師月刊》採訪編輯、《哲學雜誌》執行編輯。著有結構人類學通論《文化的總譜與變奏》，譯作有《人其及象徵》（立緒文化）、《拉岡》（立緒文化）、《靈性復興》（張老師文化）。

校訂者

蔡昌雄

美國天普大學政治學碩士暨宗教學博士，譯有《進步的演化》、《榮格》（立緒文化）、《神的歷史》（立緒文化），現任南華大學宗教學研究所助理教授。

校對

徐慎恕

東海大學歷史系畢業。親子教育諮商員，目前從事演說，推廣家庭教育，帶領小團體互助成長，推動婦女改造運動。

神話學

喬瑟夫．坎伯 Joseph Campbell

20世紀美國神話學大師

如果你不能在你所住之處找到聖地，
你就不會在任何地方找到它。
默然接納生命所向你顯示的實相，
就是所謂的成熟。

坎伯與妻子珍．厄爾曼

英雄的旅程

讀書人版每週新書金榜
開卷版本周書評
Phil Cousineau ◎著
梁永安 ◎譯

ISBN: 978-986-360-153-1
定價：420元

神話的力量

1995聯合報讀書人
最佳書獎
Campbell & Moyers ◎著
朱侃如 ◎譯

ISBN: 978-986-360-026-8
定價：390元

千面英雄

坎伯的經典之作
中時開卷版、讀書人版每周
新書金榜
Joseph Campbell ◎著
朱侃如 ◎譯

ISBN: 957-8453-15-9
定價：420元

坎伯生活美學

開卷版一周好書榜
讀書人版每周新書金榜
Diane K. Osbon ◎著
朱侃如 ◎譯

ISBN: 957-8453-06-X
定價：360元

神話的智慧

開卷版一周好書榜
讀書人版每周新書金榜
Joseph Campbell ◎著
李子寧 ◎譯

ISBN: 957-0411-45-7
定價：390元

美國重要詩人**內哈特 John Neihardt**傳世之作

巫士詩人神話　長銷七十餘年、譯成八種語言的美國西部經典

這本如史詩般的書，述說著一個族群偉大的生命史與心靈史，透過印第安先知黑麋鹿的敘述，一部壯闊的、美麗的草原故事，宛如一幕幕扣人心弦的電影場景。這本書是世界人類生活史的重要資產，其智慧結晶將爲全人類共享，世世代代傳承。

ISBN: 986-7416-02-3　定價：320元

生活哲思—新文明生活主張

提倡簡單生活的人肯定會贊同畢卡索所說的話：「藝術就是剔除那些累贅之物。」

小即是美

一本把人當回事的經濟學著作
E. F. Schumacher ◎著

中時開卷版一周好書榜
ISBN: 978-986-360-142-5
定價：350元

少即是多

擁有更少 過得更好
Goldian Vandn Broeck◎著

ISBN:978-986-360-129-6
定價：390元

簡樸

世紀末生活革命
新文明的挑戰
Duane Elgin ◎著

ISBN :978-986-7416-94-0
定價：250元

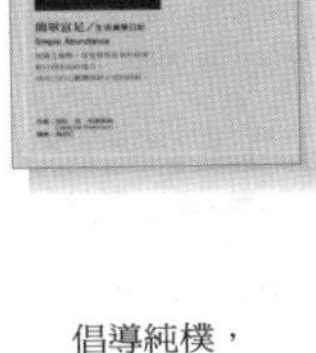

靜觀潮落：簡單富足/生活美學日記

寧靜愉悅的生活美學日記
Sarah Ban Breathnach ◎著

ISBN: 978-986-6513-08-4
定價：450元

美好生活

我們反對財利累積，
反對不事生產者不勞而獲。
我們不要編制階層和強制權威，
而希望代之以對生命的尊重。
Helen & Scott Nearing ◎著

ISBN:978-986-360-202-6
定價：400元

倡導純樸，
並不否認唯美，
反而因為擺脫了
人為的累贅事物，
而使唯美大放異彩。

中時開卷版一周好書榜

德蕾莎修女：一條簡單的道路

和別人一起分享，
和一無所有的人一起分享，
檢視自己實際的需要，
毋須多求。

ISBN:978-986-360-204-0
定價：280元

115歲，有愛不老

一百年有多長呢？
她創造了生命的無限可能

27歲上小學
47歲學護理
67歲獨立創辦養老病院
69歲學瑜珈
100歲更用功學中文……

宋芳綺◎著
中央日報書評推薦

ISBN:978-986-6513-38-1
定價：280元

許哲與德蕾莎修女在新加坡

生活哲思—新文明生活主張

孤獨
最眞實、最終極的存在
Philip Koch◎著
梁永安◎ 譯
中國時報開卷版書評推薦

ISBN:978-957-8453-18-0
定價：350元

孤獨的誘惑
(原書名：孤獨世紀末)
Joanne Wieland-Burston◎著
宋偉航◎譯
余德慧◎導讀
中時開卷版、聯合報讀書人
書評推薦

ISBN:978-986-360-114-2
定價：280元

隱士：
照見孤獨的神性（第二版）
Peter France◎著
梁永安◎ 譯
聯合報讀書人、中時開卷
每周新書金榜

ISBN:978-986-360-115-9
定價：360元

魯米詩篇：
在春天走進果園
伊斯蘭神秘主義詩人
Rumi以第三隻眼看世界
Rumi◎著
梁永安◎ 譯

ISBN:978-986-360-171-5
定價：390元

靈魂筆記
從古聖哲到當代藍調歌手的
心靈探險之旅
Phil Cousineau◎著
宋偉航◎ 譯
中時開卷版書評推薦

ISBN:957-8453-44-2
定價：400元

四種愛：
親愛·友愛·情愛·大愛
C. S. Lewis◎著
梁永安◎ 譯

ISBN:978-986-360-201-9
定價：250元

運動：天賦良藥
為女性而寫的每天
30分鐘體能改造
Manson & Amend ◎著
刁筱華◎譯

ISBN:957-0411-46-5
定價：300元

愛情的正常性混亂
一場浪漫的社會謀反
社會學家解析現代人的愛情
Ulrich Beck
Elisabeth Beck-Gemsheim◎著
蘇峰山等◎ 譯

ISBN:978-986-360-203-3
定價：400元

內在英雄
現代人的心靈探索之道
Carol S. Pearson◎著
徐慎恕·朱侃如·龔卓軍◎譯
蔡昌雄◎導讀·校訂
聯合報讀書人每周新書金榜

ISBN:978-986-360-146-3
定價:350元

心理學與哲學思考

羅洛・梅 Rollo May

愛與意志：羅洛・梅經典

生與死相反，
但是思考生命的意義
卻必須從死亡而來。

ISBN:978-986-360-140-1
定價：420元

自由與命運：羅洛・梅經典

生命的意義除了接納無
可改變的環境，
並將之轉變為自己的創造外，
別無其他。
中時開卷版、自由時報副刊
書評推薦
ISBN:978-986-360-165-4
定價：360元

創造的勇氣：羅洛・梅經典

若無勇氣，愛即將褪色，
然後淪為依賴。
如無勇氣，忠實亦難堅持，
然後變為妥協。

中時開卷版書評推薦
ISBN:978-986-360-166-1
定價：230元

權力與無知：羅洛・梅經典

暴力就在此處，
就在常人的世界中，
在失敗者的狂烈哭聲中聽到
青澀少年只在重蹈歷史的覆轍。

ISBN:978-986-3600-68-8
定價：350元

哭喊神話

呈現在我們眼前的....
是一個朝向神話消解的世代。
佇立在過去事物的現代人，
必須瘋狂挖掘自己的根，
即便它是埋藏在太初
遠古的殘骸中。

ISBN:978-986-3600-75-6
定價：380元

焦慮的意義：羅洛・梅經典

焦慮無所不在，
我們在每個角落
幾乎都會碰到焦慮，
並以某種方式與之共處。

聯合報讀書人書評推薦
ISBN:978-986-360-141-8
定價：420元

尤瑟夫・皮柏 Josef Pieper

二十世紀最重要的哲學著作之一

閒暇：一種靈魂的狀態 誠品好讀重量書評推薦

Leisure, The Basis of Culture
德國當代哲學大師經典名著

本書摧毀了20世紀工作至上的迷思，
顛覆當今世界對「閒暇」的觀念

閒暇是一種心靈的態度，
也是靈魂的一種狀態，
可以培養一個人對世界的關照能力。

ISBN:978-986-360-107-4
定價：280元

立緒文化事業有限公司　信用卡申購單

■信用卡資料

信用卡別（請勾選下列任何一種）

□VISA　□MASTER CARD　□JCB　□聯合信用卡

卡號：________________

信用卡有效期限：______年______月

訂購總金額：________________

持卡人簽名：________________（與信用卡簽名同）

訂購日期：______年______月______日

所持信用卡銀行________________

授權號碼：________________（請勿填寫）

■訂購人姓名：________________性別：□男□女

出生日期：______年______月______日

學歷：□大學以上□大專□高中職□國中

電話：________________　職業：________________

寄書地址：□□□

____

■開立三聯式發票：□需要　□不需要（以下免填）

發票抬頭：________________

統一編號：________________

發票地址：________________

■訂購書目：

書名：________、______本。書名：________、______本。

書名：________、______本。書名：________、______本。

書名：________、______本。書名：________、______本。

共______本，總金額________________元。

⊙請詳細填寫後，影印放大傳真或郵寄至本公司，傳真電話：(02)2219-4998

國家圖書館出版品預行編目(CIP)資料

內在英雄 / 卡羅・皮爾森(Carol S. Pearson)著；徐慎恕, 朱侃如, 龔卓軍譯 -- 二版 -- 新北市:立緒文化事業有限公司, 民109.01
面； 公分. -- (新世紀叢書；73)
譯自：The hero within: six archetypes we live by

ISBN 978-986-360-146-3(平裝)

1. 人格心理學 2. 人格特質 3. 自我實現

173.75 108021626

內在英雄（第二版）

The Hero Within: Six Archetypes We Live by

出版——立緒文化事業有限公司（於中華民國 84 年元月由郝碧蓮、鍾惠民創辦）
主編——卡羅・皮爾森（Carol S. Pearson）
譯者——徐慎恕、朱侃如、龔卓軍
校訂——蔡昌雄

發行人——郝碧蓮
顧問——鍾惠民

地址——新北市新店區中央六街 62 號 1 樓
電話——(02) 2219-2173
傳真——(02) 2219-4998
E-mail Address —— service@ncp.com.tw
劃撥帳號——1839142-0 號 立緒文化事業有限公司帳戶
行政院新聞局局版臺業字第 6426 號

總經銷——大和書報圖書股份有限公司
電話——(02) 8990-2588
傳真——(02) 2290-1658
地址——新北市新莊區五工五路 2 號
排版——郁彰設計印刷有限公司
印刷——祥新印刷股份有限公司

法律顧問——敦旭法律事務所吳展旭律師

分類號碼——173.75
ISBN —— 978-986-360-146-3
出版日期——中華民國 89 年 7 月～ 107 年 6 月初版 一～十刷（1 ～ 11,000）
中華民國 109 年 1 月～ 110 年 10 月二版 一～二刷（1 ～ 1,700）
中華民國 112 年 5 月二版 三刷（1,701 ～ 2,300）

定價◎ 350 元（平裝） 

大都文化 閱讀卡

姓　名：

地　址：□□□

電　話：(　　)　　　　　　傳 眞：(　　)

E-mail：

您購買的書名：________________________

購書書店：__________市（縣）__________書店

■您習慣以何種方式購書？

□逛書店 □劃撥郵購 □電話訂購 □傳真訂購 □銷售人員推薦

□團體訂購 □網路訂購 □讀書會 □演講活動 □其他________

■您從何處得知本書消息？

□書店 □報章雜誌 □廣播節目 □電視節目 □銷售人員推薦

□師友介紹 □廣告信函 □書訊 □網路 □其他____________

■您的基本資料：

性別：□男 □女　婚姻：□已婚 □未婚　年齡：民國______年次

職業：□製造業 □銷售業 □金融業 □資訊業 □學生

□大眾傳播 □自由業 □服務業 □軍警 □公 □教 □家管

□其他 ______________________________

教育程度：□高中以下 □專科 □大學 □研究所及以上

建議事項：

愛戀智慧 閱讀大師

立緒文化事業有限公司　收

新北市 2 3 1

新店區中央六街62號一樓

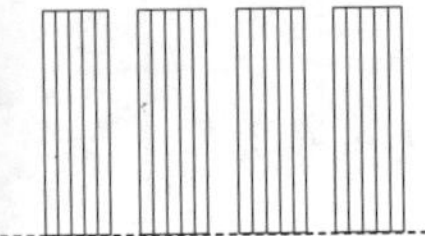

請沿虛線摺下裝訂，謝謝！

感謝您購買立緒文化的書籍

為提供讀者更好的服務，現在填妥各項資訊，寄回閱讀卡（免貼郵票），或者歡迎上網http://www.facebook.com/ncp231即可收到最新書訊及不定期優惠訊息。